Les bouquets de fleurs
à la maison

Photographie de la couverture : Parmi les dix végétaux des talus et des jardins qui composent cet arrangement, cinq d'entre eux peuvent être naturalisés.

Photographie de la 4e page de couverture : La nature en tableau : pétales, feuilles, morceaux d'écorces, etc., sont devenus immortels (réalisation Huguette Béal).

COLETTE SAMSON-BAUMANN

Les bouquets de fleurs à la maison

Dessins : Huguette BÉAL

Bouquets composés par l'auteur
et photographiés par Jacques Nestgen

(à l'exception des p. I, XIV, XXXVI et XL)

LA MAISON
RUSTIQUE

FLAMMARION

Pour recevoir gratuitement notre catalogue général
demandez-le à LA MAISON RUSTIQUE
la plus ancienne librairie agricole, horticole,
forestière et ménagère
librairie de l'Académie d'Agriculture
26, rue Jacob 75006 Paris

Ouvrage réalisé sous la direction de **Jean-Marie PRUVOST-BEAURAIN**

Plan général

INTRODUCTION

Fleurs, expression de beauté
Fleurs, promesse du fruit de demain
Fleurs, aux vertus créatives
Fleurs, odorantes, amies de l'homme
Fleurs, soleil du jardin, poème pour la femme.

Elles attirent par tous ces charmes, elles apportent vie et beauté. De tous temps, les hommes ont aimé les fleurs. Elles ont été les inspiratrices des poètes, des peintres et des sculpteurs.

Depuis la plus haute antiquité, on retrouve les traces d'une tradition florale ayant des règles et des canons bien précis. En Égypte, on a découvert lors des fouilles dans les tombes, des vestiges de couronnes qui avaient été réalisées avec des fleurs vivantes. À Pompéi, on a retrouvé sur un mur de mosaïque, une corbeille ajourée remplie de fleurs courtes. Les Grecs honoraient leurs athlètes avec des couronnes de feuillages.

La galerie « Samarcande » exposait en mai 1983 une superbe couronne antique : en or, composée de feuilles de laurier et de fleurs, rehaussée d'une émeraude, celle-ci datant du IVe ou IIIe siècle avant J.-C.

C'est avec les peintres flamands de la Renaissance que l'on vit apparaître les merveilleuses compositions florales encore si célèbres de nos jours. Par la suite, elles servirent de référence à l'art floral européen.

Dans le passé, les maîtresses de maison composaient très peu de bouquets. Cet art était réservé aux fleuristes : les professionnels de la fleur.

Les Anglais furent les premiers en Europe à pratiquer cet art, en tant qu'amateurs. Par contre, la Chine et le Japon s'intéressèrent à l'art des fleurs dès 1425. Ils prirent leurs références à la nature. Ce fut le début de l'*ikebana* envisagé comme un art.

Avant 1950, les fleurs et les plantes n'étaient pas de consommation courante quoiqu'elles aient joué leurs rôles dans une certaine classe peu nombreuse de la société.

Depuis une vingtaine d'années, le public féminin français s'est peu à peu passionné pour les fleurs qui sont utilisées dans les bouquets floraux. Quelques rares feuillages les accompagnent afin de donner un effet de volume plus important.

Depuis plusieurs années, les Anglais, les Scandinaves ont su tirer parti des feuillages, d'autres éléments de la nature et exploiter les différentes étapes de la vie des végétaux.

Aux environs de 1960, grâce aux facteurs techniques et économiques, les fleurs se sont démocratisées.

À notre époque, dans toutes les villes, les grands complexes, les cités dortoirs, là où les hommes ont supprimé la nature, le besoin de celle-ci se fait de plus en plus sentir. L'individu a la nostalgie de son contact. Il est nécessaire de le remettre en rapport avec celle-ci par n'importe quels artifices et « l'art du bouquet » est un merveilleux palliatif à ce manque ; car faire un bouquet, c'est faire entrer chez soi une parcelle de la nature, c'est embellir son intérieur, c'est aussi une activité artistique, créatrice, libératrice et de détente qui doit naître de la personnalité de chacun.

Anne Lindbergh ne dit-elle pas dans son livre *Solitude face à la mer* : « On peut préparer en soi la réserve de paix nécessaire à une journée surchargée en arrangeant un vase de fleurs le matin. »

Pour étudier l'histoire de l'art floral, il est nécessaire de différencier les cheminements que celui-ci a suivis en Orient et en Occident.

C'est au Japon que l'on retrouve la plus lointaine tradition florale, qui elle-même prit ses sources en Chine. Traditionnellement, les Japonais font leurs bouquets pour approcher la nature. Les Occidentaux, eux, s'inspirèrent de la peinture.

Ikebana (*ike*, de *ikeru*, faire vivre) et (*bana*, de *hana*, fleur) : on peut traduire plus librement : « fleur vivante » ou mieux « l'art de faire vivre les fleurs ».

Pour le public français, l'ikebana est uniquement signe de dépouillement et de sobriété. Il ignore que l'art floral japonais comprend de nombreux styles tel le *rikka*, dont certains peuvent être comparés à l'opulence des bouquets flamands. Le *rikka* représente tout un paysage, aussi rentre-t-il dans sa composition un nombre important et varié de branches, de feuilles et de fleurs. À son origine, celui-ci était destiné à orner les temples lors des cérémonies religieuses. Il pouvait atteindre 6 à 7 mètres de haut et plus, et demandait plusieurs jours de travail de la part du maître et quelques-uns de ses élèves.

En 1470, un *rikka* célèbre est réalisé dans un vase en or par Senei Ikenobō, de la dynastie régnante à l'heure présente.

En 1599, première exposition : cent ikebana sont exposés au Daiju-in à Kyōto.

En 1693, un rikka de 12 mètres de haut est composé pour le grand bouddha à Nara.

Après le style rikka, à l'opposé, le style nommé *chabana* : naturel et intime s'accordant avec le rite de la cérémonie du thé. Une seule fleur peut être placée dans le vase. Puis le style *nageire*, arrangement « jeté » d'inspiration zen et dépouillé.

Au XVIIIe siècle, le *shōka* est un combiné d'éléments empruntés au rikka, et au nageire. Il est régi par des règles très strictes, comme le rikka d'ailleurs.

Vers 1668, fondation de l'école Ohara, qui recommande l'emploi des fleurs occidentales, suscite une renaissance de la manière ancienne et crée

« Chapelière » 1985.

Végétaux de très longue durée, originaires d'Afrique du Sud.

II

le style *moribana* (les fleurs sont disposées dans des récipients bas et peu profonds).

Depuis 1920, l'ikebana contemporain : le *jiyubana* (arrangement floral de forme libre), emploie des matériaux nouveaux. La modernisation des techniques et des styles amène trois tendances : Ikenobō, Ohara, Sōgetsu.

En 1926, fondation de l'école Sōgetsu par Sofu Teshigahara qui prône : « Sortez l'ikebana du tokonoma » (alcôve aux dimensions strictes et précises réservée à l'usage des fleurs et peintures) et « l'histoire de l'ikebana est envisagée comme un mouvement de pendule d'un classicisme traditionnel à la liberté ». Cet artiste est aussi connu dans le monde entier comme un sculpteur et calligraphe de génie.

Depuis 1887, l'ikebana fait partie de l'enseignement scolaire des jeunes filles au Japon. Actuellement, des milliers d'élèves pratiquent cet art.

De nos jours, de nombreuses expositions d'ikebana ont lieu aux différentes saisons de l'année. Elles durent 4 jours, on peut y voir de 1 500 à 2 000 bouquets. Ceux-ci sont renouvelés et différents tous les deux jours.

Entre-temps, des expositions moins importantes se déroulent au cours de l'année. Maîtres et élèves exposent des bouquets traditionnels ou contemporains. Un grand maître compose ses bouquets uniquement avec des bambous depuis vingt ans : merveilleuse illustration de variations sur le même thème.

Parmi les civilisations modernes les plus développées, le Japon reste un des très rares exemples de celles qui ont su conserver le souvenir de ce que c'était que de vivre en harmonie avec la nature.

Depuis plusieurs siècles, l'arrangement des fleurs est considéré comme un art qui est pratiqué sans but lucratif et qui fait partie de la vie quotidienne des hommes et des femmes. Le Japon est resté longtemps un pays isolé de tous contacts avec les autres pays. Aussi a-t-il vécu en cercle fermé, tant dans ses coutumes qu'avec sa flore.

En Europe, la nature et les fleurs ont eu un tout autre cheminement. Dès l'Antiquité, l'art floral a été lié au commerce. Les pays européens étaient, à l'encontre du Japon, des pays ouverts sur l'extérieur ; ils ont accumulé de nombreuses variétés de plantes et de fleurs grâce aux explorateurs qui sillonnèrent le monde et les contacts entre pays favorisèrent l'acquisition de nouvelles coutumes.

À Athènes, la bouquetière « Glycère » vendait ses couronnes à prix d'or aux élégants de cette ville, lors des fêtes. Actuellement, en Grèce, au mois de mai, on voit encore aux portes et aux fenêtres des couronnes de fleurs des champs.

Les Gaulois et les Francs associaient les fleurs aux festins et aux repas. Elles jouaient un rôle important dans ces occasions. Elles ornaient les cheminées, les murailles, les sols, les vases et les coupes au titre de redevances féodales.

La mode des coiffures de fleurs naturelles date du XIe siècle. Elle dura jusqu'au XVIIe siècle. Ces coiffures firent partie de toutes les circonstances de la vie privée et de la vie religieuse. Les mariées portaient des chapeaux de fleurs que la plupart tressaient elles-mêmes, parfois celui-ci constituait à lui seul leur dot.

Au XIIe siècle, la corporation des chapelières de fleurs fut créée. Les bouquetières chapelières ont été à l'origine du métier de fleuriste.

Aux XIIIe et XIVe siècles, pour honorer un hôte et marquer sa visite d'une attention délicate, on répandait sur le sol des fleurs et des feuillages pour remplacer les tapis. Les murs dépourvus de tapisseries étaient également dissimulés par des guirlandes fleuries, et des feuillages.

Actuellement, en Espagne, lors de cérémonies religieuses, les rues de la ville sont garnies de pétales de fleurs qui jonchent le sol. La disposition des couleurs donne des tapis de fleurs d'une rare beauté.

Avec les peintres primitifs, les fleurs sur les tableaux ne sont représentées que posées dans un vase. Par sa vision personnelle et étrange, Arcimboldo (1527-1593), le merveilleux maître italien, donne une singulière interprétation de la faune et de la flore avec ses caricatures fantastiques.

Dans la peinture flamande, une des caractéristiques des bouquets est la grande variété de fleurs, de feuillage qu'accompagnent souvent insectes, animaux et fruits. Ces bouquets élaborés sont présentés dans des vases transparents, des baquets, des vanneries ajourées, des potiches et très peu dans des vases Médicis. Ces peintures illustrent également de ravissantes guirlandes de fleurs telle *la Guirlande de Julie.* Cet arrangement floral se retrouve avec de nombreuses variantes sur des tapisseries.

Les *Bergères* de Watteau (1684-1721) sont ornées de guirlandes fleuries.

François Boucher (1703-1770) dans son tableau *le Printemps* représente ses personnages coiffés de fleurs et un décor fleuri dans un panier enrubanné.

Paul Huet (1803-1869), sur une de ses peintures, représente *la Porteuse de fleurs* sur laquelle on peut admirer deux ravissantes vanneries fleuries. La grande vogue des bouquets romantiques, introduite vers 1820, connaît son apogée dans les fastes du Second Empire. Ronds, ovales, pyramidaux, ils voient leur éclat rehaussé par le porte-bouquet dont la beauté et la richesse font rivaliser les orfèvres des grandes capitales.

Les compositions de ces différents peintres et ces bouquets fin XVIIe siècle étaient très élaborés et très structurés. Par la suite, les peintres qui représentèrent des bouquets s'éloignèrent de ces caractéristiques.

La Servante noire d'Olympia de Manet, le bouquet de fleurs d'Odilon Redon, ceux de Renoir, *la Tige fleurie d'amandier* de Vincent Van Gogh, montrent que ces peintres étaient sensibles à la nature. Plus proche de nous, Picasso avec le *Petit Pierrot aux fleurs.*

En Europe, la peinture a été la source d'inspiration de l'art floral. Les anciens ouvrages, à ce sujet, font référence à la peinture.

PREMIÈRE PARTIE

À LA DÉCOUVERTE
DU MONDE VÉGÉTAL

1. FLEURS ET FEUILLAGES

La fleur n'est qu'une petite étape de la vie de la nature.

Le coût de l'énergie et de la main-d'œuvre l'a rendue plus onéreuse ces derniers temps.

À l'heure actuelle, il est nécessaire d'introduire dans les bouquets des éléments nouveaux et de tirer partie de la métamorphose du monde végétal : qui n'a pas admiré une pierre, une mousse, une branche en bourgeons ou recouverte de lichen, une graminée, un fruit, etc. ? Autant d'éléments qui permettent à l'art des bouquets de prendre un nouvel essor, et de parler de la découverte du monde végétal.

Les algues, les lichens, les mousses, les fougères sont les premiers végétaux qui apparurent sur la terre. Au fur et à mesure des différentes périodes de la vie de notre planète, la végétation a subi de nombreuses mutations, et les hommes en partant de la flore spontanée sont arrivés, par leurs observations et des techniques savantes, à l'améliorer et à créer de nouveaux hybrides.

Depuis plus de trente ans, la découverte et l'application du photopériodisme ont révolutionné la culture des fleurs. Parmi les facteurs qui régissent la vie des plantes, la lumière et l'obscurité jouent un rôle important dans la date de leur floraison.

La découverte de cette loi ainsi que ses applications permettent d'obtenir des floraisons hors saison, en allongeant ou en raccourcissant artificiellement la durée du jour ou de la nuit. C'est pourquoi nous pouvons voir entre autres des chrysanthèmes toute l'année.

Les recherches dans le domaine de la génétique et de la chimie permettent à ce jour d'obtenir des spécimens nouveaux et de les maintenir en vie dans des conditions qui ne sont pas traditionnelles. Exemple : hydroculture.

Actuellement sur le marché de la fleur et de la plante, en plus des cultures européennes et grâce à la rapidité des transports aériens, des végétaux en provenance d'autres continents sont à notre disposition depuis une quinzaine d'années.

Aux Antilles, en Israël, en Afrique, en Indonésie, des cultures scientifiques et modernes ont permis de tirer parti de la flore grâce aux climats locaux (croquis nº 1 - 2 - 3 - 4).

nº 1
Alpinia

nº 2
Rose de porcelaine

12

n° 3
Heliconia bihai

n° 4
Heliconia

Grâce à son climat exceptionnel arrivent d'Israël des fleurs européennes à des périodes où celles-ci ne peuvent pousser dans nos régions.

D'Afrique du Sud : des bruyères, des protéas, etc., et de nombreux feuillages (croquis n° 5 - 6 - 7 - 8 - 9).

Singapour cultive et expédie plus de trente-deux variétés d'orchidées sur les cinq mille espèces existantes dans le monde : *Aranthea, Dendrobium, Arachnis, Oncidium,* etc.

La Nouvelle-Zélande, qui possède aussi une flore merveilleuse et variée, ne nous fait parvenir qu'exceptionnellement quelques spécimens de sa production, ceci du fait de son grand éloignement.

En France, de nombreux établissements locaux cultivent fleurs et plantes : il y a quatre centres de production importants :

— la région du Nord ;
— la région parisienne ;
— le Val de Loire et la Bretagne ;
— la Côte d'Azur.

13

n° 5
*Protea
cynaroides*

n° 7
*Protea
compacta*

n° 6
*Protea
eximia*

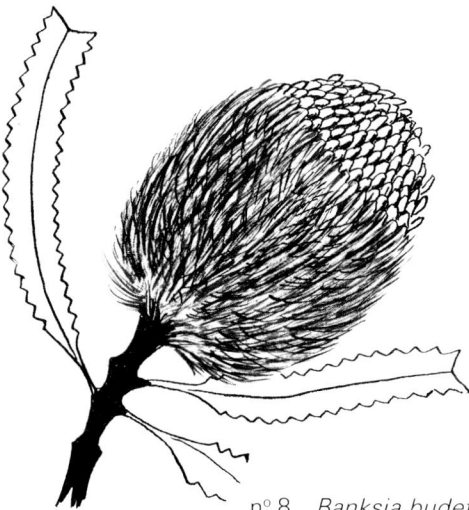

n° 9
Zingiber spectabile

n° 8   *Banksia budettii*

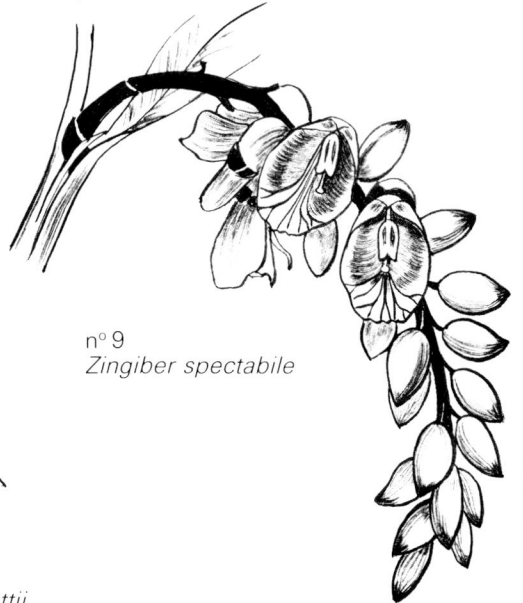

14

RÉGION DU NORD

On trouve les plantes vertes, les plantes fleuries, particulièrement celles de terre de bruyère.

RÉGION PARISIENNE

C'est un centre de culture très variée.

En pleine terre . Plantes molles et plantes vivaces.

En serre . Plantes vertes, plantes fleuries, azalées, cyclamens, hortensias, primevères, chrysanthèmes, etc.

En fleurs coupées . Tous les bulbes, lilas, roses, œillets, etc., et tous les grands spécialistes d'orchidées de la région de Boissy-Saint-Léger (Vacherot Lecoufle).

VAL DE LOIRE ET BRETAGNE

Cultivent plantes vertes et plantes fleuries. Ces régions sont aussi spécialisées dans les plantes à massif.

Dans l'Anjou, nombreuses fleurs coupées et dans la région de Saint-Malo et de Paramé : lis, freesias, arums, liliums, gerberas, etc.

Nantes est aussi spécialisée dans la culture du muguet.

CÔTE D'AZUR

Cette région cultive de très nombreuses variétés de fleurs coupées, feuillages et cultures ornementales qui se trouvent principalement dans les Alpes-Maritimes et le Var.

Ses nombreux établissements produisent, sous abri ou en serre, des fleurettes et des fleurs sans oublier l'exploitation de tous les eucalyptus, mimosas, palmiers qui poussent facilement sous ce climat. Grands centres de production de roses, œillets, asparagus, etc.

En Europe, les Hollandais sont les maîtres incontestés pour les cultures florales. Ils exportent leur production dans toute l'Europe et depuis quelques mois vers les U.S.A.

Les Belges sont plus spécialisés en plantes de terre de bruyère (azalées, rhododendrons) et plantes vertes.

Depuis la guerre, les Danois ont pris une place importante dans le marché de la plante verte et de la plante fleurie en se spécialisant et en s'industrialisant grâce à des méthodes de culture d'avant-garde.

Tous ces centres de production approvisionnent les fleuristes, les libres-services, les marchés, certaines grandes surfaces et les marchands ambulants.

CLIMAT ET SAISON

Sous toutes les latitudes, la végétation diffère suivant les saisons. Dans les climats tempérés, les changements revêtent un caractère plus accentué. Il est très difficile de dresser de façon précise le calendrier concernant la floraison des végétaux. Entre le Sud et le Nord de la France, la précocité de la végétation varie de plusieurs semaines. Cela peut aller de quelques jours jusqu'à cinq ou six semaines.

FLORE SAUVAGE

La végétation sauvage est une source de richesse pour les amateurs qui ont la possibilité d'être en contact avec elle.

Dans toutes les régions du monde, on trouve une flore sauvage très diverse. Les nombreuses découvertes rapportées par les explorateurs au fil des siècles en sont une évidente manifestation. C'est grâce à cette flore que le patrimoine végétal de l'Europe s'est enrichi.

Les Anglais qui sont de grands amateurs de la nature, des jardins et des bouquets ont depuis longtemps sélectionné, cultivé, et utilisé de nombreuses variétés de plantes et de fleurs sauvages, tant régionales qu'européennes. Beaucoup de Français les négligent et les ignorent.

Depuis quelques années, les Scandinaves, les Allemands et les Suisses savent en tirer parti dans l'art des bouquets.

En France, en 1897, M. Maumène, dans son livre *l'Art du fleuriste,* fait référence à l'usage de certains végétaux à cette époque.

Dans les terrains humides, secs, ombragés ou découverts poussent de nombreuses espèces aux variétés diverses. Suivant les moments de cueillette de ces végétaux, ils revêtent des caractéristiques de formes, de couleurs différentes, aux utilisations nombreuses et variables.

On trouve tous ces éléments principalement au printemps, en été et au début de l'automne.

Pour les amateurs de bouquets qui ont un contact avec la nature, ces végétaux sont un don. Il est possible d'en tirer de nombreux partis.

Graminées et fleurs sauvages.

Vivantes ! non, séchées.

IV

LISTE DE QUELQUES VÉGÉTAUX SAUVAGES

A

acanthe	fleurs, feuilles	*Acanthus*
achillée	fleurs sèches	*Achillea*
aconit	fleurs	*Aconitum*
adonis	fleurs	*Adonis*
aigremoine	fleurs	*Agrimonia*
ail	fleurs, graines	*Allium sativum*
ail des ours	fleurs	*Allium ursinum*
anémone	fleurs	*Anemone*
angélique	fleurs	*Angelica*
ancolie	fleurs, graines	*Aquilegia*
arbousier	fruit	*Arbutus unedo*
arnica	fruit	*Arnica*
asphodèle	fleurs	*Asphodelus*
aubépine	fleurs, fruits	*Cratægus oxyacantha*

B

bardane	fleurs	*Arctium pappa*
berce	fleurs, graines	*Heracleum*
bistorte	fleurs	*Polygonum bistorta*
bleuet	fleurs	*Centaurea cyonus*
bouillon blanc	fleurs, graines	*Verbascum thapsus*
bouton d'or	fleurs	*Ranunculus cortusæfolius*
bourrache	fleurs	*Borago officinalis*
bourse-à-pasteur	fleurs, graines	*Capsella bursa-pastoris*
brione	fleurs	*Bryonia*
brunella	fleurs	*Brunella*
bruyère	fleurs	*Erica*
bugle rampante	fleurs	*Ajuga reptans*
buglose	fleurs	*Anchusa*

C

caille-lait	fleurs	*Galium verum*
camomille	fleurs	*Anthemis nobilis*
campanule	fleurs	*Campanula*
canne de Provence	feuillages	*Arundo donax*
carotte sauvage	fleurs, graines	*Daucus carota*
centaurée	fleurs	*Centaurea jacea*
chardons	fleurs, sec	*Garduus*
chèvrefeuille	fleurs, feuillages, fruits	*Lonicera*
clématite sauvage	fleurs, feuillages, sec	*Clematis vitalba*
coquelicot	fleurs, fruits	*Papaver rhœas*
coucou	fleurs, feuillages, graines	*Primula officinalis*

cytise	fleurs, graines	*Cytisus alpinus*

D

digitales	fleurs, graines	*Digitalis*

E

edelweiss	fleurs, sec	*Leontopodium alpinum*
épiaire	graines	*Stachys alpina*
épilobe en épi	fleurs, sec	*Epilobium angustifolium*
euphorbe	feuillage	*Euphorbia*

F

fenouil	fleurs, feuillages, graines	*Fœniculum dulce*
fragon	feuillage	*Ruscus*

G

genêt	fleurs, feuillages	*Cytisus*
gentiane	fleurs	*Gentiana*
guimauve	fleurs	*Althæa*
gouet	fleurs, feuillages, graines	*Arum*
graminées	frais, sec	*Poaceæ*

H

hellébore	fleurs, feuillage	*Helleborus*
héracléum	fleurs, tiges, graines	*Heracleum*
hypericum	fleurs	*Hypericum*

I

iris des marais	fleurs, feuillages, graines	*Iris pseudacorus*

J

joncs	feuillages	*Juncus*
joubarbe	fleurs, feuillages	*Sempervivum*
julienne	fleurs	*Hesperis*

L

lierre	fleurs, feuillage, fruit	*Hedera helix*
linaire commune	fleurs, graines	*Linaria vulgaris*
liseron	fleurs	*Convolvulus*
lupin	fleurs, graines	*Lupinus*

M

marguerite	fleurs	*Leucanthemum*
marjolaine, origan	fleurs	*Origanum*

18

massette	feuillages, épis	*Typha*
mélilot	fleurs	*Melilotus officinalis*
molène	fleurs, sec, à graine	*Verbascum*
myosotis	fleurs	*Myosotis*

N

nénuphar	fleurs, feuillages	*Nymphæa*

O

œillet	fleurs	*Dianthus*
orchidée sauvage	fleurs	*Orchidaceæ*
orpin	fleurs, feuillage, sec	*Sedum*
orties blanches	fleurs	*Lamium album*
oseille sauvage	fleurs, sec	*Rumex*

P

pâquerette	fleurs	*Bellis perennis*
pervenche	fleurs, feuillages	*Vinca minor*
pied-d'alouette	fleurs, sec	*Delphinium*
pissenlit	fleurs, graines	*Taraxacum officinalis*
plantain	graines	*Plantago*
pois de senteur	fleurs	*Lathyrus odoratus*
populage	fleurs, feuillages, graines	*Caltha palustris*
prêle des champs	fleurs, sec	*Equisetum arvense*
primevère	fleurs, feuillages	*Primula*

R

renouée	feuillage	*Polygonum*
réséda	fleurs, feuillages	*Reseda*
rubanier	fleurs	*Sparganium*
rhododendron	fleurs, feuillages	*Rhododendron*

S

sagittaire	feuillages	*Sagittaria*
salicaire (grande)	fleurs	*Lythrum salicaria*
salsifis des prés	fleurs	*Tragopogon pratensis*
scabieuse	fleurs, sec	*Scabiosa*
sceau-de-Salomon	feuillages, graines	*Polygonatum officinale*
silène	fleurs	*Silene*
spirée	fleurs	*Spiræa*

T

tanaisie	fleurs	*Tanacetum vulgare*
trèfle	fleurs	*Trifolium*
tussilage (ou pas-d'âne)	fleurs, feuillages	*Tussilago farfara*

V

valériane	fleurs	*Valeriana*
verge d'or	fleurs, sec	*Solidago virga-aurea*
viorne	fleurs, feuillages, fruit	*Viburnum*
vipérine commune	fleurs	*Echium vulgare*
vulnéraire	fleurs	*Anthyllis vulneraria*

CULTIVÉES

Les cultures sous abris et dans les serres permettent d'obtenir, même sous les climats froids, des fleurs et des plantes en toutes saisons. Ces plantes passent par les soins des hommes. Par les croisements d'espèces voisines, ils ont obtenu de nouveaux hybrides, qu'ils cultivent sous différentes formes : en pleine terre, sous abris ou en serre. Ce sont les annuelles, les bisannuelles, les vivaces, les bulbes, les rhizomes, les tubercules, les épiphytes, etc.

Les annuelles . Plantes qui parcourent toutes les phases de leur végétation dans une année.

Les bisannuelles . Ces dernières mettent environ deux ans à parcourir toutes les phases de leur végétation. La floraison a lieu dans l'année suivant celle du semis.

Les vivaces . Plantes herbacées, rustiques, dont la durée est indéterminée et qui perdent leur tige chaque hiver.

Les épiphytes . Se dit d'un végétal fixé sur un autre mais non parasite. (Les lianes sont des plantes épiphytes.)

BULBES (PLEINE TERRE)

amaryllis	*Amaryllis*	montbretia	*Montbretia*
anémone	*Anemone*	muscari	*Muscari*
crocus	*Crocus*	narcisse	*Narcissus*
fritillaire	*Fritillaria*	nérine	*Nerine*
glaïeul	*Gladiolus*	perce-neige	*Galanthus nivalis*
iris	*Iris*	renoncule	*Ranonculus*
jacinthe	*Hyacinthus*	scille	*Scilla*
lis	*Lilium*	tulipe	*Tulipa*

LES ANNUELLES

acroclinum	*Helipterum*	muflier	*Antirrhinum*
agérate bleue, eupatoire	*Ageratum*	nigelle	*Nigella*
		œillet de poète	*Dianthus barbatus*
amarante	*Amaranthus*	œillet (plusieurs variétés)	*Dianthus*
anémone pulsatille	*Anemone pulsatilla*	pavot	*Papaver*
anthémis	*Anthemis*	pétunia	*Petunia*
balsamine	*Impatiens*	phlox	*Phlox*
bégonia	*Begonia*	pied-d'alouette, dauphinelle	*Delphinium*
belle de jour	*Convolvulus*		
belle de nuit	*Mirabilis*	pois de senteur	*Lathyrus odoratus*
capucine	*Tropæolum*	reine-marguerite	*Callistephus chinensis*
centaurée	*Centaurea*		
clarkia	*Clarkia*	renoncule	*Ranunculus*
coloquinte (fruit)	*Cucurbita pepo*	réséda	*Reseda*
cosmos	*Cosmos*	ricin sanguin	*Ricinus sanguineus*
dahlia	*Dahlia*	rose d'Inde	*Tagetes erecta*
eschscholtzia	*Eschscholtzia*	salpiglossis	*Salpiglossis*
gazania	*Gazania*	sauge	*Salvia*
giroflée	*Matthiola*	scabieuse	*Scabiosa*
godetia	*Godetia*	silène	*Silene*
héliotrope	*Heliotropium*	soleil	*Helianthus*
immortelle	*Helichrysum*	souci	*Calendula officinalis*
ipomée	*Ipomæa*		
lavatère	*Lavatera*	statice	*Statice*
lin	*Linum*	valériane	*Valeriana*
lobélia	*Lobelia*	verveine	*Verbena*
maïs multicolore	*Zea*	zinnia	*Zinnia*

LES VIVACES

achillée	*Achillea*	lupin	*Lupinus*
ancolie	*Aquilegia*	muguet	*Convallaria majalis*
agapanthe	*Agapanthus*	myosotis	*Myosotis*
anémone	*Anemone*	œillet	*Dianthus*
anthémis	*Anthemis*	mignardise	*plumarius*
arum	*Arum*	pâquerette	*Bellis*
aster	*Aster*	pélargonium	*Pelargonium*
campanule	*Campanula*	physalis, amour	*Physalis*
centaurée	*Centaurea*	en cage, co-	
chrysanthème	*Chrysanthemum*	queret, alké-	
delphinium	*Delphinium*	kenge	
digitale	*Digitalis*	pied-d'alouette	*Delphinium*
doronique	*Doronicum*	pivoine	*Pæonia*
gaillarde	*Gaillardia*	pyrèthre	*Pyrethrum*
gazania	*Gazania*	phlox	*Phlox*
gerbe d'or,	*Solidago*	pois de senteur	*Lathyrus odoratus*
verge d'or		rudbeckia	*Rudbeckia*
gerbéra	*Gerbera*	salpiglossis	*Salpiglossis*
gypsophile	*Gypsophila*	sauge	*Salvia*
hellébore	*Helleborus*	scabieuse	*Scabiosa*
hémérocalle	*Hemerocallis*	silène	*Silene*
julienne	*Hesperis*	spirée	*Spiræa*
lantana	*Lantana*	valériane	*Valeriana*
lin	*Linum*	véronique	*Veronica*
lunaire, monnaie	*Lunaria*	verveine	*Verbena*
du pape, herbe		violette	*Viola*
aux écus		zinnia	*Zinnia*

FLEURS ET PLANTES FORCÉES

La crise de l'énergie qui sévit depuis quelques années rend plus coûteux le forçage des végétaux. La culture des fleurs dont la floraison est avancée de quelques semaines est moins onéreuse que celles qui sont amenées à floraison toute l'année avec le photopériodisme.

Dans les cultures florales, on a obtenu de véritables performances, tant en ce qui concerne la grosseur des fleurs que leurs tailles, ce qui est un exploit remarquable, mais pose quelques problèmes aux utilisateurs.

TABLEAU DE FLORAISON DE QUELQUES FLEURS ET PLANTES FORCÉES

	OCT.	NOV.	DÉC.	JAN.	FÉVR.	MARS	AVRIL	MAI	JUIN	JUI.	AOÛT	SEPT.
JACINTHES												
TULIPES. Pot de 3												
NARCISSES												
AMARYLLIS												
AZALÉES												
BRUYÈRES												
SAINTPAULIA												
CYCLAMEN												
ÉPYPHILLUM												
HIBISCUS												
KALANCHOÉ												
CROCUS MOULIN												
CROCUS Ø 9												
IRIS Ø 8 1/2												
MUSCARI Ø 8 1/2												
JASMIN												
CALCÉOLAIRES												
PRIMEVÈRES												
CINÉRAIRES												
SOLANUM												
ROSIERS												
CROCATA												
CHRYSANTHÈMES. Pot/1												
CHRYSANTHÈMES. Pot/3												
ARUM Ø 16												
BOUGAINVILLÉE												
BÉGONIA												
MUGUET												
FUCHSIA												
LILIUM (Plusieurs variétés)												
LIS												
RUBRUM												
PASSIFLORE												
JACOBINIA												
STÉPHANOTIS												
TRICOSPORUM												
VINCA												
HORTENSIA												
EXACUM												
CROSSENDRA												
DIPLADENIA												

Une fleur à tige très longue est souvent plus fragile et de feuillage plus délicat. Pour une meilleure durée de ces végétaux, il est nécessaire de bien les raccourcir. La dimension courante des vases que possèdent les maîtresses de maisons ne correspond plus à ces tiges gigantesques. Pour réaliser certains bouquets, plus une tige est longue, plus il en faut une grande quantité. Pour d'autres types, il faut en raccourcir quelques-unes considérablement.

Les plantes vertes trop forcées, qui ont poussé rapidement, ont souvent une résistance moindre.

MÉTAMORPHOSES

Dans l'art des bouquets, nous n'utilisons qu'une infime partie de ce que la nature met à notre disposition.

La fleur n'est qu'une petite étape de la vie d'une plante, les nombreux stades par lesquels passent les végétaux peuvent tous être utilisés dans les bouquets, mais il faut connaître les qualités et les caractéristiques de chacune de ces étapes.

Il y a pour tous les végétaux un moment, voire même plusieurs, où l'on peut les utiliser comme éléments dans les bouquets. Pour certains, c'est celui des pousses et des bourgeons qui revêt le caractère le plus intéressant. Pour d'autres, ce seront les feuilles, les fleurs, les fruits ou les graines, puis les branches.

La métamorphose des végétaux se produit dans la nature éternellement. Dans les bouquets, jusqu'à présent, on utilise surtout le stade de la floraison. Toutefois, quelques végétaux sont déjà exploités à un autre moment : par exemple, les différents chatons des nombreuses variétés de saules.

Le saule pleureur, en tant qu'élément linéaire et graphique, peut être utilisé juste avant la sortie des feuilles pour sa souplesse et sa couleur jaune. Il en est de même pour l'osier.

Certaines branches en feuilles ne résistent pas lorsqu'elles sont coupées. Par contre, elles durent et sont d'un certain effet décoratif au stade des bourgeons et plus tard à celui des fruits. En période hivernale : le noisetier (chatons) et l'aulne (chatons et cônes). Au printemps : le frêne, l'érable, la charmille, l'orme par leurs fruits appelés samares et le tilleul par ses fleurs et ses fruits (croquis no 10 - 11 - 12 - 13). Par contre, le marronnier est intéressant en bourgeons, en fleurs, en fruits. Ces derniers, comme ceux du châtaignier, sont harmonieux sur la branche avec l'ensemble de leurs bogues, ou détachés, chacun comme élément individuel.

24

nº 10 Tilleul

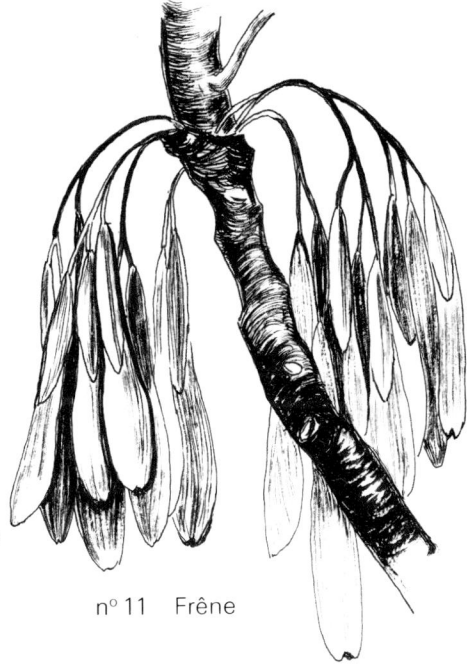

nº 11 Frêne

nº 13 Charme

nº 12 Érable

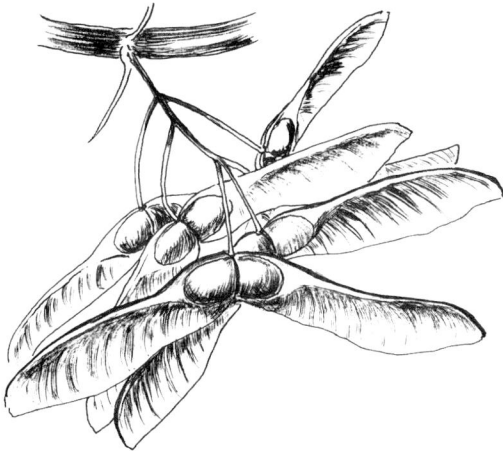

Les arums sauvages ou gouets, aux spathes fantastiques, sont malheureusement de courte durée. Il est préférable de laisser passer le stade de floraison et de les utiliser au stade de fruits *(poison)* verts ou rouges. Durée des fleurs : 48 heures, des feuilles : une semaine, des fruits : plusieurs semaines même avec très peu d'eau (croquis nº 14).

Dialoguer avec la nature, l'observer vous permettront de trouver d'autres exemples.

nº 14
Arum tacheté

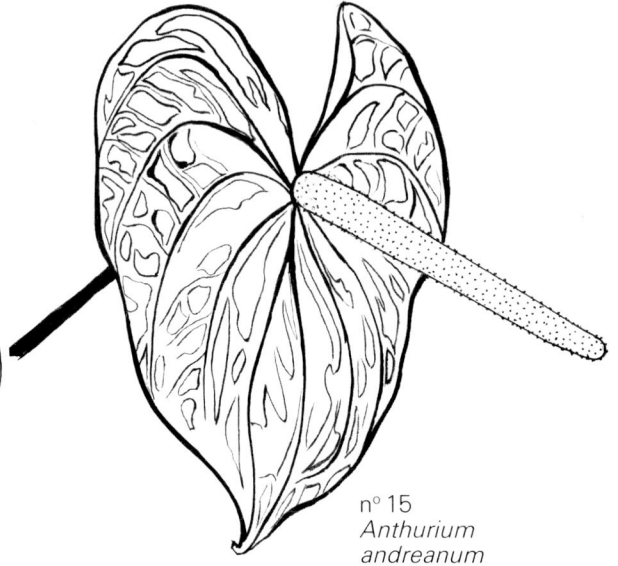

nº 15
*Anthurium
andreanum*

Anthurium

C'est la fleur précieuse des Antilles, d'Hawaii et de la Martinique.

Avec un pétale appelé spathe, en forme de cœur, aux teintes diverses (rose, blanc, orangé, rouge, grenat), à la texture épaisse et brillante qui laisse échapper au centre une pointe délicatement incurvée.

L'*Anthurium* peut durer longtemps, de 3 à 4 semaines. Il existe en plusieurs tailles, des petits (7 cm environ) jusqu'au gigantesque qui peut atteindre 30 cm.

Feuillages tropicaux

Par leurs textures souvent très épaisses, un bon nombre de feuilles tropicales sont très résistantes. Celles qui peuvent être considérées comme ayant une bonne tenue sont : *Anthurium, Aglaonema, Chamærops, Cordyline,* crotons, *Cycas, Dieffenbachia, Dracæna* (nombreuses variétés), *Ficus,* palmiers, *Phœnix, Philodendron* (nombreuses variétés), *Pothos, Sansevieria,* etc. (Croquis nº 16, 17, 18, 19, 20, 21, 22).

26

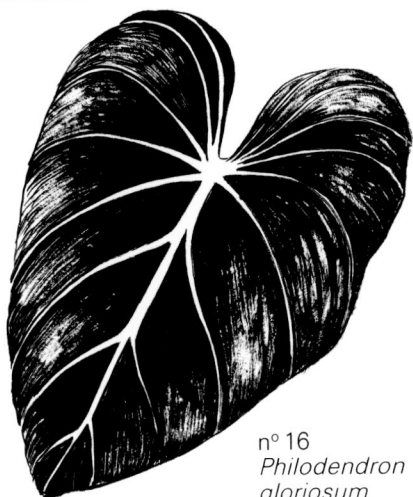

n° 16
*Philodendron
gloriosum*

n° 17
Alocasia odora

n° 18
Ficus lyrata

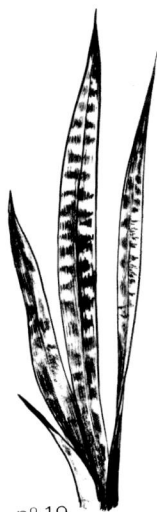

n° 19
Sansevieria

n° 20
*Alocasia
sanderiana*

n° 22   *Platycerium*

n° 21
Philodendron selloum

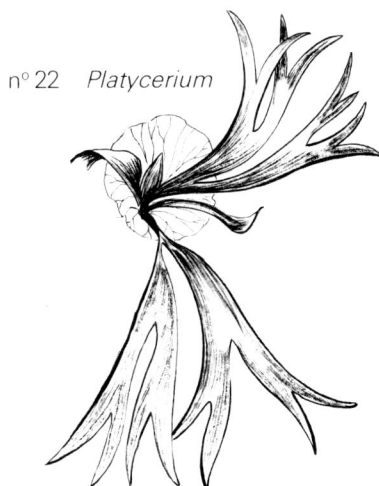

Fleurs exotiques

Peu connues du public, inexistantes sous nos climats, on les trouve maintenant dans le commerce. Elles sont utiles dans l'élaboration des bouquets modernes et permettent de nombreuses variations. (Se reporter aux croquis nᵒ 5, 6, 7, 8, 9.)

Protea

C'est la fleur nationale en Afrique du Sud. Blanche ou rose, elle pousse dans la province du Cap sur un petit arbre persistant qui atteint une hauteur de trois mètres. Il existe de nombreuses variétés. La fleur la plus large peut mesurer 30 centimètres de diamètre avec ses pétales roses et la masse de son cœur.

Fleurs de longue durée qui, de plus, peuvent être conservées.

En vieillissant et en se desséchant, elles deviennent un élément décoratif pour les bouquets secs. (Se reporter aux croquis nᵒ 5, 6, 7.)

Alpinia

Cette fleur majestueuse présente la teinte riche du vin de Bourgogne. Ses pétales sont de texture robuste, la fleur peut mesurer 10 à 25 centimètres et la tige 1 mètre. Elle garde sa fraîcheur pendant au moins deux semaines. (Se reporter au croquis nᵒ 1.)

Rose de porcelaine

Ses petits pétales colorés sont ourlés de blanc crème. La tête ovale peut être dégagée si l'on replie vers le bas des pétales externes, lesquels sont vivement colorés. Les coloris vont du rose pâle au rouge moyen. Dans la nature, la longueur des tiges atteint plusieurs mètres ; dans le commerce, elles dépassent rarement 1 mètre à cause des frais de transport. (Se reporter au croquis nᵒ 2.)

2. MATÉRIEL ET OUTILS DE RÉCOLTE

Aux bons ouvriers, de bons outils.

Les outils nécessaires à la pratique de l'art des bouquets sont peu nombreux. Ils ont l'avantage de prendre peu de place pour le rangement. Ils doivent être de bonne qualité et adaptés à chacun :

— sécateur ou ciseaux japonais ;
— poinçon à fleur ;
— greffoir ou serpette ;
— vaporisateur ;
— arrosoir ;
— pince à épiner.

Sécateur

Absolument indispensable, il est celui que l'on utilise continuellement. Il faut porter quelque attention lors de son achat. Il doit être de taille courante et suffisamment robuste afin de couper aussi bien les tiges des fleurs que celles des feuillages et des branchages. Il sert aussi bien au moment de la coupe que lors de la confection des bouquets.

Poinçon à fleur

Il est destiné à faire un avant-trou dans les différentes mousses afin d'y enfoncer plus facilement et plus profondément les tiges molles ou creuses. Celui-ci ne se trouve pas dans le commerce. Il faut le faire avec une branche bien droite dont on supprime l'écorce, l'une des extrémités étant effilée comme la pointe d'un crayon. La grosseur de ce poinçon doit être d'une taille inférieure à celle de la tige à piquer.

Afin d'avoir une panoplie complète pour l'utilisation de certains végétaux et pour les montages, il est nécessaire de posséder aussi quelques autres outils dont l'usage n'est pas uniquement réservé à l'art des bouquets, à celui du jardinage ou à la fleuriste :

— pince coupante ou « coupe-tout » : pour les fils de fer ;
— scie : pour bois et souches ;
— agrafeuse : pour maintenir entre eux certains éléments secs ;
— pistolet à colle : nouvel outil que l'on trouve depuis peu dans le commerce. Celui-ci s'avère indispensable pour réaliser avec facilité montages et collages d'éléments divers : bois, éléments secs, coquillages, gorgones...

MATÉRIEL DE RÉCOLTE ET DE TRANSPORT

Dans cette deuxième partie du chapitre, nous ne traitons que du matériel nécessaire au moment de la récolte et de la cueillette, et au transport des graminées, fleurs, feuillages, etc. Le matériel pour la réalisation des bouquets fait l'objet d'un autre chapitre.

Porte-cueillette

Destiné à recevoir les grandes branches, les tiges longues des végétaux, les graminées et les éléments secs. Celui-ci peut être une vannerie avec anses (croquis nº 23) ou un morceau de toile cirée, de plastique ou de rabanne, auquel on ajoute deux anses afin de le porter plus aisément (croquis nº 24 A-24 B).

Pour réaliser le modèle du croquis nº 24, prendre :

1º Deux baguettes de la grosseur d'un manche à balai ou bien deux bambous de 0,80 m de long.

2º Un morceau de toile cirée, de plastique, de rabanne ou de tissu de 0,80 m sur 1,50 m.

Coudre les deux extrémités autour de chaque manche en ayant soin de ménager au milieu un espace libre pour le passage des mains.

Pour que les végétaux ne souffrent pas, afin de les garder au maximum de leur forme et de les conserver le plus longtemps possible, il est nécessaire de mettre rapidement dans l'eau les tiges des végétaux que l'on coupe dans son jardin ou dans la nature. À cet effet, l'amateur de bouquets qui récolte fleurs et feuillages doit se confectionner une *« cueillette fleurs fraîches »*. Prendre un panier large à fond plat, ou une boîte dans laquelle on place et cale des récipients de petite et moyenne taille, pour recevoir les fleurs de longueur adéquate (verres, pots de confiture, flacon de jus de fruit). On peut aussi couper à différentes hauteurs des bouteilles d'eau minérale en plastique. Pour que l'eau ne se répande pas dans un transport éventuel, les contenants doivent avoir un couvercle métallique ou bien être recouverts d'un morceau de plastique maintenu par un élastique. Lorsque les tiges sont suffisamment nombreuses, pour remplir l'ouverture du contenant, l'eau ne risque plus de se répandre (croquis nº 25).

n° 23

n° 24 A

Matériel pour la coupe
des fleurs et
les récoltes

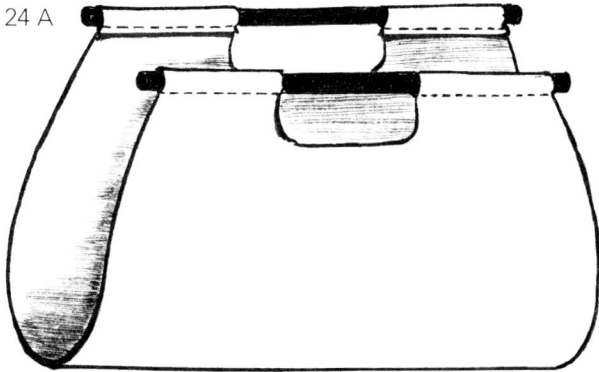

n° 24 B

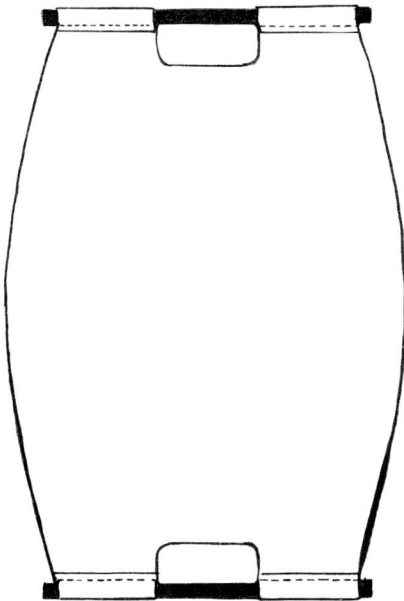

n° 25

Ce qu'il faut dans le panier « cueillette fleurs fraîches » :

— un sécateur ;
— un couteau pour décoller les mousses, déterrer les touffes d'herbes, les très petites plantes et les champignons ;
— une pelle pour prendre toutes les racines d'une plante que l'on veut replanter ;
— des tubes avec couvercle en caoutchouc contenant de l'eau pour y placer les tiges des éléments très fragiles ;
— la cellulose, une serviette éponge ou un chiffon. Ceux-ci sont destinés à être mouillés et à entourer le bas des tiges longues ;
— trois ou quatre tailles de sacs plastiques pour entourer le bas des tiges afin d'éviter l'évaporation très rapide ou pour contenir des sables, des graviers, des coquillages, etc. ;
— du sel fin pour imprégner le bas de certaines tiges afin de ralentir l'évaporation (croquis n° 26).

n° 26   Panier pour la cueillette des fleurs fraîches

32

Panier : récolte de fleurs fraîches, sauvages et de jardin.

V

Pour maintenir dans un grand vase un bouquet ayant peu de tiges, utiliser de la cellophane froissée qui donne l'illusion de glace.

VI

3. CUEILLIR OU ACHETER

Amateurs de bouquets, des villes ou de la campagne, nos sources d'approvisionnement ne sont pas les mêmes. Aussi, allons-nous étudier la façon de procéder suivant qu'il s'agit de cueillir, de récolter, d'acheter.

Les récoltes que l'on peut faire dans la nature sont différentes en fonction des lieux et des saisons. Suivant les caractéristiques propres à chaque terrain — argileux, sablonneux, calcaire, tourbeux — on récolte des éléments divers. La même plante poussant sur des sols différents a des caractéristiques qui changent dans leur résistance, leur intensité de couleur, leur texture, voir même leur taille.

Cueillir des fleurs ou des feuillages doit être fait selon certaines règles si l'on veut qu'ils restent beaux et durables. Tous ces éléments sont vivants et délicats, aussi faut-il les manipuler avec soin. La cueillette demande quelques précautions ainsi que leur transport.

Que ce soit dans la nature sauvage ou dans le jardin, la cueillette ne doit jamais être faite sous un soleil ardent et sous grand vent. La faire de préférence le matin de bonne heure ou très tard en fin de journée (lorsqu'ils dorment !).

CUEILLIR DANS SON JARDIN

Cueillir pour soi quelques fleurs dans son jardin, permet de les couper en boutons, entrouvertes, épanouies. Dans la cueillette industrielle, il est impossible de diversifier l'épanouissement des fleurs. Le caractère de trois roses de même variété, même couleur, même épanouissement est autre que celui de trois autres roses ayant les mêmes caractéristiques mais des degrés d'épanouissement différent.

Arums • Coupés en boutons avec un cornet très fermé, ils gardent la même forme, le même volume durant toute leur vie en vase. Avoir dans son bouquet trois ou quatre stades d'épanouissement de cette fleur est une vraie merveille. Actuellement, ceci n'est réalisable que pour les personnes ayant un jardin.

Pour ceux qui n'ont pas l'habitude de couper des fleurs, de peur d'abîmer les plantes, apprenez à cueillir sans que cela se voie. Avec un peu d'habitude, on découvre les fleurs ou les branches qui peuvent être coupées sans nuire à la beauté de l'ensemble. Ceci est un excellent exercice d'observation. Au début de la floraison d'une plante, on coupe des tiges courtes afin de laisser la place aux jeunes boutons. En fin de saison ou de floraison, les tiges peuvent être plus longues. En général, si une fleur est trop épanouie, laissez-la sur pied. Sachez attendre, pour certaines, une autre étape de leur métamorphose.

Si vous êtes dans votre jardin, n'oubliez pas, en plus de votre panier « cueillette fraîche » (pour fleurs et fleurettes à courtes tiges), un seau contenant de l'eau, afin d'y placer les fleurs à tiges longues dès que celles-ci sont coupées à l'aide du sécateur ou ciseau japonais.

CHINER DANS LA NATURE

Partir à la découverte des trésors qui sont à notre disposition, le long des chemins, à la campagne, en forêt, sur la dune, la grève ou en montagne. Glaner de-ci de-là l'imprévu, le nouveau. Faire parfois dans la main un joli bouquet de hasard est enrichissant. En général, on coupe plus de fleurs qu'il n'est nécessaire. Ne saccagez ni votre jardin, ni la nature ! Restez modérés dans les quantités, la qualité est toujours préférable. Ne cueillez ni les fleurs trop épanouies : elles s'effeuillent, ni les trop jeunes pousses, ni les petits boutons : ils ne durent ni les uns ni les autres pour des raisons différentes, mais qui occasionnent le même résultat. Lorsque vous cueillez, n'arrachez ni les racines, ni les oignons, ni les tubercules, laissez-en suffisamment pour qu'ils puissent se reproduire. Surtout ne pas couper celles qui font l'objet d'une protection ! (Voir le *Journal officiel* du 13 mai 1982 et du 14 décembre : *Liste des espèces végétales protégées sur l'ensemble du territoire national*.)

La longueur des tiges est définie par la forme du bouquet que vous désirez composer. Pour les bouquets circulaires, toutes de la même longueur. Pour les bouquets adossés, les couper à des tailles différentes.

Prendre le panier « cueillette fraîche », et pour le transport, remplacer le seau par une « vannerie cueillette » ou la rabanne. Les récoltes que vous faites varient d'un endroit à l'autre. Les fleurs et feuillages ne doivent pas séjourner longtemps dans les mains. Placer dans le panier « cueillette fraîche », contenant de l'eau, les plus courtes et les plus fragiles. Dans la vannerie, mettre les plus longues et les plus lourdes en premier, les plus légères sont mises au-dessus. Pour le temps du transport, afin qu'elles souffrent le moins possible, enrobez le bas de la tige d'un chiffon bien imprégné d'eau, d'ouate ou de mousse. Un plastique est placé autour, afin d'éviter une évaporation trop rapide (l'idéal étant toutefois de les transporter continuellement dans l'eau, mais il est difficile dans une voiture de donner ce confort aux fleurs).

Les sacs plastiques servent à récolter des sables, des graviers, des pierres, des cailloux, des galets, des coquillages, des écorces, des mousses, des châtaignes, des marrons, etc. au fur et à mesure de ces découvertes.

Il est difficile de composer un ensemble harmonieux avec des éléments hétérogènes, aussi faut-il appliquer certains principes de sélection afin de rechercher l'homogénéité. Exemple : parmi les cailloux, récolter uniquement les tranchants, les polis, les petits, les moyens, ceux ayant la même couleur ou la même texture, etc.

ACHETER

Pour les achats de fleurs ou de plantes, il existe plusieurs sources d'approvisionnement : les marchés, les kiosques, les self-services, les marchands de fleurs ambulants, les fleuristes.

Parmi ces points de vente, il vous faut rechercher le spécialiste qui peut vous aider, vous guider dans votre choix tant dans le domaine qualitatif qu'artistique. Il faut arriver à obtenir les mêmes rapports de confiance avec votre fournisseur de fleurs que ceux que vous avez avec votre coiffeur.

Dans les achats, il est bien connu que les produits de saison sont moins coûteux que les primeurs. Les fleurs n'échappent pas à cette règle. De plus, les fleurs de saison sont souvent moins fragiles et plus résistantes. Elles demandent moins d'attention, de surveillance. Voir apparaître en janvier, par exemple, boules de neige, prunus, lilas, forsythias, qui sont la manifestation du printemps, est devenu une habitude. Ces fleurs, qui sont en vente trois et quatre mois avant la date de leur floraison naturelle, sont mélangées aux autres. Aussi ne peut-on bien distinguer le passage d'une saison à une autre, ce qui est regrettable.

Si un spécialiste fait une promotion sur de nouveaux produits avec des informations concernant les caractéristiques d'utilisation et de durée, n'hésitez pas à l'écouter. Durant les douze mois de l'année, sachez qu'il y a de très nombreux végétaux que vous méconnaissez.

Venant de régions lointaines, de nouvelles espèces sont mises en vente sur le marché de gros. Les commerces floraux ne savent pas toujours les mettre en évidence.

Les chrysanthèmes, les iris, les œillets, les gerberas, les glaïeuls, les roses, les lis orange sont des produits courants et de base, mais de nombreuses possibilités de renouvellement s'échelonnent au cours des cinquante-deux semaines de l'année avec les fleurs de saison.

Les orchidées, fleurs qui sont encore considérées par beaucoup de personnes comme précieuses et inaccessibles, sont maintenant abordables grâce aux nouvelles cultures et sources de production. En effet, dans le passé, certaines orchidées *(Cattleya)* demandaient plusieurs années de culture avant de donner une fleur commercialisable. Avec les nouvelles méthodes scientifiques de culture, ce laps de temps s'est vu terriblement raccourci.

De nouvelles espèces, entre autre le *Cymbidium* (aux grappes pulpeuses, aux coloris variés, et de très longue durée), sont cultivées en France et en Europe. Ces orchidées peuvent être utilisées en fleurs coupées mais également en tant que plantes fleuries de très longue durée. Mentionnons aussi les *Phalænopsis* et les *Cambria* bien connus des amateurs d'orchidées.

Les sources de production lointaines comme la Thaïlande exportent en Europe de nombreuses orchidées. Un petit nombre de ces fleurs extraordinaires peuvent garnir harmonieusement les soliflores. Dans les arrangements linéaires et de graphismes, elles sont particulièrement mises en valeur, et sont aussi des complémentaires pour les compositions avec branches et feuillages. À certaines époques, ou à certaines promotions, il est possible de faire d'opulents bouquets, ce qui est également valable avec toutes les autres fleurs.

Les orchidées étant des fleurs précieuses, pour conserver leurs qualités, les producteurs prennent un soin méticuleux dans l'emballage de celles-ci pour leur transport (tubes avec réserve d'eau — cellulose ou fibre de papier de soie — les tiges scotchées dans le fond du carton permettent aux orchidées de voyager sans incident). En général, plus une fleur est entrouverte, plus elle doit être manipulée et emballée avec précaution.

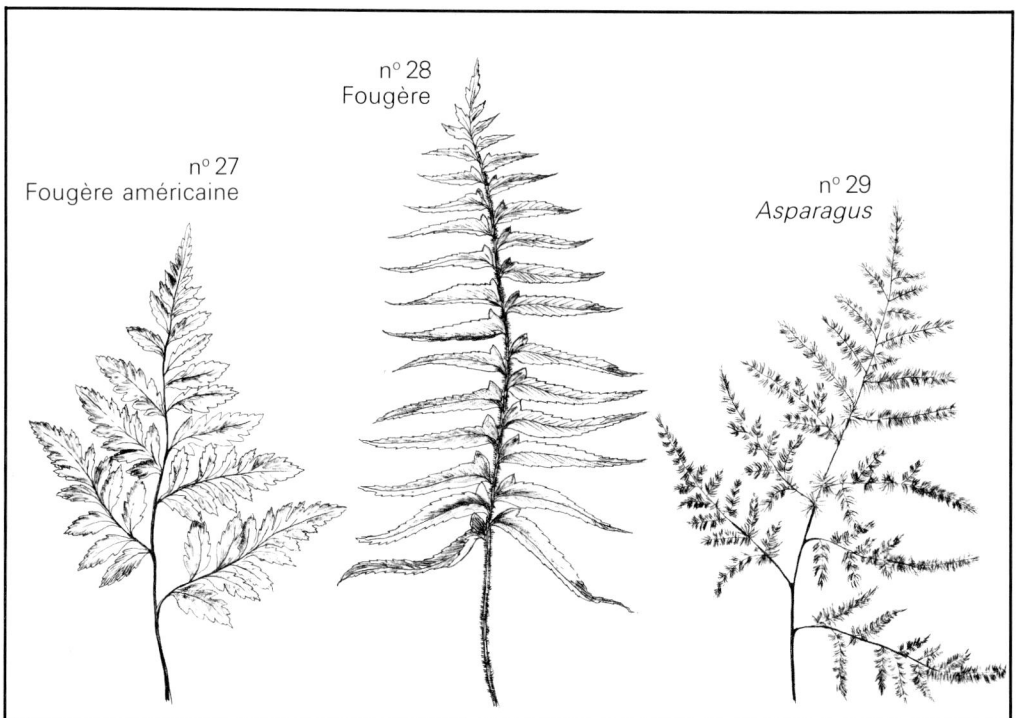

n° 27
Fougère américaine

n° 28
Fougère

n° 29
Asparagus

n° 31
Ruscus

n° 33
Grevillea

n° 30
Fougère sabre

n° 32
Ruscus

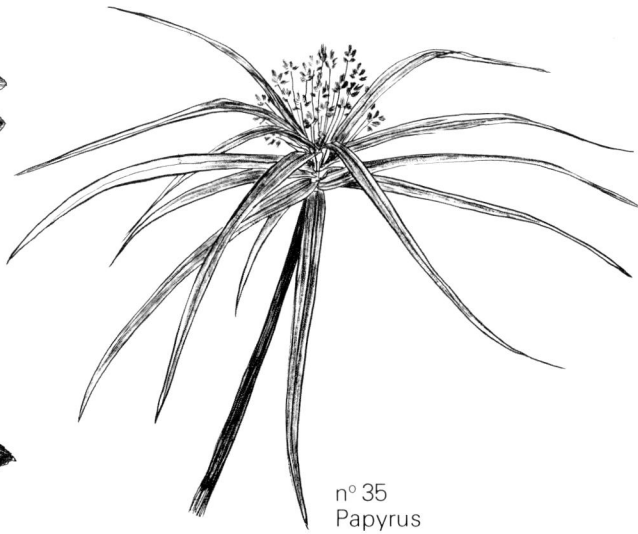

n° 34
Fusain

n° 35
Papyrus

CRITÈRES : JEUNESSE — QUALITÉ — FRAÎCHEUR

Afin de bien acheter ou de bien couper, il est nécessaire de savoir les critères qui permettent de reconnaître la fraîcheur des végétaux. Il ne faut pas oublier que pour le consommateur, la qualité fraîcheur est également associée à la durée.

Toutes les fleurs ne possèdent pas la même longévité. Leur durée peut varier de quelques jours à quatre semaines, suivant les espèces.

Coquelicots . Ils sont considérés par beaucoup comme des fleurs éphémères. Ils peuvent durer entre 8 et 10 jours, s'ils sont coupés à point (croquis n° 36) et traités comme il convient. Brûlez le bas de la tige au moment de la coupe. Passé ce degré de maturité, ne coupez que la graine (croquis n° 37).

Ornithogalum . Peuvent durer 15 à 18 jours également s'ils sont coupés à point (croquis n° 38).

Hémérocalles . Leurs tiges portent plusieurs fleurs. Chacune d'elles ne dure qu'une journée, mais coupées à point, la floraison s'échelonne sur plusieurs jours (coupées en boutons).

Les fleurs doubles et celles à texture épaisse sont plus résistantes que les simples et à texture mince.

On reconnaît un feuillage, un branchage ou une fleur fraîche et de qualité si la coupe au bas de la tige est nette et claire, si la couleur de celle-ci est uniforme. Les feuilles ne doivent ni être froissées, ni tachées, ni molles.

Pour les fleurs, certaines peuvent être en boutons, mais suffisamment gros, charnus, et la couleur des boutons doit être bien définie. Pour les fleurs qui demandent à être coupées à une étape plus lointaine de leur épanouissement, la texture doit être ferme, duveteuse ou brillante.

- Si le bord des pétales est un peu recroquevillé ;
- si la texture est fripée et vitreuse, presque transparente ;
- si la couleur est passée, délavée ;
- si le pollen est terne et poudreux, et pour certaines fleurs à grappes, si les fleurs se détachent facilement,

tous ces critères indiquent une fleur en fin de floraison.

- Si la tige possède des taches marron.
- si la coupe est noircie,
- si les feuilles du bas de la tige le sont aussi,

vous avez affaire à une fleur qui a déjà séjourné plusieurs jours dans l'eau.

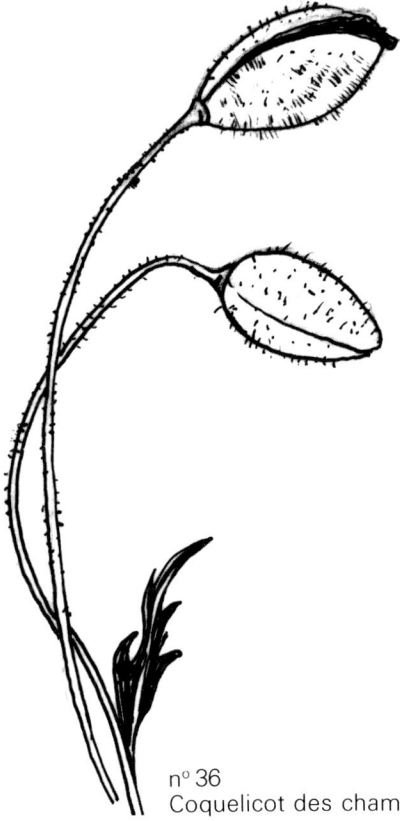

n° 36
Coquelicot des champs

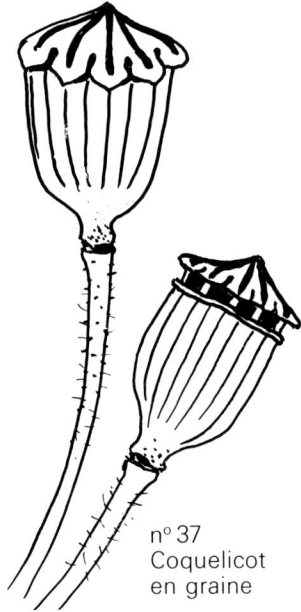

n° 37
Coquelicot
en graine

n° 38
Ornithogalum

Le mouvement de la tige, la direction de la tête de la fleur, l'espacement entre les fleurons de certaines fleurs à grappes sont aussi des indications des étapes de la vie de la fleur et des graminées (croquis n° 39 - 40).

Fleurs blanches . Choisir de préférence celles qui ont un reflet vert, celui-ci disparaissant par la suite.

Fleurs alvéolées . *Anthemis*, marguerites, certains chrysanthèmes. Choisir celles dont le cœur est encore vert (croquis n° 41 A). C'est aussi un signe de grande jeunesse et de plus longue durée. C'est à un stade plus lointain que le cœur de ces fleurs devient jaune (croquis n° 41 C).

Fleurs à pollen . La texture et la couleur du pollen des fleurs indiquent la jeunesse : anémones, lis, roses, renoncules, etc. Lorsqu'il est ferme, mat ou brillant, la fleur est plus jeune que lorsqu'il devient poudreux. Une fleur aux

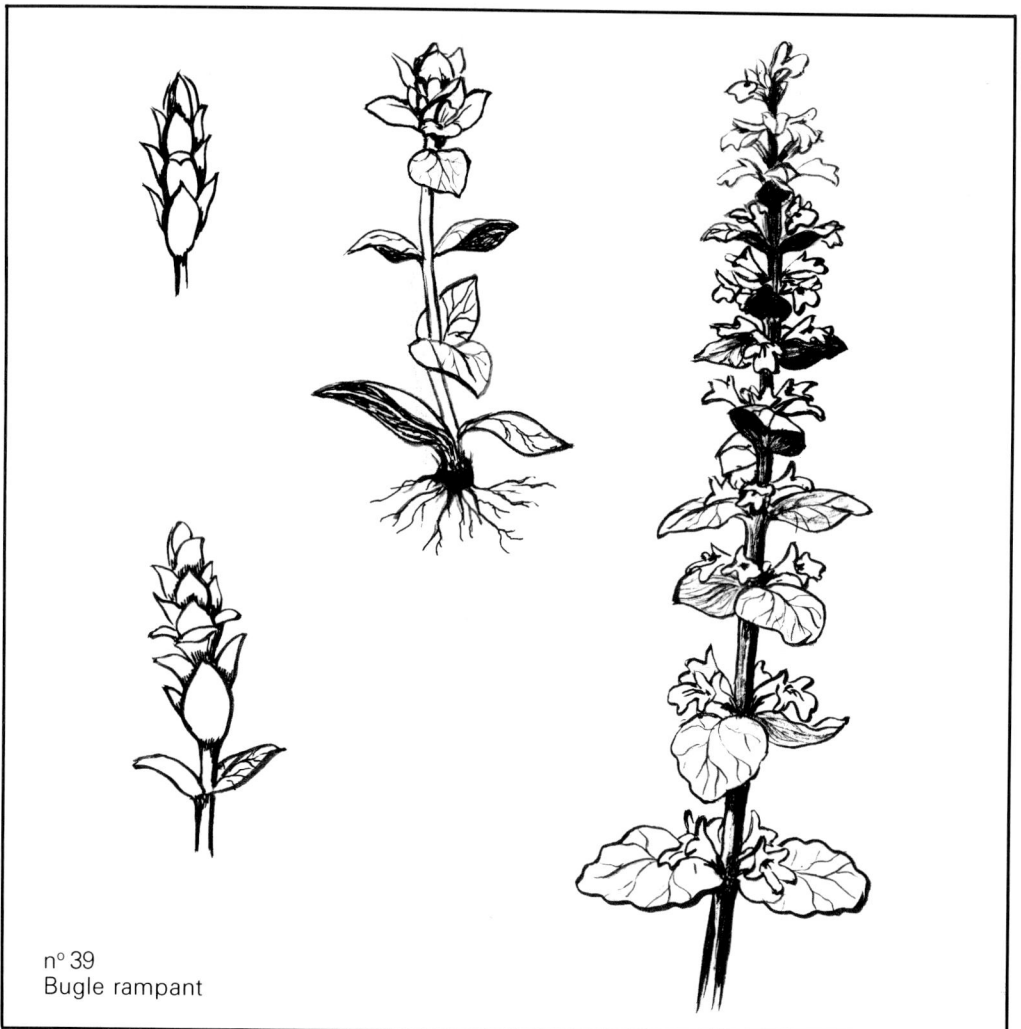

n° 39
Bugle rampant

n° 40
Pâturin des prés

n° 41 A

n° 41 B

n° 41 C

Différents degrés d'épanouissement du pollen

pétales épanouis dont le pollen est serré peut durer plusieurs jours (croquis nº 42).

Anémone • Elle est plus jeune si la collerette verte est proche des pétales (croquis nº 43).

Inflorescence à pollen • Chatons de saule (croquis nº 44). S'ils sont achetés à ce stade, il est possible de les garder plusieurs mois à condition de les conserver hors de l'eau. Ne les coupez jamais au moment de l'éclosion du pollen : il est trop tard ! Prenez-les argentés, duveteux et sans sépale. Alors, vous les garderez plusieurs jours en les mettant dans l'eau.

Avec un peu d'expérience, on arrive à voir le changement de la texture et de la couleur du pollen. Au fur et à mesure de son vieillissement, il ternit et perd son éclat, qu'il soit jaune, brun, bleu, marine, ciel ou encore rose.

Rose (croquis nº 45) • À l'encontre de l'opinion commune, choisir un bouton de rose aux pétales trop serrés est une erreur (A). Les roses que l'on achète

nº 42
Renoncule

nº 43
Anémone

nº 44
Chatons
de saule

A

B

C

D

E

n° 45
Différentes étapes de maturité
d'une rose

F

G

43

en période d'hiver (C) ne doivent pas être choisies au même stade que celles qui sont achetées de mai à octobre (B). La montée de la sève étant importante durant cette dernière période, la rose même coupée continue sans peine à s'épanouir. Elle passe alors par tous les stades d'épanouissement (B à G). Par contre, pendant la période d'hiver où la végétation est au repos, il est indispensable de choisir une rose dont les sépales sont entièrement décollés du bouton ainsi que les premiers pétales extérieurs (C) ; sinon, elle reste au stade du bouton, ne s'ouvre pas, le risque de la voir faner rapidement est alors plus grand.

La couleur du pollen, celle des pétales et la nacre de la texture permettent de reconnaître la jeunesse d'une rose ouverte. En été, lorsqu'il fait très chaud, il arrive qu'une rose (C) soit fermée le matin et complètement ouverte le soir (F), ce qui ne veut pas dire que la rose soit finie. En effet, à cette période, elle passe rapidement d'un stade extrême à l'autre. Elle peut même vivre de 8 à 10 jours en étant épanouie (G).

4. LE RETOUR DU MARCHÉ

Dans l'art des bouquets, fleurs, feuillages et branches ne sont pas les seuls éléments que l'on peut utiliser. Les légumes et les fruits sont un apport intéressant qui permet aux maîtresses de maison de réaliser chez elles de véritables tableaux de natures vivantes.

Quelles sont les personnes qui restent insensibles devant les ravissantes natures mortes et les somptueuses pyramides que les peintres ont composées et réalisées avec les produits de la nature ?

Dans les cuisines, les coins repas, la salle à manger, pour les décors de table, il est possible de faire chaque jour une composition, sans frais supplémentaires, avec son retour du marché. Et c'est avec un autre regard que l'on aborde celui-ci.

Les légumes et les fruits contenants sont de merveilleux trompe-l'œil vivants. Les courges, les potirons, les pastèques, les patissons, les ananas peuvent être utilisés avec un décor extérieur. Ceux-ci avec l'aide de différents matériaux. Dans ce cas, leur durée est très longue. Ils peuvent aussi être consommés éventuellement comme légumes par la suite. Il est encore possible de les utiliser en tant que contenants, en pratiquant diverses découpes, que l'on évide et dans lesquels on place soit de la mousse, soit un récipient avec de l'eau, mais au détriment de leur durée (croquis n° 46 A, B).

Afin que les légumes et les fruits contenants aient une bonne assise, placez dessous soit un petit récipient rond et creux, ayant la même couleur, soit un anneau de rideau que l'on a recouvert de Floratape de même teinte (croquis n° 46 C).

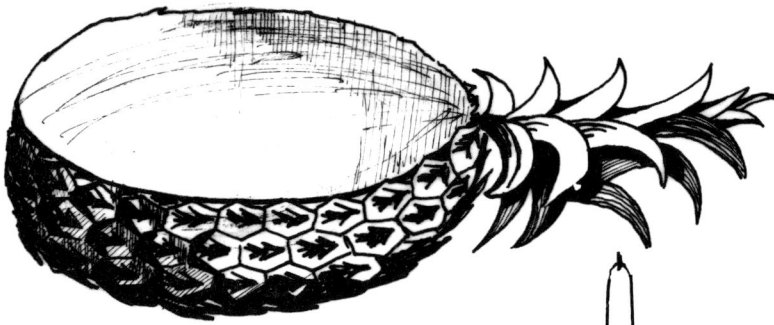

n° 46 A

Utilisation d'un ananas comme contenant

n° 46 B

n° 46 C

On peut aussi utiliser après consommation les avocats, les melons, les calebasses, les noix de coco comme contenants.

Les champignons de Paris s'intègrent parfaitement dans un arrangement de paysage, avec des feuillages d'automne ou du muguet, etc.

Les endives placées sur un pique-fleur dans une coupe remplie d'eau, accompagnées de quelques fleurs flottantes, cailloux ou pierres, sont d'un effet décoratif amusant et de très longue durée.

Tous les oignons (blancs, bruns ou pourpres), les échalotes peuvent être conservés de nombreuses semaines dans une vannerie avec des feuillages naturalisés et des graminées. Dès qu'ils commencent à germer, ils donnent à la composition hivernale un renouveau, un petit air de printemps.

Fanes de carottes • Elles peuvent servir de feuillages pour accompagner des fleurs ; leur graphisme est comparable à celui de la fougère américaine, seule la texture diffère vraiment.

Choux décoratifs à feuilles panachées • Depuis quelques années, on en trouve beaucoup en automne et au début de l'hiver. Blanc, vert, rose, le chou en lui-même est une gigantesque fleur merveilleuse, employé seul ou en feuilles détachées.

Choux-fleurs et brocoli • Ils peuvent être utilisés par petits éléments de différentes grosseurs. Il est important de bien regarder les découpes naturelles qui se dessinent sur eux et de séparer les éléments en fonction du caractère propre à chacune.

Choux de Bruxelles • Si vous désirez en entrouvrir certains, laissez-les hors du réfrigérateur pendant plusieurs heures, afin d'entrouvrir les feuilles extérieures avec plus de facilité. Ceci est également valable pour les gros choux frisés. Ensuite, rafermissez-les en les laissant tremper dans de l'eau très fraîche.

Betterave • En fin de saison, juste avant la récolte, leurs feuilles vertes et bordeaux peuvent être utilisées comme feuillages coupés. Si vous désirez colorer l'eau d'un vase transparent ou d'une coupe, placez votre betterave cuite dans un linge très fin et immergez-la dans l'eau pendant quelques minutes. La coloration peut être plus ou moins foncée.

Pour ceux qui ont un potager, les salades montées, les épinards, les fleurs de poireaux, les choux de Bruxelles sur tiges sont autant d'éléments avec lesquels on peut réaliser des décors de table et de buffets pleins de charme, de fantaisie.

Tomate • Verte, rouge ou jaune, aux diverses tailles, ainsi que les toutes petites en grappes. La tomate est intéressante dans toutes sortes de compositions.

Aubergines, piments, poivrons • Leur couleur et leur texture sont des éléments à exploiter.

Asperge . Le feuillage vert et plus jaune, avec ou sans graines, est un joli élément pour les grands bouquets. Il en est de même des feuilles de rhubarbe et d'artichaut.

Les fleurs de fenouil, d'oseille, de rhubarbe, d'angélique peuvent toutes servir dans de somptueux bouquets au moment du printemps. Plus tard, en saison, celles des artichauts et des poireaux.

À votre retour du marché, au lieu de mettre les artichauts dans votre réfrigérateur, ne supprimez pas les tiges mais placez-les dans deux carafes sur la table. Ils peuvent attendre 3 ou 4 jours avant d'être cuits.

Les feuilles de céleri en branches, de céleri rave et de bettes ou poiré, lorsqu'elles sont de première fraîcheur et sans aucune déchirure sont aussi appréciées dans les bouquets.

Cresson . Utilisez la botte telle quelle, placez-la dans une assiette creuse ou un plat de votre service, disposez tout autour des champignons et calez dans les feuilles des petits tubes à orchidées remplis d'eau, dans lequel vous placerez quelques fleurs ou fleurettes à tiges minces.

Cosses de haricots . Dans un bouquet de fleurs et légumes, les placer de manière à ce qu'elles retombent le long du vase, gardant ainsi le même caractère que celui qu'elles ont dans la nature ; par touffe, dans une vannerie ou une coupe, elles ont celui du marché.

Plantes aromatiques

aneth	*Anethum*	genévrier	*Juniperus*
basilic	*Ocimum basilicum*	laurier-sauce	*Laurus nobilis*
céleri (feuille)	*Apium*	marjolaine	*Origanum majorama*
cerfeuil musqué	*Myrrhis*	menthe poivrée	*Mentha piperita*
ciboule (fleur également)	*Allium fistulosun*	origan	*Origanum*
coriandre	*Coriandrum sativum*	persil	*Petroselinum sativum*
cumin	*Cuminum cyminum*	romarin	*Rosmarinus officinalis*
estragon	*Artemisia dracunculus*	sarriette	*Satureia*
fenouil (feuilles-fleurs)	*Fœniculum dulce*	thym, etc.	*Thymus*

N'importe quelle poignée ou botte de l'une de ces plantes aromatiques placée dans un gobelet de terre ou d'étain, ou même dans un simple verre est déjà un élément de décor pour la table ou pour la cuisine. Leur parfum est aussi un facteur à ne pas négliger ; beaucoup d'entre elles le gardent, lorsqu'elles sont desséchées. Elles peuvent aussi servir dans des pots pourris.

Tous les fruits de printemps, d'été, d'automne ou d'hiver, frais ou secs, lorsqu'ils sont disposés harmonieusement dans de jolis supports — vannerie, coupe, plateau — apportent une note de couleur et personnalisent la table ou le coin cuisine.

Prenez l'habitude de présenter vos fruits en recherchant des cadences, des rythmes, des dispositions nouvelles, en mélangeant d'autres éléments — feuilles sèches, petits bouquets. Pour plus de spontanéité, faites-le faire par les enfants.

Cerises . Les cerises doubles disposées à cheval sur un fil de fer peuvent donner soit des petits bouquets soit une couronne que l'on peut placer autour d'un vase ou d'une coupe.

Pommes . Elles peuvent servir de bougeoir individuel, placées à côté de chaque convive ou par un assemblage plus savant de supports.

Coloquintes . Elles font partie des cucurbitacées. Ce sont des fruits qui peuvent décorer de longs mois, voire même des années, divers endroits de nos intérieurs. Récoltés entre septembre et octobre, ils doivent être coupés à point et surtout n'avoir reçu aucun choc. Au bout de plusieurs mois, lorsqu'ils sont desséchés, vous pourrez les cirer, les vernir ou les peindre.

Les marrons, les châtaignes avec ou sans bogue, les noix, les noisettes, les cacahuètes peuvent servir pour des natures mortes, également comme éléments individuels lorsqu'ils sont montés et teintés.

Quelques grands végétaux de première fraîcheur dans un grand vase.

Une jolie branche vaut tous les tuteurs.
Branche pouvant aussi servir dans un bouquet de graphisme.

5. BRANCHES ET FEUILLES

Jusqu'à ce jour, en France, les fleuristes négligent les feuillages et les branches. Les amateurs de bouquets qui pratiquent cet art déplorent ce fait. Dans l'art des bouquets, les Anglais et les Japonais en font depuis longtemps grand usage. Dans leurs recherches, ils les utilisent même sans complément de fleurs.

La durée des feuillages et des branches est souvent supérieure à celle des fleurs. De formes, de couleurs et de textures variées, grâce à eux, il y a une possibilité d'expression illimitée.

Il faut distinguer les feuillages persistants (qui gardent soit leurs feuilles, soit leurs aiguilles) et les feuillages caduques (qui les perdent en automne).

BRANCHES

C'est en hiver qu'il est plus facile d'étudier le graphisme et le mouvement des branches, ces caractéristiques étant dissimulées par les feuilles au printemps et en été. Les lichens qui recouvrent certaines branches ne sont même plus visibles au moment des feuilles.

Noisetier concorta . À cette période de l'année, son expression est la plus harmonieuse. Les lignes tortueuses et mouvements disparaissent complètement avec l'épanouissement des feuilles. Celles-ci, du fait de leur forme et de leur ondulation, donnent une impression de maladie.

Cornouiller . *Cornus alba* 'Sibirica ' ou *Cornus sanguinea* : Il ne dure que très peu de temps en feuillages coupés. Il a un intérêt par la couleur rouge des branches en période hivernale et par sa longue durée. Les branches des tilleuls à cette époque prennent aussi une couleur rouge qui est intéressante à utiliser.

Senecio gris argent **.** Avoir deux arbustes afin de les tailler une année sur deux et de disposer de feuillage de façon permanente.

Pour les conifères, il est recommandé de les couper et de les utiliser en hiver (lorsque la montée de sève est arrêtée). Par contre, au printemps lorsque les jeunes pousses de pin et de sapin sont sorties, il est possible de les couper et d'en profiter dans les bouquets. D'ailleurs, les Japonais choisissent ce moment pour pratiquer une des tailles nécessaire pour leurs arbres miniatures (bonsaï).

Avec les conifères, nous disposons d'une infinie variété de cônes, d'une richesse extraordinaire. Leur taille, leur forme, leur maturité, leur couleur — qui va du vert au gris bleu, du beige clair au marron foncé, du bordeaux au violacé — et la taille de leurs écailles sont autant d'éléments mis à la disposition de notre créativité.

C'est durant cette période que vous vous perfectionnerez dans la coupe des branches, afin de trouver des droites, des courbes, des obliques, des retombantes, des montantes. Couper une branche avant ou après un coude change tout le caractère de celle-ci. Autant d'éléments qui nous aident à réaliser des bouquets qui sont en harmonie avec la nature (croquis nº 48).

Au printemps, lorsque les premières pousses des feuilles sortent, ainsi que les fleurs, étudiez bien leur emplacement, leur cadence, leur forme. Lorsque plus tard, vous voudrez faire des collages d'éléments secs ou artificiels vous arriverez à faire illusion avec la réalité.

À certains stades de l'évolution des branches, où feuilles, fleurs ou fruits se confondent, supprimez les feuilles pour mettre en valeur une autre étape de leur métamorphose. L'aulne pour ses cônes lorsqu'ils sont encore verts, le bouleau pour ses chatons femelles, le tilleul pour sa fleur et son fruit, le chêne pour ses cupules et ses glands, le hêtre avec ses faines. Faire de même pour mettre en valeur les samares des frênes, des ormes et des érables.

Au début de l'été, les fruits du baguenaudier sont aussi à retenir lorsqu'ils ne sont pas abîmés (croquis nº 47).

En automne, les arbustes à baies apportent avec leurs fruits noirs, rouges ou violets, une note de saison qui donne de la diversité. La coloration des feuillages qui prennent des tons allant du jaune à l'or, du rouge au pourpre, la gamme des bruns et les derniers verts font partie des ressources de l'automne.

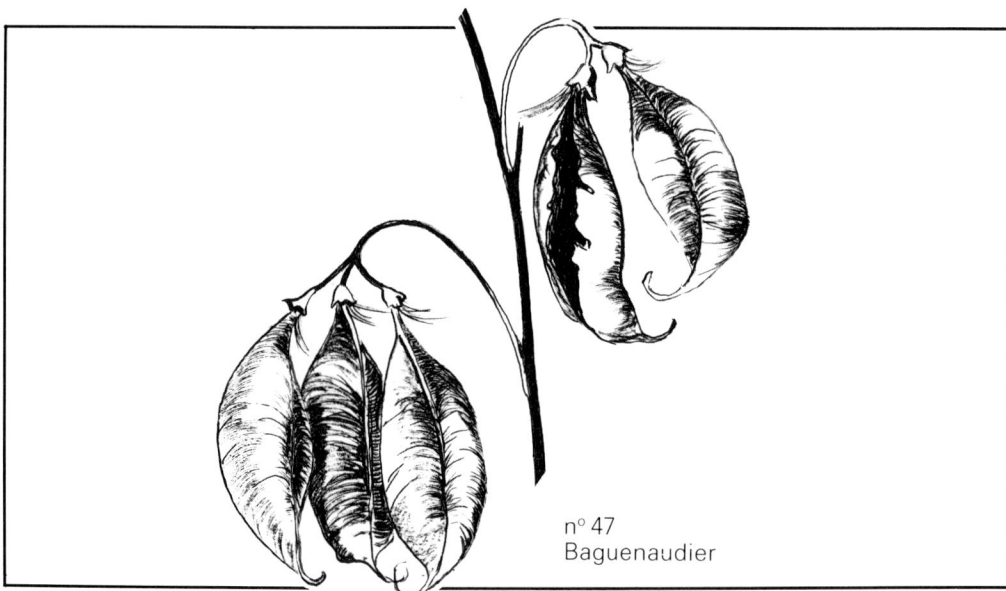

nº 47
Baguenaudier

Au printemps, la branche fleurie de l'églantier sauvage est de courte durée. Il n'en est pas de même lorsqu'elle est passée au stade de fructification. Ces fruits peuvent être récoltés pendant un petit laps de temps lorsqu'ils sont verts et pendant 2 ou 3 mois lorsqu'ils sont rouges.

Quelques feuillages peuvent aussi être considérés comme un matériel technique. Pour composer plus aisément un bouquet, ils servent à bourrer le vase, afin de maintenir les fleurs. Le feuillage ne doit pas dépasser le rebord du contenant. Il est plus ou moins serré, suivant le nombre et la grosseur des tiges. Les pins, les sapins et les thuyas sont ceux qui conviennent le mieux, leur résistance à l'immersion étant supérieure aux autres.

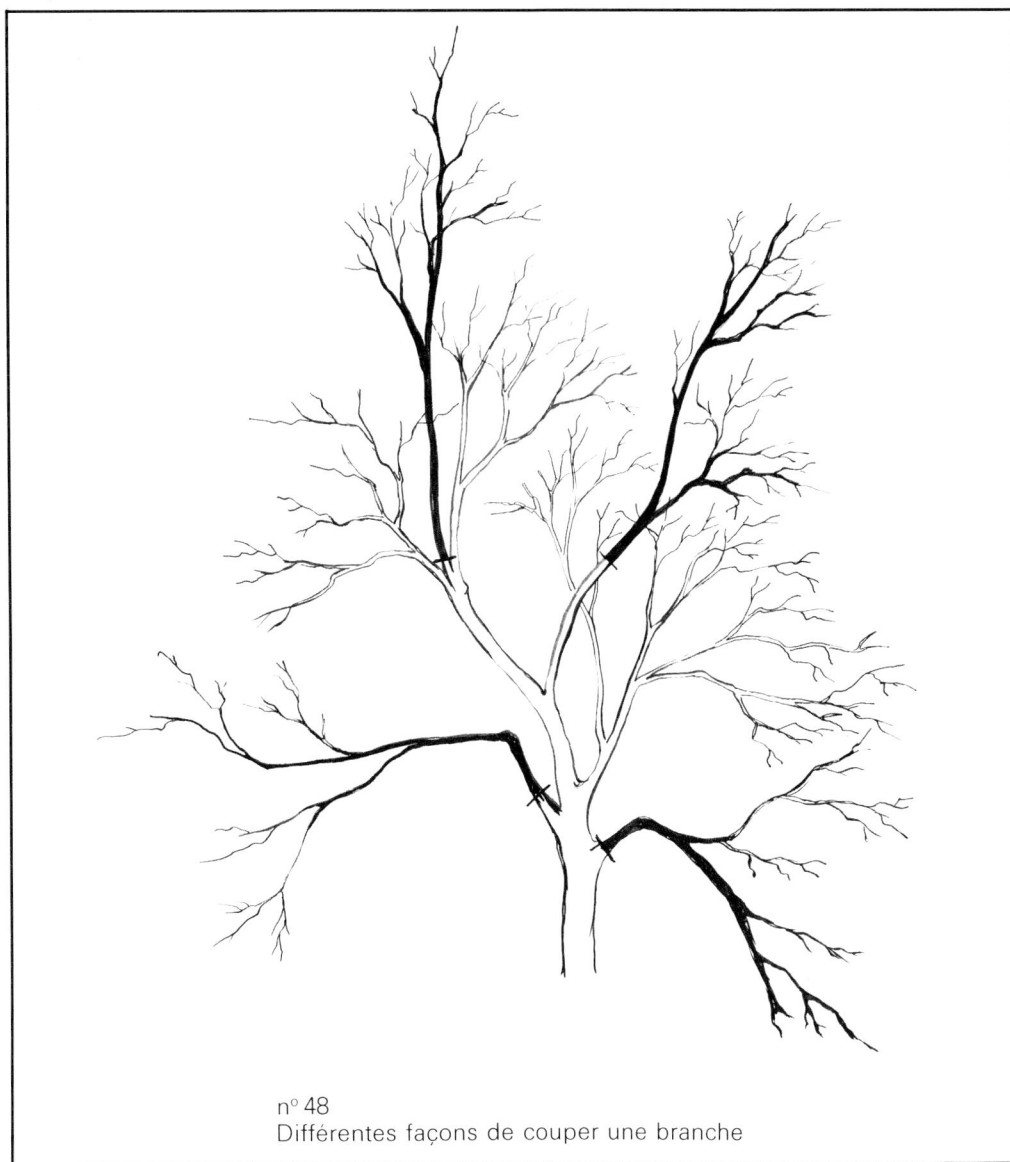

n° 48
Différentes façons de couper une branche

Nous disposons de feuilles sauvages et cultivées. Elles sont d'origine européenne et tropicale. Répertorier toutes celles que nous possédons ne serait possible qu'à l'aide d'un ordinateur.

De formes diverses • Allongées, rondes, ovales, lobées, dentelées, ajourées, en forme de haricot, d'arêtes de poisson, de lances, etc.

De tailles minuscules ou gigantesques • *Helxine, Pellæa, Caladium, Philodendron monstera, Victoria regia.*

De couleurs • Monochromes, bicolores, tricolores, réparties de façons diverses, panachées, tachetées, mouchetées, nervurées, rayées, brodées...

La réversibilité de certaines • Magnolia, *Maranta, Calathea,* etc. Toutes ces caractéristiques augmentent les possibilités d'expression. Il nous est permis d'imaginer l'infini des bouquets de branches et de feuilles.

n° 49
Sceau-de-Salomon

n° 50
Tussilage
ou pas d'âne

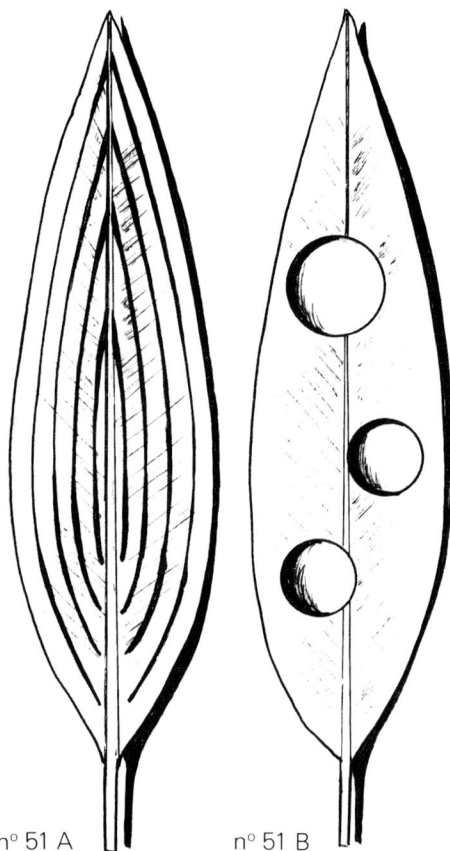

n° 51 A   n° 51 B
Différentes découpes de feuilles

De textures variées • Rugueuses, lisses, veloutées, cireuses, vernissées, translucides.

Les sauvages • Celles que l'on trouve dans la nature, dans le jardin de tout le monde, les acores, l'armoise, la canne de Provence, le sceau-de-Salomon, le tussilage, le fenouil (croquis n° 49-50).

Il est encore possible d'utiliser dans les bouquets toutes les plantes et les feuilles cultivées en serre froide, tempérée ou tropicale.

Quelques trucs

— Une feuille cassée, jaunie, même abîmée peut servir à condition de supprimer la partie endommagée, et de redonner à l'aide de ciseaux une forme parfaite.

— Dans les bouquets modernes, on peut faire des découpes abstraites dans certains feuillages (croquis n° 51 A - B).

— Toutes les feuilles allongées (jonquilles, iris, glaïeuls) peuvent servir comme nœuds de feuilles, etc. (croquis n° 52 A - B - C - D - E - F, n° 53 A-B).

Certaines feuilles peuvent être retaillées pour leur redonner une nouvelle silhouette. Exemple : feuille de *Bergenia* pour laquelle on a suivi la forme des nervures

n° 53 A

n° 53 B

n° 52
Comment utiliser des feuilles de glaïeuls, d'iris, de *Phormium*, etc.

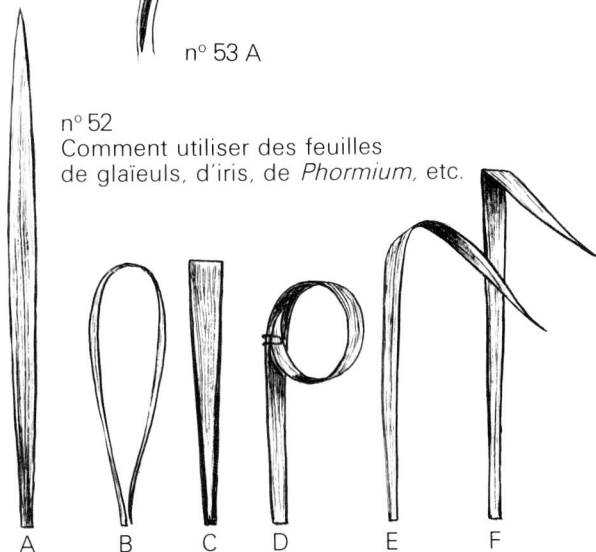

A   B   C   D   E   F

La feuille de *Maranta* peut être utilisée de dos et de face (ici : de dos)

n° 54

53

MOUSSES

À l'encontre des autres végétaux, mousses et lichens peuvent être récoltés par un jour de pluie, leur détachement du terrain et des souches se faisant plus facilement grâce à l'humidité. Au moment de la récolte des mousses, au printemps et en automne, afin qu'elles restent impeccables, et non maculées de terre, il est indispensable de les placer dans le panier : terre sur terre, mousses sur mousses. Les lichens n'échappent pas à cette règle.

La mousse dite boule (en forme de coussinet) revêt un caractère très spécifique dont il faut tenir compte au moment de la récolte et de son utilisation. Les grandes plaques qui forment de véritables tapis doivent être laissées. Seules celles qui peuvent être prises dans la totalité de leur forme doivent être récoltées. En effet, les brins de mousse étant, comme les pétales de certaines variétés de chrysanthèmes, solidaires les uns des autres, si elle est divisée, la mousse se désagrège, et perd une grande partie de son esthétique lorsque cela se produit. Par contre, la mousse dite plaquette peut être sectionnée, découpée, elle garde son intégrité.

Les lichens, les mousses d'Islande se recroquevillent en séchant. Pour leur faire reprendre rapidement vie, il suffit de les faire tremper dans de l'eau tiède. Certains lichens, lorsqu'ils sont vaporisés, reprennent vie de façon rapide et spectaculaire. C'est une expérience intéressante à regarder.

Décoratives, elles le sont toutes. Mais celles dites en bottes peuvent être en plus considérées comme un support technique lorsqu'elles sont mises dans un contenant profond pour piquer les tiges.

Mousser . Le moussage a une grande importance s'il est fait suivant les règles. La composition peut être réalisée facilement et aucune difficulté ne se présente pour piquer les fleurs. Aussi est-il important de respecter les différentes opérations énumérées ci-après ?

Mousse végétale . Couper le lien et desserrer la botte en écartant les brins, éliminer les morceaux de bois ou les feuilles qui se trouvent quelquefois mêlés à la mousse, puis la faire tremper.

La hauteur de la mousse ne doit jamais dépasser celle du récipient. Si la botte est trop haute, la raccourcir en coupant la partie inférieure à l'aide d'un sécateur ou de ciseaux. Lorsqu'il est nécessaire d'utiliser plusieurs bottes, faire en sorte qu'elles soient maintenues droites et toujours dans le même sens. Placer les bottes l'une à côté de l'autre, en prenant soin de ne pas replier des brins de mousse pour piquer les fleurs. Avant de faire l'arrangement, rajouter de l'eau jusqu'au bord du récipient. Suivant la grosseur et la rigidité des tiges qui sont à piquer, la mousse doit être plus ou moins serrée : tiges molles moins serrées, tiges rigides serrées. Pour les tiges molles et creuses, afin de les piquer facilement, il est indispensable de faire un avant-trou à l'aide du poinçon à fleurs.

6. SOINS ET BEAUTÉ

Comme toutes créatures vivantes, les végétaux ont besoin d'être au « meilleur de leur forme », c'est-à-dire les plus beaux. Il n'y a pas de beauté sans santé. Voulez-vous avoir auprès de vous des bouquets bien portants ? Apprenez à prévenir les maux. Créatures vite périssables, elles demandent, pour donner le maximum de leur beauté, à être traitées avec ménagement. Dans un texte datant du Ier siècle après J.-C., on peut lire cette phrase : « Si l'on veut garder les fleurs, on les coupe lorsqu'elles s'apprêtent à fleurir, mais il ne faut pas les toucher avec la main, et cela ne peut venir de l'onctuosité ou de la chaleur de la main, mais de quelque chose d'autre que nous ne connaissons pas. » Problème encore non résolu au XXe siècle.

Sur tous les marchés de gros, les Japonais utilisent des gants pour manipuler toutes les fleurs, les feuilles et les branches. S'ils consacrent du temps à la toilette et à la mise à l'eau des fleurs, ils s'arrangent pour ne plus y toucher dès que le bouquet est achevé.

Le chapitre que vous allez étudier est essentiel dans l'art du bouquet. À quoi bon composer un arrangement s'il doit se faner et retomber presque tout de suite. Le premier soin à pratiquer est celui de leur toilette. Disposez les fleurs de manière que la tête des fleurs ne repose pas sur la table, mais dans le vide. Les prendre une à une, faire leur toilette en supprimant toutes les petites imperfections : feuilles, pétales cassés, tachés, jaunis ou abîmés. En règle générale : supprimez les feuilles du bas des tiges, et les pousses qui trempent dans l'eau et risquent ainsi d'amener rapidement sa pollution. Gardez toutes celles qui sont parfaitement belles, elles vous serviront plus tard. Pour les pétales qui demandent à être supprimés les enlever délicatement en veillant à les détacher en totalité. Ces opérations de toilette une fois terminées, procédez au rafraîchissement de la tige. Pour toutes les tiges, branches, feuillages et fleurs, on coupe la tige dans l'eau en biseau à l'aide d'un sécateur. Ceci pour établir une meilleure irrigation de la tige, afin d'éviter au moment de la coupe la formation d'une bulle d'air qui empêcherait l'eau de monter, et de faire faner la fleur (croquis no 55).

no 55
Coupe d'une tige
de fleur
sous l'eau (chaude)

Pour tous les végétaux qui ont voyagé pendant plusieurs heures et ont de ce fait souffert, il faut pratiquer cette intervention dans de l'eau chaude. La chaleur de celle-ci est fonction de la dureté et de l'épaisseur des tiges. Plus les fleurs sont minces, molles et délicates, moins l'eau devra être chaude (pour tiges dures : environ 80° et pour les minces : 40 à 50°).

En général, précisons qu'il s'agit d'une coupe rapide de quelques secondes, immédiatement après celle-ci, les tiges sont replacées dans un récipient propre contenant de l'eau fraîche avec conservateur. Les fleurs les plus ramollies reprennent vie dans un délai très court, de une à deux heures, et peuvent être ensuite utilisées à la vente ou dans n'importe quel bouquet.

Tous les feuillages, même ceux à feuilles extrêmement résistantes comme le *Grevillea, Ruscus,* tous les *Eucalyptus,* etc., changent complètement d'aspect après cette opération.

On sait aujourd'hui que le vieillissement des fleurs coupées est lié au manque de sève, élément nutritif nécessaire pour l'évolution de la métamorphose. Leurs propres réserves étant insuffisantes, les scientifiques ont cherché les moyens de compenser cette perte. Si l'on veut prolonger la durée de vie des végétaux, il faut satisfaire deux exigences fondamentales :
— permettre la montée des liquides ;
— assurer leur besoin en énergie. C'est pourquoi, une solution nutritive complétée d'un agent antiseptique est indispensable dans l'eau des vases. Ces produits conservateurs se trouvent chez tous les fleuristes spécialistes et les grainetiers.

Si vous ne disposez pas de conservateur : il est toutefois indispensable d'éviter que l'eau des vases ne croupisse. Mettre pour un litre d'eau une petite cuillerée à café d'eau de javel diluée. Les tiges fibreuses telles que chrysanthèmes, zinnias, soucis, giroflées, *Anthémis,* roses d'Inde, dahlias, reines-marguerites, etc., se décomposent plus rapidement que les ligneuses, l'eau javellisée est abolument indispensable. Il n'est pas nécessaire de renouveler tous les jours l'eau des bouquets tant qu'elle reste claire et sans odeur, mais surveiller le niveau chaque jour et le maintenir. Dès que l'eau commence à se troubler et à dégager une légère odeur, vider le vase, le rincer, et laver également le bas des tiges qui sont parfois gluantes. Remplir à nouveau le vase d'eau avec une nouvelle solution conservatrice.

Pour la durée des bouquets, il n'est pas nécessaire que les tiges des fleurs trempent aux 2/3 dans l'eau, mais la qualité des végétaux et la coupe sous l'eau sont les deux facteurs primordiaux. Les bouquets des Japonais qui sont faits à l'aide de pique-fleurs dans des coupes basses avec peu d'eau durent longtemps.

Évitez les emplacements près d'une source de chaleur et en plein courant d'air. Dans un lieu où il fait très chaud, mettre quelques glaçons dans l'eau du vase afin de la rafraîchir. Si l'atmosphère est très sèche, vaporisez fleurs, feuillages et plantes, exception faite pour la violette de Parme et les orchidées.

56

SOINS PARTICULIERS

Pour que les tiges de certains végétaux ne pourrissent pas, il est nécessaire que celles-ci trempent dans l'eau sur une hauteur de 3 à 5 cm seulement :
— *Gerbera*
— *Phormium*
— *Sansevieria*
— *Stachys lanata* ou oreille d'ours
— *Yucca.*

Fleurs à grappes . La floraison des grappes s'échelonne sur plusieurs jours suivant leur longueur. Une petite digitale peut avoir 45 fleurs et une longue 150. Il est rare de voir s'épanouir la totalité d'une grappe, aussi faut-il supprimer au fur et à mesure la fleur qui se fane. Pour garder l'esthétique de la branche, ne supprimez que les pétales, laissez les sépales et l'ovaire de la fleur pour celles qui en possèdent (glaïeuls, campanules, mufliers, digitales). Pour les delphiniums, coupez les petites tiges à l'aide de ciseaux, raccourcissez le bas de la tige de plusieurs centimètres, afin de conserver une proportion harmonieuse.

Fleurs à bulbes . Supprimez la partie blanche de la tige qui se trouve à la sortie du bulbe.

Euphorbes, poinsettias, pavots . Pour toutes ces fleurs, qui laissent échapper à la moindre coupure la substance laiteuse contenue dans la tige, arrêtez l'hémorragie en provoquant la coagulation, en trempant la base de la tige dans de l'eau très chaude ou en la plaçant sous la flamme d'un briquet ou d'une bougie. Prenez soin de protéger les feuilles et les fleurs en les couvrant d'un papier journal ou d'un tissu humides. Ensuite, la mettre dans l'eau froide (croquis nº 56).

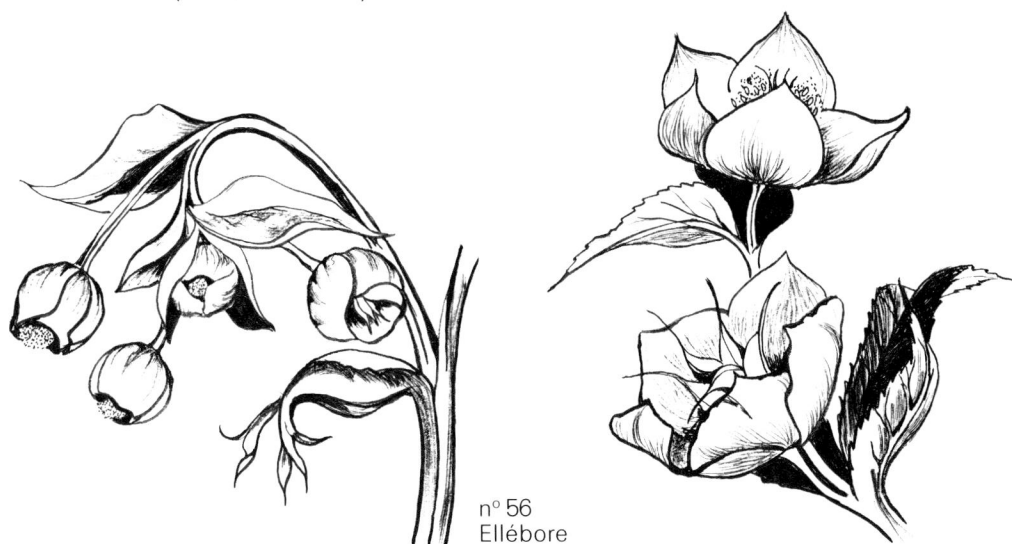

nº 56
Ellébore

57

Pavots d'Islande . Vendus dans le commerce. Ceux-ci étant traités, il est recommandé de ne pas recouper le bas de la tige. Pour faire certains bouquets, il est nécessaire d'avoir des tiges plus courtes. Dans ce cas, couper le bas de la tige et la passer sous une flamme.

CAS SPÉCIFIQUES À QUELQUES FLEURS

Amaryllis . Placez au bas de la tige un élastique pour l'empêcher de se rouler. Mettez un tuteur à l'intérieur de la tige, le caler dans le bas avec de la mousse.

Arums . En plus de la coupe sous l'eau, frottez le bas de la tige avec du sel fin.

Cannes de Provence et roseaux . Faire tremper longuement le bas de la tige le plus rapidement possible après la coupe dans du vinaigre ; ceci est surtout valable pour les jeunes pousses.

Boules de neige . Peuvent être coupées lorsque la fleur est encore verte. Coupez sous l'eau bouillante en biseau. Si besoin est, fendre la tige en deux.

Chrysanthèmes . Cassez le bas de la tige dans l'eau. Ne pas supprimer un pétale taché ou abîmé. En l'arrachant, on risque de provoquer l'effeuillement complet de certaines variétés de chrysanthèmes. Se contenter de couper avec des ciseaux la partie abîmée. Dès qu'un pétale tombe, allumez une bougie dont la teinte correspond à celle de la fleur, l'incliner pour que la cire tombe à l'endroit où le pétale s'est détaché, la cire soude leur base.

Delphiniums et pieds-d'alouette . S'ils se trouvent dans une atmosphère très sèche, vaporisez les fleurs afin de retarder la chute des pétales.

Forsythia . Plusieurs variétés aux ports différents. Cueillir très en boutons, couper le bas de la tige dans l'eau bouillante et mettre toutes les tiges dans un vase contenant de l'eau tiède.

Gerbera ou pissenlits d'Afrique du Sud . Il est nécessaire que le pollen de la partie extérieure du cœur soit ouvert, pour profiter au maximum de cette fleur de longue durée. Faites tremper le bas de la tige dans peu d'eau, 4 à 5 cm sont suffisants. N'oubliez pas l'eau de Javel.

Iris à bulbe . Il arrive que certains possèdent deux fleurs qui s'épanouissent l'une derrière l'autre. La deuxième, enchâssée dans les sépales, n'est pas visible. C'est en touchant le bas de la fleur fanée que vous pouvez la sentir. Il faut ouvrir les sépales pour l'aider.

Liatris . Contrairement aux autres fleurs à grappes, elles s'ouvrent par le haut.

58

Lilas . L'écrasement des tiges ligneuses est nuisible, les canaux écrasés sont hors d'état de remplir leur fonction d'irrigation de la tige. Cette méthode est complètement déconseillée. Elle doit être remplacée par la coupe dans l'eau bouillante. Ensuite, à l'aide d'un greffoir, supprimez l'écorce sur 7 à 10 cm et, toujours sous l'eau, refendre la tige en deux. Pour le lilas de jardin, supprimez les 4/5 des feuilles de la branche afin que la grappe de fleurs absorbe plus facilement l'eau qui lui est nécessaire.

Lis . Supprimez les étamines dès que les fleurs sont ouvertes. Celles-ci tachent. Les tiges de ces fleurs dégagent une substance corrosive qui attaque les autres tiges. Au bout de quelques jours, elles deviennent visqueuses. Rincez-les et essuyez-les avant de les remettre dans l'eau propre.

Mimosa . En plus de la variété Floribunda qui est résistante depuis quelques années, le mimosa « vert » est vendu la plupart du temps en sachet. Il peut durer une huitaine de jours, à condition de recouper les tiges sous l'eau bouillante ; ensuite, les placer dans un vase contenant de l'eau tiède additionnée d'un conservateur.

Mufliers . Conseil donné par un grand spécialiste de cette fleur : ne supprimez pas la totalité des petites tiges, ni les feuilles qui se trouvent dans le bas de la tige. Les laisser tremper dans l'eau, les boutons s'ouvriront. Mettez le conservateur ou au moins l'eau de Javel.

Nénuphar . Il ne doit pas être coupé en bouton trop fermé, il ne s'ouvre pas. Lorsque la fleur est ouverte, faites couler la cire d'une bougie allumée au cœur et à la base des pétales (idem pour les passiflores). Si possible, utilisez l'eau dans lequel il vit. Injectez à l'aide d'une pompe ou d'une seringue dans les canaux du tannin dilué à 100 volumes.

Roses . Les soins en période d'hiver sont différents de ceux pratiqués aux autres saisons. Hiver : quand les boutons sont très fermés (croquis n° 26 B), ne supprimez sur la tige aucune épine et aucune feuille. Coupez le bas de celle-ci sous l'eau chaude, faites un simple bouquet dans un vase classique, dans lequel vous mettrez de l'eau tiède, sans oublier le conservateur. La fonction chlorophillienne se fait par les feuilles. Elles vont permettre aux boutons de grossir. Si vous pouvez leur consacrer quelques instants, les deux jours qui suivent, tiédir leur eau. Peut-être les verrez-vous entièrement éclore. Aux autres saisons, pour celles qui ont des épines peu résistantes, prenez un morceau de chiffon, mouillez-le bien, entourez les 2/3 de la tige et tirez vers le bas.

Roses de jardin et de pleine terre . Elles possèdent des épines très robustes, ne supprimez que les feuilles. Dans un vase transparent, les épines donnent un effet merveilleux. Si vous désirez composer un savant bouquet dans un matériel technique, supprimez les épines à l'aide d'un greffoir ou d'un épinoir.

Roses de Noël et cyclamens • Bégonias, *Caladium*, pivoines. Dès qu'ils sont coupés, frottez le bas de la tige avec du sel fin. Leur évaporation d'eau est moindre.

Strelitzia (croquis nº 57) • Quand la première fleur a perdu son éclat, il faut aider à faire sortir celle qui se trouve encore à l'intérieur de la gaine pointue et verte :

a) Supprimer celle qui est fanée ;

b) Entrouvrir délicatement la partie pointue de la fleur et faire sortir la deuxième ou la troisième fleur selon le cas.

c) Enlever la membrane parcheminée blanche, verte et visqueuse qui protège encore la fleur. Ceci peut être fait dès le début de l'apparition de la première fleur pour en obtenir une plus importante et spectaculaire.

nº 57
Strelitzia

Violettes de Paris . Après avoir recoupé le bas des tiges sous l'eau, trempez même les fleurs pendant quelques minutes, les secouer, et placez les tiges dans l'eau. Elles se conservent mieux à l'abri de l'air. Les utiliser dans des contenants transparents, globes, cartons, cellophane, etc.

Dans un bouquet, quelle est la maîtresse de maison qui n'a vu sans le déplorer, de merveilleuses fleurs se ramollir, et pencher de la tête. Attention ! Celles-ci ne sont pas fanées, ni à jeter. Elles ne sont qu'évanouies. Elles peuvent être ranimées et poursuivre leur cycle d'épanouissement grâce à un traitement.

Plusieurs facteurs peuvent être à l'origine de cet évanouissement :

— la fleur a été coupée trop jeune ;
— une bulle d'air empêche l'eau de monter jusqu'à la tête de la fleur ;
— une tige trop longue provoque une mauvaise irrigation ;
— une tige insuffisamment enfoncée dans la technique (mousse, grillage, etc.).

Préparer dans une cuvette de l'eau chaude de 50 à 90°, la température est fonction de la dureté et de l'épaisseur des tiges. Pour les tiges minces et molles comme les anémones, pois de senteur, muguets, myosotis, tulipes, arums, amarillys, etc., la température est la plus basse. Pour les tiges comme roses, chrysanthèmes, mufliers, lilas, œillets, la température est élevée.

Avec un sécateur, couper en biseau dans l'eau chaude le bas de la tige, la laisser pendant quelques secondes. La tige ne doit tremper que sur une hauteur de 5 à 6 cm. Ensuite, la placer dans un récipient profond d'eau froide (si possible jusqu'au calice de la fleur). Pour les tiges particulièrement ramollies et qui forment une véritable courbe, maintenir la tige droite à l'aide d'un fil de fer ou d'un tuteur. Au bout de quelques minutes, la fleur aura repris vigueur. Pratiquer la même opération pour tous les branchages feuillus, fleuris et les feuilles lorsqu'elles tournent de l'œil.

Phalænopsis . Cette orchidée de longue durée est sensible aux courants d'air ; il arrive que les fleurons de la grappe ramollissent. Pour ranimer cette fleur, pratiquez en premier la coupe de la tige dans l'eau chaude, puis immergez la totalité de la grappe dans de l'eau tiède. La laisser pendant quelques heures puis la replacer dans le bouquet.

Pour les feuilles de plantes, avant de les utiliser dans un bouquet, les poser à plat sur le dos, dans une cuvette remplie d'eau pendant une heure. Veillez à ce que le bas de la tige ne sorte pas de l'eau.

Pour les grosses branches de feuillages, il est nécessaire, en plus de la coupe en biais, de fendre la tige en deux sur une hauteur de 2 à 3 cm. Il est possible de les laisser dans l'eau bouillante entre 15 et 20 secondes.

— *Prunus pissardii* (c'est en automne qu'il tient le mieux)
— rhododendron
— chèvrefeuille *(Lonicera japonica)*
— toutes les vignes

— sauge argentée *(Salvia argentea)*
— pervenche
— *Eleagnus.*

Ne coupez que des tiges de petite taille pour les érables et les *Cotinus.*

Pour conserver les feuilles d'artichaut et de pas-d'âne, frottez le bas de la tige au sel fin, la laisser dans l'eau bouillante quelques secondes, puis faites tremper toute la feuille dans de l'eau froide additionnée d'amidon pendant une heure ou deux.

Ronces . Vaporisez le feuillage. Si vous ne l'utilisez pas tout de suite, placez la tête des branches dans un sac plastique, le bas des tiges étant dans l'eau.

DEUXIÈME PARTIE

LES IMMORTELLES

7. MÉTAMORPHOSES
OU L'ART D'UTILISER LES RESTES

En cuisine, accommoder les restes montre l'ingéniosité de chaque maîtresse de maison ; il va même jusqu'à être un art. Il en est de même pour les fleurs.

Cette partie de l'art des bouquets est des plus importantes pour tous ceux qui le pratiquent. Elle permet de laisser libre court à l'imagination, à toutes sortes de fantaisies et vous rentabiliserez mieux votre budget floral.

UTILISER LES RESTES

I. — C'EST METTRE EN VALEUR LES DIFFÉRENTES ÉTAPES DE MATU-RITÉ DES VÉGÉTAUX

Chaque stade de maturité permet une interprétation différente. Les fleurs à grappes peuvent être utilisées jusqu'au moment où la pointe est en fleur (exemple : d'un grand bouquet de glaïeuls, les pointes terminales serviront dans un bouquet bas).

Roses . En pleine saison, lorsqu'elles sont entièrement épanouies (croquis nº 26 G), n'attendez pas qu'elles s'effeuillent mais, au bout de trois ou quatre jours, supprimez la tige et faites-les flotter dans une coupe. Faire de même avec des pivoines, des renoncules, des fleurons de delphinium, etc.

Certains feuillages qui accompagnent les fleurs et ont une durée de vie plus longue peuvent servir à nouveau pour accompagner d'autres fleurs.

Les branches de feuillage qui ont une ligne particulièrement harmonieuse et graphique peuvent resservir une fois dégarnies de leurs parures.

II. — C'EST DÉCOUVRIR LES RICHESSES DE LA MORPHOLOGIE DE CERTAINS VÉGÉTAUX ET SAVOIR EN TIRER PARTI

Mufliers et digitales . Si vous appliquez jusqu'au bout la règle indiquée dans le chapitre précédent (cf. Mufliers), il vous reste non plus une tige en fleur, mais un autre aspect de la morphologie de celle-ci. Elle peut être considérée, cette fois, comme un joli feuillage. À vous de l'utiliser seul ou avec d'autres fleurs.

Campanules . Ne supprimez que la clochette, vous découvrirez une étoile.

Capucines . Lorsque les pétales les plus importants sont flétris, enlevez-les délicatement ; il reste les plus petits, qui dessinent une capucine naine qui peut encore durer trois ou quatre jours.

Chrysanthèmes alvéolés, gerbera et toutes les fleurs ayant les mêmes caractéristiques . Avec des ciseaux, coupez le plus près possible du cœur les pétales fanés. Ce cœur peut encore durer de nombreux jours.

Dahlias . Attention, même fané, ne le jetez pas. Avec délicatesse, supprimez les pétales. Vous obtiendrez une fleur d'une saisissante fraîcheur de couleur vert tilleul et d'un caractère identique à certaines immortelles (faire de même pour les soucis).

Jonquilles et narcisses . Lorsque les pétales sont recroquevillés, les supprimer. Le cornet de la jonquille et le cœur des narcisses ont une texture plus résistante, les grouper en touffe, on obtient ainsi une masse intéressante à utiliser pour sa couleur.

Soleils . Les sept étapes différentes de cette fleur la rendent très abordables même si elle est coûteuse :
— ouverte avec le pollen jeune (croquis nº 58 A)
— fleur en pleine gloire (croquis nº 58 B)
— ouverte avec le pollen épanoui
— cœur sans pétales
— cœur avec graines (croquis nº 59 A)
— cœur sans graines (croquis nº 59 B)
— sec.

64

La beauté, la durée d'un bouquet dépendent de la bonne maturité et de la fraîcheur des fleurs, des feuillages et des graminées.

Bouquet coin de feu et sa lampe pot-pourri.

X

Tournesol
n° 58 A   Anthères fermées
n° 58 B   Anthères ouvertes

Tournesol
n° 59 A   Alvéoles et graines
n° 59 B   Alvéoles

La scabieuse peut passer elle aussi par certaines de ces étapes. Vous en découvrirez d'autres.

Strelitzia . Lorsque l'on supprime la partie fanée, il reste un élément intéressant et durable pour les compositions modernes.

Violettes . Si les modestes violettes de Paris ne durent que peu de temps, il n'en est pas de même des feuilles qui les entourent et qui peuvent servir de différentes façons, soit pour former une collerette autour d'autres fleurs, soit en les disposant l'une dans l'autre de façon à obtenir une rose de feuilles ou encore avec trois, une pensée verte. Avec ce nouveau regard, vous découvrirez vous-mêmes d'autres possibilités.

Violettes de Parme . Ne jamais mouiller les fleurs.

65

III. — C'EST AUSSI ALLER PLUS LOIN

C'est savoir mettre de côté et faire sécher certains pétales tombés, au fur et à mesure des mois qui passent.

VOS POTS-POURRIS

Cette mode fut introduite en Angleterre dès le XIXe siècle. Des contenants spéciaux furent créés portant le même nom.

À l'origine, ces pots-pourris étaient composés principalement de fleurs et végétaux parfumés : roses, jasmins, lavande, thym, citronnelle, sauge, etc. Placés dans les récipients en porcelaine, pierre ou faïence, ils étaient destinés à parfumer les intérieurs des maisons. Il fallait les remuer de temps en temps afin que les effluves se dégagent. À cette époque, le caractère coloré des végétaux n'avait que peu d'importance. Maintenant, avec la variété infinie des contenants transparents, il est possible de faire de ravissantes compositions en superposant des pétales très colorés avec des rythmes et des cadences réguliers et irréguliers. Les pétales qui donnent les meilleurs résultats sont les *Delphinium* bleus, les pieds-d'alouette roses, bleus, blancs, les renoncules orange, jaunes, violacées, les *Freesia* jaunes, violacés, les roses rouges, jaunes, les pensées bleues, les lis enchantement orange, acacias blancs, cytise jaune, *Montbrezia* orange, soucis, etc.

En automne, à la fin de la saison, les pétales des scabieuses, des roses d'Inde, des dahlias peuvent être également récoltés. Avec vos fleurs d'hiver, placez sur un radiateur un petit panier à claire-voie dans lequel sont mis les pétales. Attention à ne pas les mélanger, séparez-les bien ! Lorsqu'au bout de quelques jours, ils sont bien desséchés, rangez-les par catégories dans du papier de soie.

En été, profitez d'un ou deux jours de grand soleil pour les exposer derrière une vitre. Ensuite, ne les laissez pas à la lumière du jour, ils se décolorent.

Quand vous jugez en avoir suffisamment : composez !

Les parfumées • Les fleurs ne possèdent pas toutes des parfums, mais celles qui en sont munies possèdent un charme supplémentaire qu'aucun parfum artificiel ne peut égaler. Malheureusement, ils durent le temps de la fleur. Des feuillages, des graines ont également cette propriété. Les faire sécher rapidement, entre deux papiers de soie et les placer dans des bocaux hermétiques. Les lavandes savamment tressées, et les oranges piquées de clous de girofle sont de jolis parfumeurs naturels dans la maison.

Quelques fleurs et feuilles odorantes pour pots-pourris

- angélique : toutes les parties de cette plante
- armoise : feuilles
- aspérule : fleurs
- absinthe : toute la plante
- balsamine : boutons jaunes
- basilic : feuilles
- cerfeuil : ombelles blanches et feuilles
- citronnelle : feuilles
- chèvrefeuille : fleurs
- estragon : feuilles
- eucalyptus : feuilles et fruits
- géranium : feuilles
- giroflée : fleurs
- hysope : fleurs
- jasmin : fleurs
- lavande : fleurs et tiges
- marjolaine : fleurs
- mélilot : fleurs sentant le foin
- mélisse : sécher très rapidement les feuilles
- menthe : feuilles
- millepertuis : tiges et feuilles — parfum de clémentine
- œillet : fleurs
- oranger : fleurs et peaux d'orange
- réséda : fleurs
- romarin : fleurs et feuilles
- rose : certaines fleurs et feuilles
- santoline : fleurs et feuillage
- sauge : fleurs et feuilles
- tanaisie : feuilles — forte odeur qui rappelle l'absinthe
- thym : fleurs et feuilles
- violette : fleurs

8. CELLES QUI SAVENT RESTER JEUNES

M. Maumène mentionne l'intérêt déjà porté sur les fleurs séchées en 1897 : des magasins spécialisés pratiquaient leur vente. Puis elles restèrent dans l'ombre pendant de longues années. Depuis cinq ans environ, elles ont une vogue de plus en plus grande.

Par le symbole qu'elles représentent : le passage de saisons généreuses et luxuriantes; elles ne sont plus des souvenirs-photos, mais une expression de la réalité. Avec leur qualité de longue durée, elles ont leur place dans tous les endroits, même insolites : ouvrir le battant d'un secrétaire et y trouver un petit bouquet « souvenir de l'été ».

La nature a su créer quelques fleurs qui sont belles, vivantes comme toutes les autres, mais elles ont en plus la particularité de conserver 80 % de leur charme lorsqu'elles sont passées à l'immortalité.

Ce sont : les immortelles, connues depuis longtemps :

Helichrysum • Brun, bronzé, ocre, orange, jaune, violacé, rose, blanc

Acroclinium • Ressemble à une petite marguerite blanche ou rose

Catananche • Bleue

Helipterum • Rose pâle ou blanche

Xeranthemum • Gris blanc ou rouge pourpre

Tanacetum • Jaune

Rhodanthe • Se rattache aux immortelles

Statice • Mauve, violet, rose mauve, jaune, blanc... et aussi ceux qui sont teints.

Actuellement, les techniques de déshydradation se sont perfectionnées et de nombreuses fleurs sont devenues elles aussi des immortelles. Les Italiens furent les premiers à commercialiser des nénuphars, des dahlias pompons, des roses d'une beauté et réalité saisissantes, mais extrêmement fragiles.

Depuis quelque temps, les Hollandais ont industrialisé le secteur « fleurs séchées ». Avec les nouvelles techniques, la qualité des végétaux traités s'est améliorée. Des tiges plus solides, des couleurs plus éclatantes en sont le résultat. Actuellement, la gamme des végétaux déshydratés comporte plus de 170 espèces.

Des expériences très positives ont été faites, même sur des orchidées telles que *Phalænopsis* et *Cattleya*. Seuls les Japonais, grands amateurs de fleurs de qualité, exploitent déjà cette matière première, encore coûteuse chez nous. Ces fleurs sont d'un réalisme saisissant.

n° 60
Astrantia major

n° 61
Moluccella

MOISSONNER — ENGRANGER — COMPOSER

Quel plaisir... : faire ses propres récoltes et réussir à les conserver !

Pour garder le maximum de leur beauté et de leur forme, à l'encontre des fleurs fraîches, la récolte doit se faire par un jour ensoleillé, voire même au moment de pleine chaleur.

Dans le choix des végétaux, éliminez ceux dont la texture est aqueuse (contenant beaucoup d'eau).

Dès qu'ils sont coupés, faire leur toilette, les rassembler par petites bottes et les attacher avec un élastique. Les années pluvieuses sont mauvaises pour toutes les récoltes. La qualité des végétaux est fonction de la rapidité du séchage. Pour cette opération, votre voiture exposée en plein soleil est un endroit idéal : à plat sur la plage arrière ou dans le coffre, la tête en bas accrochés au rétroviseur ou aux accroches manteaux. N'oubliez pas : les vitres fermées !

Après un ou deux jours et plus de ce traitement, lorsqu'ils sont bien secs, les placer dans un endroit sombre et sec. Les greniers non isolés et sombres sont aussi de bons emplacements. Pour éviter leur réhumidification par l'air ambiant, il est possible de les vaporiser soit avec de la laque soit avec un vernis.

Achillea . Cultivée : jaune. Sauvage : blanche rose, parfum poivré. Supprimer les feuilles, mais les utiliser pour les pots-pourris parfumés.

Alchemilla . Pubescent, verdâtre, à utiliser en touffes, cueillir en pleine floraison.

Amarante . Nombreuses variétés, érigées, crête-de-coq, retombantes, queue-de-renard.

Ammobium . Toutes petites fleurs blanches à cœur jaune.

Bruyère . Dans le Nord et la région parisienne ; doivent se récolter vers le 25 août. Pour le Sud, la date est avancée. Ne pas les mettre dans l'eau.

Camomille

Célosie . Jaune, orange et rouge.

Ciboulette . Fleur mauve.

Delphinium **et pied-d'alouette** . Bleu, blanc, rose. Les boutons doivent avoir une couleur bien définie.

Edelweiss . Gris argenté.

Gerbes d'or . Supprimez les feuilles.

Gypsophile . Petite fleur blanche.

Limonium . Mauve pâle, fleur en forme d'épi mince, courbes sinueuses.

Hortensia . Couper très tard en saison, lorsque les pétales sont parcheminés, vert, gris bleuté ou gris rose.

Houblon . Fleurs vertes en forme de cône ; les couper lorsqu'elles commencent à être parcheminées.

Lavande . Bleue, parfumée.

Mimosa floribunda **et mimosa vert** . Supprimez une partie ou la totalité des feuilles.

Reine des prés

Rudbeckia . Cœur noir intéressant.

Statice . Très nombreuses variétés.

Orpin . Plusieurs variétés.

    — À petites fleurs **.** Laissez la fleur sécher sur la plante, la couper ensuite.

    — À grosses fleurs **.** Peuvent être coupées à trois étapes. Grises, non mûres, elles durent plusieurs semaines et se dessèchent — presque en fin de saison, encore violettes —, en fleur, desséchées sur la plante.

Tanaisie vulgaire . Que l'on trouve le long des chemins ou dans des terrains vagues. Les couper lorsque le cœur est fermé, serré, mais la couleur jaune d'or très marquée. Supprimez les feuilles mais les conserver. Elles possèdent un parfum très fort.

En hiver, dans les appartements chauffés, l'air est sec. Il arrive que des fleurs en vieillissant se dessèchent joliment. Ne les jetez pas, gardez-les. Tout au long de l'année, vous en découvrirez de nouvelles. Toutes assemblées, elles donnent un bouquet unique et personnel.

Sachez attendre, ne jetez pas vos bouquets trop rapidement. Vous découvrirez ces fleurs, surtout dans les compositions qui sont réalisées dans les mousses synthétiques. *Liatris,* renoncules, giroflées, bruyères et tant d'autres.

Au début de la saison des « fleurs qui savent vieillir », profitez-en quelques jours en éléments vivants, mais retirez-les de l'eau rapidement, essuyez les tiges et faites-les sécher le plus rapidement possible.

Pour les végétaux qui ont par la suite des tiges très cassantes, il est préférable de les diriger lorsqu'ils sont frais. Dans ce cas, il n'est pas nécessaire de les suspendre la tête en bas pour les faire sécher (croquis nº 62-63).

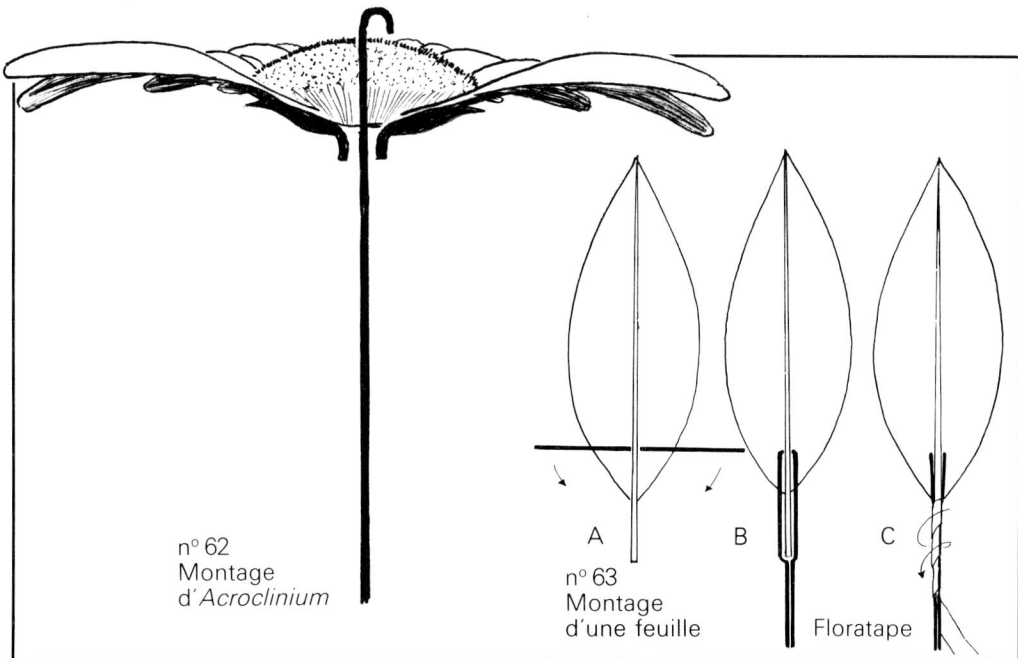

nº 62
Montage
d'*Acroclinium*

A   B   C

nº 63
Montage
d'une feuille   Floratape

À un autre stade de la vie des végétaux, plus tard en saison, vous récoltez ceux dont les fleurs et les graines sont intéressantes. Molène, ombellifère, cosse de catalpa, fleurs de magnolia, sumac de Viriginie, digitale, etc.

Clématite sauvage . Liane très répandue sur nos terrains. Au Japon, elle est considérée comme un élément extrêmement rare. Elle peut être offerte comme végétal peu commun et précieux. Attention, coupez les graines avant qu'elles ne s'entrouvrent complètement. Le stade de fleur peut aussi être utilisé, mais dans l'eau.

Eucalyptus . Très nombreuses variétés avec graines diverses (croquis nᵒ 64 - 65 - 66 - 67 - 68).

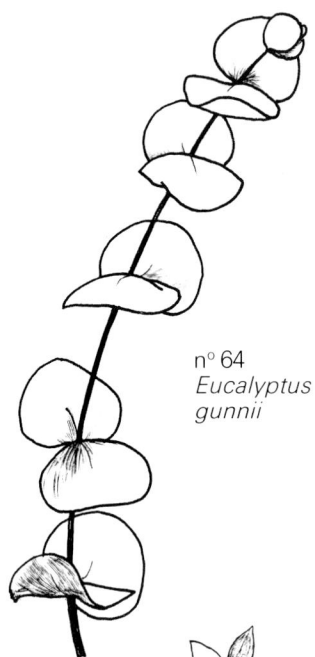

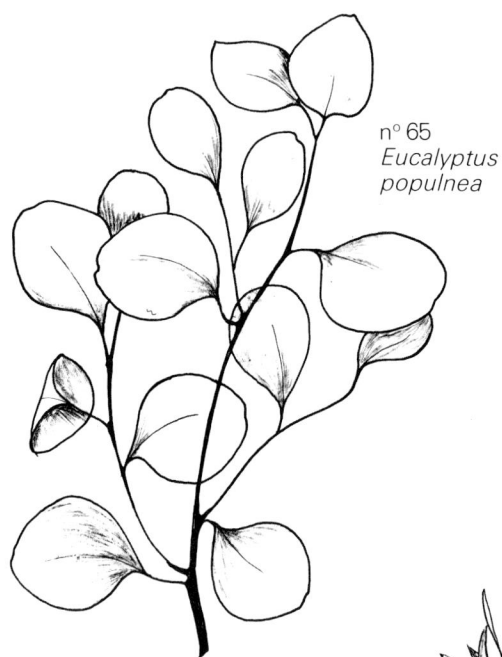

nᵒ 64
*Eucalyptus
gunnii*

nᵒ 65
*Eucalyptus
populnea*

nᵒ 66
*Eucalyptus
' Bambino '*

nᵒ 67
*Eucalyptus
' Nicoli '*

Souvenir d'une journée à la campagne.

Feuillages glycérinés et feuillages frais. Les quatre cinquièmes des végétaux de très longue durée resserviront pour d'autres arrangements.

XII

Iris . À rhizomes (fin juillet-août) (graines : croquis n° 69).

Lamier blanc . Ortie blanche dans le Sud.

Campanule d'Irlande ou Mollucella . Inflorescence. La texture doit être parcheminée sur les 4/5e de la grappe mais encore verte (voir croquis n° 61).

Monnaie du pape . La couper à deux stades :
1. Les siliques sont encore vertes mais ils commencent à se parcheminer.
2. Elles sont ivoire et parcheminées.

Muflier . Les ovaires doivent être bien formés sur toute la grappe.

Nigelles . Encore vertes.

Ombellifères . Les couper lorsque les graines sont encore vertes, elles deviennent beiges par la suite.

Oseille sauvage . Plante que les jardiniers redoutent, fait merveille dans les bouquets. Elle peut être coupée à trois stades :
1. Verte, mais les graines bien formées et rigides.
2. Les couper entre une et trois semaines de la phase précédente, au stade rose et rouge.
3. Attendre ensuite quatre à cinq semaines pour les couper, elles sont brunes. Les années pluvieuses, cette dernière étape ne tient pas bien.

n° 68
Eucalyptus
leucoxylon

n° 69
Iris d'eau
en graine

73

Pavot . Graines.

Plantin . Graines.

Platane . Graines.

Physalis alkékenge, amour en cage . Supprimez les feuilles, montez les « lampions » lorsqu'ils sont frais. S'ils sont enfoncés à certains endroits, soufflez dedans afin de leur redonner leur forme avant de les faire sécher.

Poireau et *Allium* . Récoltez lorsque la graine est bien formée.

Sumac de Virginie . Inflorescence en hiver. Peut être coupée même très tard.

***Typha* ou massette .** Attention ! coupés trop tard, ils éclatent et répandent des milliers de graines.

Nous ne pouvons terminer ce chapitre sans mentionner les nombreuses fleurs et graines exotiques qui ont fait fureur ces dix dernières années.

En provenance d'Afrique, d'Australie, par leur nombre, leur taille, et leur diversité, les fleurs, graines (lotus) et coques revêtent un caractère intéressant pour les compositions modernes et de caractère.

Les fleurs : des *Banksia* (voir croquis n° 8), la plupart des *Protea* (voir croquis n° 5 - 6 - 7) sont utilisables en éléments frais et secs (la *Protea nutans* utilisée chez nous uniquement comme fleur vivante devient une graine fabuleuse dans son pays d'origine).

Les végétaux secs peuvent tous être teintés à la bombe.

Gel de silice . Il existe aussi un produit qui permet de sécher rapidement des fleurs qui, jusqu'alors, ne pouvaient être conservées que très difficilement : roses, narcisses, jonquilles, tulipes, marguerites, etc., et gardent ainsi toute leur couleur.

Dans un récipient profond et large, étendre du gel de silice sur 2 à 3 centimètres, puis déposer délicatement les fleurs la tête en bas ; maintenir la tige verticale qui est en dehors du gel. Recouvrir la fleur du produit. Lorsque celui-ci aura viré du bleu (sa couleur initiale) au rose, les fleurs sont déshydratées et prêtes à être utilisées.

Ne pas exposer le bouquet aux rayons solaires ou lunaires.

9. LES GRAMINÉES

Les graminées et les herbes dites « sauvages » se trouvent dans toutes les régions du monde. Elles poussent dans les terrains les plus divers : talus, champs, bois, marais, alpages.

Parmi celles-ci, il y a lieu de distinguer les alimentaires, les industrielles, les fourragères et d'autres médicinales, mais toutes sont utilisables dans les bouquets.

Ces multiples végétaux à caractères simples et naturels offrent d'innombrables ressources soit comme élément unique, soit en complément avec des fleurs, des fruits, des feuillages.

La plus abondante récolte se fait au printemps. Il y a un échelonnement de deux mois entre leurs diverses apparitions. C'est pourquoi il est encore possible de glaner par-ci par-là durant tout l'été.

La récolte doit se faire de préférence par une journée ensoleillée dès que la rosée matinale a disparu. Si vous les cueillez par un jour de pluie, mettez-les, dès votre arrivée chez vous, entre deux serviettes éponges afin que celles-ci absorbent l'eau, et si besoin utilisez le séchoir pour les sécher rapidement.

Cueillez-les par variétés et par poignées. Faites des touffes de volumes différents et de longueurs diverses. Les graminées particulièrement légères et fines sont surtout utilisées en touffes. Si vous désirez faire un mélange, composez le bouquet au fur et à mesure dans votre main et surtout ne le mettez pas dans l'eau.

Celles qui sont coupées vertes, pour garder leur couleur, doivent être séchées très rapidement. S'il fait très beau, les étendre au soleil sans les attacher, les retourner deux ou trois fois. Elles peuvent être séchées en une seule journée et perdent ainsi très peu leur couleur. Ensuite, les attacher et les ranger dans un endroit sec et sombre. Conservées droites et non serrées, elles gardent un aspect encore plus vivant. Si vous les placez dans un carton, elles n'auront pas la même élégance.

Une des premières à apparaître est la fléole des prés, gris argenté et brillante (croquis n° 70). La récolter très tôt. Le pollen est blanc, il devient terne et marron par la suite. Lorsque vous la coupez à ce stade, supprimez-le. La sétaire verte, qui arrive plusieurs semaines après, est souvent confondue avec la précédente, mais la texture est plus rugueuse et mate. L'orge vulgaire est difficile à conserver très longtemps. L'épi se désagrège facilement s'il est coupé trop tard. Mais utilisée avec des fleurs vivantes, elle dure deux à trois semaines.

Beaucoup de graminées peuvent être récoltées, épis fermés ou ouverts (voir croquis n° 40).

Pour un œil inexpérimenté, il est difficile de reconnaître une même graminée en jeune pousse et à la fin de son cycle.

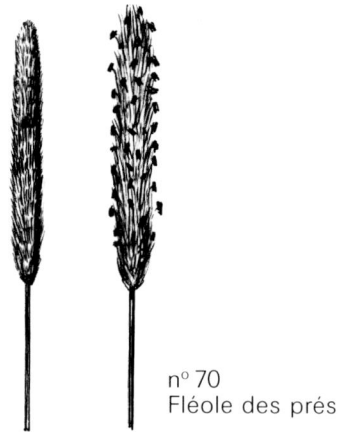

n° 70
Fléole des prés

Exemple : Le dactyle ● Lorsque l'épi est très court, tous les éléments qui le composent se trouvent très près les uns des autres, plus il avance en âge, plus il s'allonge. Il grandit de douze à quinze centimètres et a entièrement changé de volume et de forme.

Les *Briza maxima* et *minor*, connues aussi sous le nom d'amourette ou langue-de-femme : les couper lorsque l'épi est brun, bordeaux et peu allongé.

Le paturin annuel : il est recommandé de faire des touffes, ce qui n'empêche pas de les utiliser une par une, mais leur tige est tellement mince et fragile qu'il est difficile de ne pas les casser lorsqu'elles sont piquées individuellement dans une mousse.

Les différentes variétés de blé et de seigle peuvent être récoltées juste après la floraison, très vertes. Et plus tard, en saison, lorsqu'ils auront pris les couleurs de l'été, vous pourrez à nouveau en récolter d'autres.

Pour l'avoine, l'évolution de sa forme permet de la couper à différents stades :

a) épi vert et commençant à sortir de la feuille ;

b) complètement sorti ;

c) en graines ;

d) au bord des talus, la graine étant tombée, l'enveloppe légère.

N'oublions pas le maïs en tige, ou juste l'épi, le sorgho, le millet et les différents plumets des roseaux, les *Gynerium* qui font partie de la panoplie des éléments secs.

« Qui s'y frotte, s'y pique ! » Prenez vos gants et n'oubliez pas tous les aggressifs : les nombreux chardons mauves, bleus, gris, cotonneux, les cardères, les carlines, les acanthes, les artichauts. Les *Echinops*, appelés aussi oursins, sont tous des éléments peu agréables à manipuler. Par contre, ils ont l'avantage de durer longtemps mais pas indéfiniment. Dès qu'ils ont perdu de leur couleur et commencent à être poussiéreux, n'hésitez pas à les supprimer. Cette règle est valable pour tous les éléments séchés.

Il est bien entendu que certains végétaux de cette liste peuvent être utilisés à un autre moment, comme fleurs vivantes.

10. LES FEUILLAGES NATURALISÉS

En 1922, dans l'ouvrage *Histoire naturelle* illustré par Constantin, est mentionnée la vogue des feuillages naturalisés et séchés pour des bouquets perpétuels.

Les feuillages séchés jouent aussi un grand rôle maintenant dans les compositions. Ils sont précieux en période d'hiver et peuvent être utilisés dans les bouquets secs, en complément de fleurs fraîches ou séchées, avec les fleurs artificielles.

Suivant la nature et l'exposition des terrains (ombre ou soleil), les arbres ont un port et une texture différents. Afin d'obtenir une diversité dans le port, la texture et la couleur des branches, il est nécessaire de couper la même variété sur des terrains et des expositions différentes.

Choisir des branches ou des feuilles qui ne sont ni froissées, ni abîmées, ni mangées par les chenilles. Éviter les feuilles jeunes et tendres. Il faut éliminer tous les végétaux aqueux (riches en eau).

Pour les conserver, il y a plusieurs manières de les traiter :

— à l'air libre,
— sécher à plat,
— repasser,
— glycériner :
   a) par absorption
   b) par immersion dans un bain.

À l'air libre

C'est la solution la plus facile, mais les feuilles se roulent et prennent un tout autre caractère. Par contre, elles gardent presque toutes leur couleur initiale. Les feuilles de magnolia, à la texture épaisse, ne se recourbent pas, mais elles perdent leur couleur et leur brillant. Passer une légère couche de vernis incolore afin de leur rendre leur éclat.

Sécher à plat

Actuellement, il n'y a que ce traitement qui permet de conserver tous les tons de vert aux feuillages. Placer les éléments bien à plat entre deux papiers de soie ou de journaux dans un livre, dans une presse, entre deux planches, sous un tapis ou votre matelas. Les laisser environ trois à quatre semaines pour ceux cueillis en été, et 10 jours environ pour ceux cueillis en automne. Ceci est une question de teneur en eau.

Repasser

Ce procédé est surtout indiqué pour les feuilles individuelles, marronnier, platane, fougères, ronces, chêne d'Amérique, etc. Il peut être fait aussi sur les branches, mais l'opération demande beaucoup plus de temps. Choisir des feuilles de plusieurs couleurs, la teinte initiale ne changeant que très peu. Prendre un fer tiède, repasser les feuilles d'abord sur l'envers, ensuite sur l'endroit jusqu'au moment où elles sont entièrement déshydratées. Attention! Elles sont devenues très cassantes, aussi faut-il les manipuler avec précaution. Si vous ne les utilisez pas tout de suite, les ranger à plat dans un tiroir ou dans un carton. Il est possible de les enduire d'une couche de paraffine ou de remplacer celle-ci par de la gomme arabique addition- née de borax. Pour la réalisation d'un bouquet, si vous avez besoin de mon- ter ou diriger certaines feuilles, il est préférable de le faire avant le repas- sage.

Glycérine

Les feuillages traités avec la solution glycérinée gardent une texture douce et satinée identique à celle des éléments vivants, qu'ils conservent plusieurs mois. Par contre, jusqu'à ce jour, il est impossible de conserver leurs tons d'origine : les tons verts et rouges disparaissent. Après le traite- ment, ils deviennent vert bronze, s'ils ont été placés dans l'obscurité. À la lumière naturelle, ils deviennent brun foncé, brun clair, ocre, paille. Tout un camaïeu de brun. Pour obtenir la réussite à 100 % des végétaux, il ne faut pas attendre qu'ils aient déjà pris leur teinte d'automne. Le ralentissement de la montée de la sève à cette époque est déjà très avancée, la montée de la solution dans les branches se fait mal. Il faut couper les branches lorsqu'elles sont encore vertes, de mi-août à fin août, pour la Région pari- sienne et du Nord, de mi-juillet à fin juillet pour le Sud : si possible au moment de la lune montante. À cette époque, trois jours après avoir mis les branches dans la solution, vous voyez déjà la couleur puis la texture chan- ger.

Solution : Préparer dans une cuvette un mélange d'un tiers de glycérine et de deux tiers d'eau bouillante. Bien remuer la solution. Rafraîchir le bas de chaque branche par une coupe en biseau, puis fendre en deux sur une hau- teur de deux ou trois centimètres. *Faire cette opération dans la solution,* puis la verser dans un vase et mettre les branches dedans. Au bout de huit jours, réchauffer la solution, recouper le bas des tiges et les replacer dedans. Refaire de même, la semaine suivante.

Suivant la texture, mince ou épaisse des végétaux, les laisser dans la solution de quelques jours à quatre semaines. Lorsque les feuilles ont absorbé suffisamment de solution et qu'elles sont douces, satinées et non cassantes, enlevez-les. Vous pouvez soit les ranger, soit faire un bouquet que vous placez près de la fenêtre pour qu'il subisse les rayons du soleil et de la lune. Les feuilles prennent alors des tons enchanteurs et divers. La solution restante peut resservir malgré la coloration qu'elle a prise.

Bain de glycérine : La solution et la préparation sont identiques, mais atten- dre que la solution soit refroidie avant d'immerger les feuilles pendant une à trois semaines. Égouttez-les quand vous les sortez. Il est aisé de les mon- ter sur fil de fer. En les disposant autour d'une fleur, d'une pomme de pin, d'une graine, on recrée des fleurs amusantes. Celles-ci peuvent être utilisées individuellement ou remontées sur des branches aux formes harmonieuses.

À l'époque victorienne, la mode en Angleterre était aux bouquets fantômes. Ils étaient composés uniquement de feuilles transparentes, dont la nervation est seule apparente. Les feuilles de magnolia se prêtent aisément à ce traitement. Préparer un litre d'eau dans lequel on ajoute quatre petites cuillerées de soude. Les faire bouillir pendant trente minutes, et laisser les feuilles refroidir dans l'eau, les sortir et les gratter très délicatement en ayant soin de ne pas les déchirer. Si vous désirez les blanchir, placez-les dans une eau javellisée, puis rincez-les dans une eau claire. Disposez-les sur du papier journal ou buvard. Dès qu'elles sont sèches, les presser entre deux livres.

En hiver, si vous avez laissé dans votre jardin des pieds de *Physalis,* vous pouvez découvrir quelques « lampions » fantômes entièrement nervurés.

11. LES ARTIFICIELLES, CELLES À L'ÉTERNELLE JEUNESSE

Leur fabrication était très répandue en France, il y a encore une dizaine d'années. Des maisons comme Fromentin, Trousselier et Guillet avaient une renommée internationale pour la qualité de leurs créations. Leur fabrication étant maintenant très coûteuse en Europe, les pays asiatiques sont devenus les principaux fabricants et fournisseurs.

La nature est une source inépuisable de modèles. Certaines sont des copies saisissantes de leurs sœurs naturelles et d'autres uniquement l'expression de l'imagination. Des couleurs nouvelles, qui changent en fonction de la mode (zinnias marron, roses, verts, beiges, gris, violets, etc.), des tailles, des matières naturelles (soie, coton, plumes, bois, papier) ou synthétiques (plastique, nylon, etc.) permettent une grande diversité de réalisation.

Pour décorer :
  1. **À l'intérieur :** les fleurs de soie, de coton, de papier.
  2. **À l'extérieur :** celles de bois, plastique et nylon.

1. À l'intérieur

Pour les entretenir, les épousseter de temps en temps avec un plumeau. Si elles sont très poussiéreuses, utilisez un pinceau aux poils moyennement durs pour les brosser. Si les fleurs en soie ou en coton ont perdu leur forme (aplaties, faux plis, etc.) après les avoir dépoussiérées faites bouillir de l'eau dans une bouilloire, dès que la vapeur s'échappe du bec, placez la fleur au-dessus en la tournant. Après quelques secondes, vous la voyez reprendre sa forme. Attendre un quart d'heure avant leur réutilisation.

2. À l'extérieur

Celles en plastique et nylon (avec tiges plastiques) peuvent être trempées dans l'eau savonneuse et chaude, puis rincées. Il est possible d'introduire dans une composition de fleurs naturelles quelques éléments artificiels. Reproduire les merveilleux bouquets du XVIIe siècle est ainsi devenu possible. Changer un bouquet de feuillages naturalisés, compléter un bouquet de fleurs artificielles, transformer une composition de plantes, est devenu chose facile.

Les plantes, les fruits et les légumes miniaturisés ou réalistes font partie de la gamme des artificiels.

Ceux qui connaissent bien les « naturelles » arrivent à redonner aux « artificielles » des lignes, des mouvements, des inclinaisons, des orientations multiples proches de la réalité.

De nombreuses astuces et montages peuvent être réalisés. Là encore, il n'y a aucune limite à la créativité.

Amusez-vous. Il y a des fleurs vivantes parmi les artificielles.

Savant bouquet de cérémonie au montage minutieux, réalisé avec fil de fer et Floratape.
Pour porter à la main.

TROISIÈME PARTIE

PORTES OUVERTES SUR LES TECHNIQUES FLORALES

12. LES MATÉRIAUX

Depuis 1960, il y a eu une révolution parmi les matériaux nécessaires à la technique florale. Beaucoup d'entre eux assurent à l'art des bouquets une manifestation moins éphémère, permettant l'utilisation d'un nombre infini de vases, contenants, supports, objets, etc., et facilitant le travail de la décoration florale.

Fils

Coton, chanvre, raphias et nylon : Ils permettent de maintenir les tiges assemblées : les touffes, les bouquets, et de tuteurer les plantes.

Fer : Le choisir de préférence galvanisé ou émaillé vert, ce dernier se confondant mieux avec les tiges. Il sert à diriger et à soutenir les tiges, à monter certaines fleurs ou éléments (immortelles, pommes de pins) à maintenir certaines mousses dans des vanneries, à rallonger un tube, etc. Il y a diverses tailles et longueurs mais les trois plus utiles sont 5/100e de longueur à 0,60 m et 18/100e de longueur à 0,30 m.Cette dernière permet de monter ou de diriger tous les éléments légers, de maintenir un ruban, d'attacher les boules de Noël, etc. La cannetille, en bobine, fil de fer souple recouvert de coton vert ou blanc, est destinée au ruban et aux éléments délicats.

Pique-olives, porte-brochettes et bâtonnets . En bois minces, ils servent pour monter des bougies très minces, pour rallonger les fruits et les champignons. Ceux-ci se conservant mieux avec un élément de bois qu'avec un fil de fer.

Tubes (en verre, plastique ou métal) (croquis n°s 71-72) • Ils servent pour rehausser les fleurs aux tiges trop courtes. Avec leur réserve d'eau ou de la mousse en vrac humide, ils permettent de grandir les fleurs aux tiges trop courtes. Deux grosseurs de tubes sont nécessaires, l'une pouvant contenir dans la réserve d'eau une tige seulement ; la deuxième plus grosse pouvant contenir trois ou quatre tiges. Il est possible d'utiliser des éprouvettes.

Cornets • Tube de très grande dimension en métal, pour la confection de bouquets demandant des montages savants : pyramides de fleurs, fruits, légumes, ou de grands motifs : sculptures, rikkas, etc.

Tuteurs • Pour tuteurer des plantes, pour réaliser certains montages avec tubes, cornets, mousses.

Épingles • De tailles plus longues et de grosseurs plus importantes que celles d'utilité courante, elles servent à piquer des fleurs, feuillages, éléments secs, etc.

Cavaliers ou épingles à cheveux (croquis n°s 73 A - B - C) • Que l'on peut faire soi-même, de différentes longueurs, se trouvent dans le commerce et servent à maintenir la mousse plaquette, d'Islande, les fibres de palmiers, des feuilles, etc.

Cire florale • Permet de faire adhérer le pique-mousse ou le pique-fleur au fond de certains récipients. Elle doit être placée sur une surface lisse et entièrement sèche. Pour obtenir une meilleure adhérence, en période d'hiver, la chauffer sous une flamme. Elle peut être utilisée sur les bois, les pierres, le métal, les céramiques, etc. Lorsque vous désirez l'enlever, la détacher de l'objet et s'il reste quelques traces utiliser du « White Spirit ». *La cire florale ne doit jamais être utilisée sur les vraies laques.*

Pique-mousses (croquis n° 74 A) • Destinés à être placés dans le fond des contenants très plats et de ceux dans lesquels il n'est pas possible de mettre de l'eau. Les mousses synthétiques (briques, cylindres, cônes) sont piquées dessus, maintenues ainsi à l'emplacement qui est choisi.

Pique-bougies (croquis n° 74 B) • Ils permettent de placer facilement des grosses bougies dans divers matériaux : terre, fruits, mousses, gâteaux,...

Ruban adhésif • Sorte de sparadrap en ruban étroit, blanc, vert, marron, gris, qui résiste à l'eau ; il sert à fixer des blocs de mousses sur des supports très plats. À placer sur une surface sèche.

Floratape • C'est un ruban de papier crépon imperméabilisé, qui sert à camoufler les montages faits avec du fil de fer. Il existe en deux largeurs et de très nombreuses couleurs qui permettent de l'assortir aux éléments utilisés. Harmonie et contrastes sont à exploiter.

B

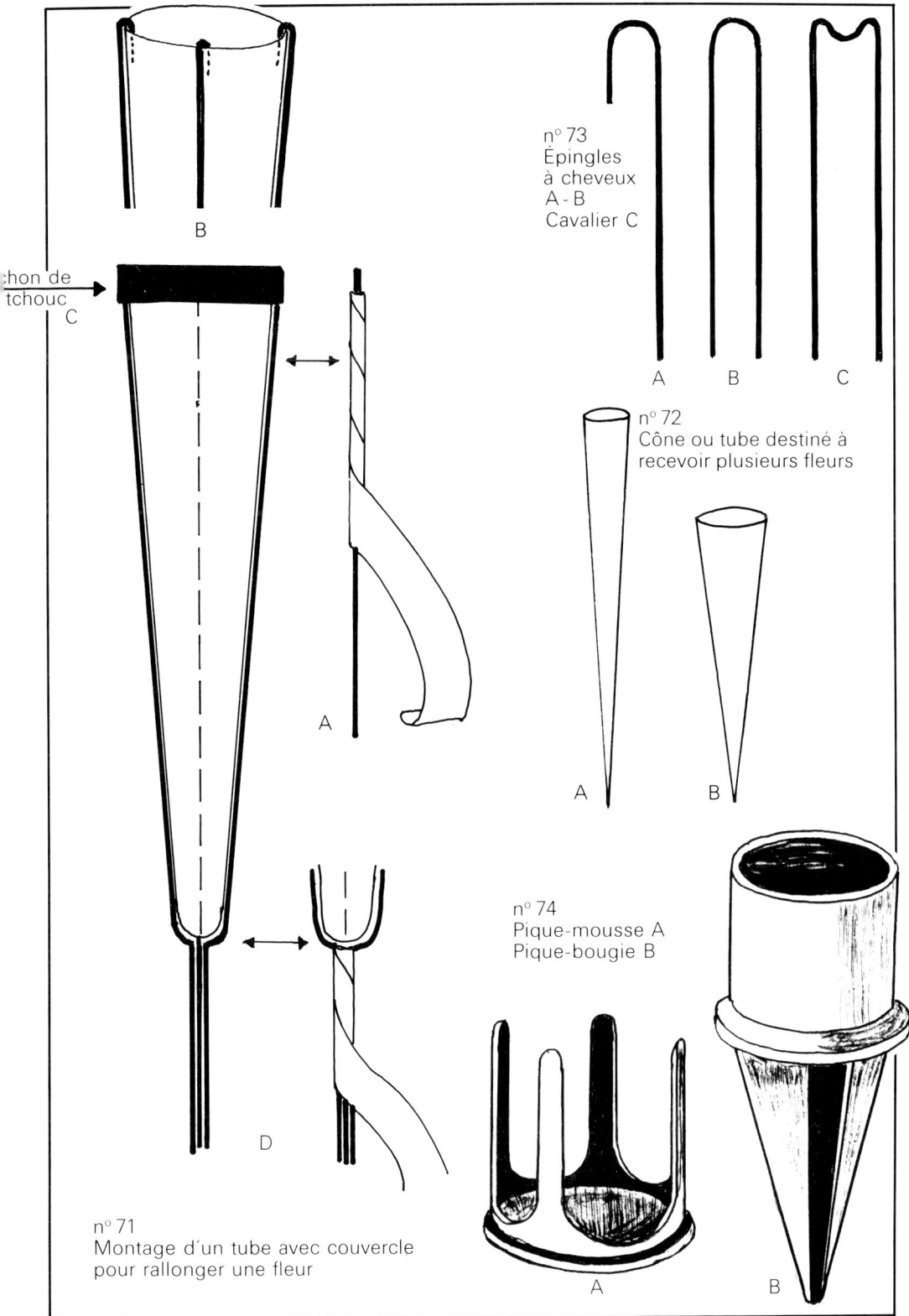

n° 73
Épingles
à cheveux
A - B
Cavalier C

A   B   C

chon de
tchouc
C

A

n° 72
Cône ou tube destiné à
recevoir plusieurs fleurs

A   B

n° 74
Pique-mousse A
Pique-bougie B

D

n° 71
Montage d'un tube avec couvercle
pour rallonger une fleur

A   B

Bombes . Même pour les fleurs, de nombreux produits sont vendus sous ce conditionnement :

- teintures pour fleurs naturelles,
- spray pour fleurs fraîches qui ralentit la déshydratation,
- vernis spécial pour plantes vivantes,
- laques colorées pour éléments secs. Celles-ci peuvent être remplacées par d'autres laques destinées au bricolage ou à l'automobile.

Colle . Liquide, spécialement conçue pour les pétales frais, permet de faire différents montages.

Papiers métallisés . Argent, doré, vert. Il sert à recouvrir les mousses synthétiques et la glaise afin de ralentir l'évaporation de l'eau. Pour la glaise, il est aussi possible d'utiliser des papiers de soie, de couleurs, en harmonie avec le bouquet sec.

Sacs plastiques . De différentes tailles. Sont destinés à recevoir la mousse synthétique en vrac ou en pain lorsqu'on utilise des vanneries, ou tout autre objet à claire-voie. Ils peuvent aussi remplacer les pots pour des plantes petites ou moyennes, que l'on veut placer dans un objet personnel.

Grillage . Le grillage et le pique-fleur sont les matériaux les moins coûteux pour l'amateur et les plus couramment utilisés. Dans les vases larges et profonds, les coupes hautes et tous les contenants de grande ouverture, mais de préférence opaque, le grillage permet de maintenir les tiges des fleurs à l'endroit où elles sont placées au fur et à mesure des étapes de la composition. Il convient pour les bouquets volumineux dans lesquels entre un grand nombre de fleurs. La façon la plus courante de l'utiliser est la méthode de la « boule ». Avec la pince à fil de fer, découper une bande de grillage (fil nº 6, maille 00,31), dépassant d'un centimètre la largeur intérieure de l'ouverture du vase, et une longueur égale à trois fois la largeur. S'arranger pour que la coupe soit faite entre deux torsades. Recourber les bords de la bande à angle droit, puis plier la bande en trois de façon à contrarier les mailles ; ainsi, les trous dans lesquels les fleurs sont piquées ne sont pas trop grands. Modeler le grillage en boule sans trop aplatir les épaisseurs, afin de donner un volume extérieur et intérieur assez régulier ; ensuite, placer la boule dans le contenant, afin que celle-ci ne tombe pas, la maintenir aux rebords du vase par trois ou quatre pinces à linge que l'on enlève par la suite. Lorsque vous composerez votre bouquet dans le grillage, bien vérifier que le bas de vos tiges est maintenu au minimum par deux mailles superposées, voire même les trois. Pour la technique dite « du couvercle », l'utiliser pour les vases à encolures carrées ou rondes, la grosseur des mailles étant choisie en fonction de la grosseur des tiges utilisées.

Les cônes destinés aux grandes compositions pyramidales sont faits avec du grillage, à l'intérieur duquel sont placés diverses mousses et tubes.

Pique-fleurs (croquis n° 75) • Couramment utilisés par les Japonais dans leur art floral. De formes diverses, rondes, ovales, rectangulaires ou carrées, et de différentes tailles, il est nécessaire d'en posséder plusieurs. Ceux qui ont une base très lourde dans laquelle sont coulées des pointes métalliques sont les plus utiles. Ils permettent de réaliser de jolis bouquets avec un petit nombre de fleurs. Employés dans des coupes basses, ou des récipients très évasés, placés dans le fond d'un vase profond ou surélevé sur un lit de sable, mis dans un contenant utilitaire pouvant contenir de l'eau : boîtes à savons, petits raviers, etc., et placés dans une vannerie, ils maintiennent les fleurs vivantes. Pour éviter de rayer un objet précieux, découper un morceau de feutrine ayant la forme de sa base et le coller. Après plusieurs utilisations du pique-fleur, il peut arriver que quelques pointes s'inclinent ; les redresser à l'aide d'une tige métallique creuse.

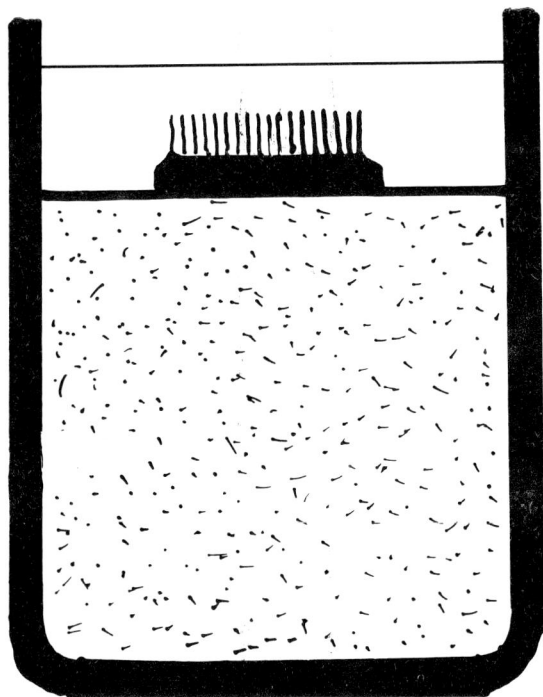

n° 75
Pique-fleur sur lit de sable

COMMENT COMPOSER AVEC UN PIQUE-FLEUR

On peut disposer plusieurs pique-fleurs dans un même contenant, en ligne, en courbe, en zigzag, en croix, etc. Le niveau d'eau doit dépasser les pointes métalliques de deux centimètres au moins. Vérifier le niveau une à deux fois par jour suivant la contenance du récipient. Selon que l'on pique des tiges de fleurs, de feuillages ou de bois, la façon de les couper est différente. La coupe des tiges doit être nette (à faire dans l'eau de préférence). Pour les feuillages, les bois, les branches de lilas, *Forsythia,* prunus, etc., la coupe doit être faite en biseau. Pour les fleurs à tiges molles, elle doit être droite. Pour les tiges très minces, entourer le bas d'un peu de Floratape, d'un petit morceau de papier, ou d'une feuille mince. Attention, il ne doit pas être placé sous la tige mais autour de celle-ci. Pour les tiges de graminées, il est encore possible de les enfoncer dans un petit morceau d'une autre tige molle. Pour les tiges creuses, enfoncer à l'intérieur un bambou, un morceau de bois ou encore un morceau d'une autre tige d'une taille un peu plus petite que celle de l'orifice.

Les fleurs, les branchages et les feuillages doivent toujours être piqués de façon que la base du pique-fleur soit stable et ne bascule ni en avant ni en arrière. Pour les branches, les piquer de façon que la coupe en biseau soit toujours orientée vers le centre du pique-fleur. Les tiges qui sont piquées doivent être plus ou moins inclinées et toutes converger vers le centre. Un excellent exercice consiste une fois l'arrangement achevé, à déplacer le pique-fleur dans plusieurs positions afin de juger de l'emplacement qui lui convient le mieux. Une fois que celui-ci est défini, il est facile de camoufler le pique-fleur en disposant des cailloux, des coquillages, des morceaux d'écorce de bois, des feuillages courts, de la mousse, etc.

Glaise . À utiliser uniquement pour les arrangements secs. Si elle est sèche, la faire tremper au moins 24 heures avant de la travailler à la main pour lui donner la forme voulue : boule, ovale, etc., puis la recouvrir d'une feuille de papier métallisé, argent, doré, ou encore de papier de soie de couleur. Rabattre les coins du papier en dessous de la forme obtenue afin de pouvoir piquer les éléments avec plus de facilité.

Terre et sables . Sont deux supports à retenir pour composer certains bouquets secs et d'autres types d'arrangements.

Mousse (végétale en botte) . Dans le passé, c'était le matériel que l'on utilisait dans les coupes, les corbeilles pour piquer les fleurs. Les mousses synthétiques l'ont détrônée. C'est un élément vivant et décoratif que l'on peut encore utiliser dans certains arrangements. Montée en touffe avec un fil de fer, elle est un complément merveilleux pour les éléments secs.

Mousse synthétique . Il existe plusieurs sortes de mousses synthétiques et d'emplois différents :

1o *En vrac :* Snow pack, Flora pack, Flory mousse, Blanche, elle se présente en plaque ou en flocons. Elle est particulièrement indiquée pour tous les contenants galbés ou ceux aux contours compliqués ; par sa consistance, elle épouse toutes les formes. La broyer, la mettre dans une bassine qui contient une petite quantité d'eau, et la pétrir à la main de façon qu'elle se gorge d'eau comme une éponge. Remplir le vase ou la coupe en compressant la mousse plus ou moins selon que les tiges à piquer sont rigides ou molles. Masquer le dessus avec un morceau de mousse plaquette ou de feuillage court. Remettre de l'eau chaque jour dans le contenant. Une fois les fleurs fanées, conserver la mousse qui peut être réutilisée pour d'autres arrangements. Lorsqu'elle a servi deux ou trois fois, la rincer sous l'eau courante en la plaçant dans un sac de toile ; l'étendre sur un papier pour la faire sécher.

2o *En bloc, en pain, en cylindre, etc. :* Sa capacité absorbante est importante, une brique sèche pèse environ 50 g ; par contre, une fois gorgée d'eau, son poids est de 1,750 kg. Un fabricant a mis au point d'autres modèles avec support de grillage ou de moule en plastique qui permettent, de par leur conception, de nombreuses utilisations.
Remplir d'eau une cuvette profonde et poser la brique sur l'eau, *la laisser s'enfoncer d'elle-même,* elle doit tomber au fond et être complètement recouverte. Laisser dans l'eau 45 minutes environ pour que le cœur de la brique soit bien humidifié. À l'aide d'un couteau, découper un morceau de la dimension de l'encolure et de la hauteur du vase à garnir (remettre de l'eau dans le contenant chaque jour). Si l'on ne se sert pas immédiatement de la totalité de la brique quand celle-ci est mouillée, laisser le morceau non utilisé dans l'eau et ne l'en sortir qu'au moment où il servira.
Pour des contenants très larges et profonds, on peut disposer plusieurs briques les unes au-dessus des autres ou à côté les unes des autres. Il est possible d'utiliser ces pains pour réaliser des arrangements sans contenants qui sont posés directement sur un support tel que table, guéridon, dessus-de-cheminée. Pour éviter que l'eau tache, utiliser les nouvelles bases (réserves d'eau) qui ont été mises au point. Deux techniques permettent de fixer le bloc au support : le pic floral et la cire ou le ruban adhésif disposé en forme de croix ou parallèle (croquis no 76). Avec ces blocs de mousses synthétiques, on peut aussi réaliser des arrangements muraux ou suspendus ; entourer entièrement le bloc d'une feuille de papier métallisé ou d'une mince pellicule de plastique. Des grillages spéciaux ont été étudiés à cet effet.

Dry (mousse synthétique) • Sèche, n'ayant aucune capacité d'absorption, est réservée aux fleurs artificielles, aux éléments secs et métalliques.

Billes • Cette technique est indiquée dans un vase transparent, pour faire un bouquet où il n'entre que quelques fleurs. Il existe des billes transparentes, opaques, de couleurs diverses et de différentes tailles. Les placer dans le vase au tiers de la hauteur puis glisser les tiges dans les interstices. On peut aussi utiliser les billes avec lesquelles jouent les enfants.

Kubari ou baguettes (croquis nº 77). Cette technique est couramment utilisée dans l'art floral japonais pour les compositions de style « nageire ». Avec un petit nombre de fleurs, dans un grand vase, il est possible de réaliser un joli bouquet, à condition que les tiges soient maintenues proches les unes des autres sur une seule partie de l'ouverture. Pour cela, il faut partager l'orifice du vase en deux ou quatre parties, à l'aide d'une ou deux petites branches ou baguettes de bois, et disposer les fleurs dans un seul des compartiments obtenus. Cette technique ne peut convenir que dans le cas où la matière du vase est résistante ; elle est absolument déconseillée pour les matériaux fins et fragiles, les baguettes étant placées légèrement en force à l'intérieur de l'ouverture et dans le haut du vase.

Tout ce matériel technique doit être choisi en fonction de la forme et de la taille du contenant ou des supports, du style du bouquet, des végétaux.

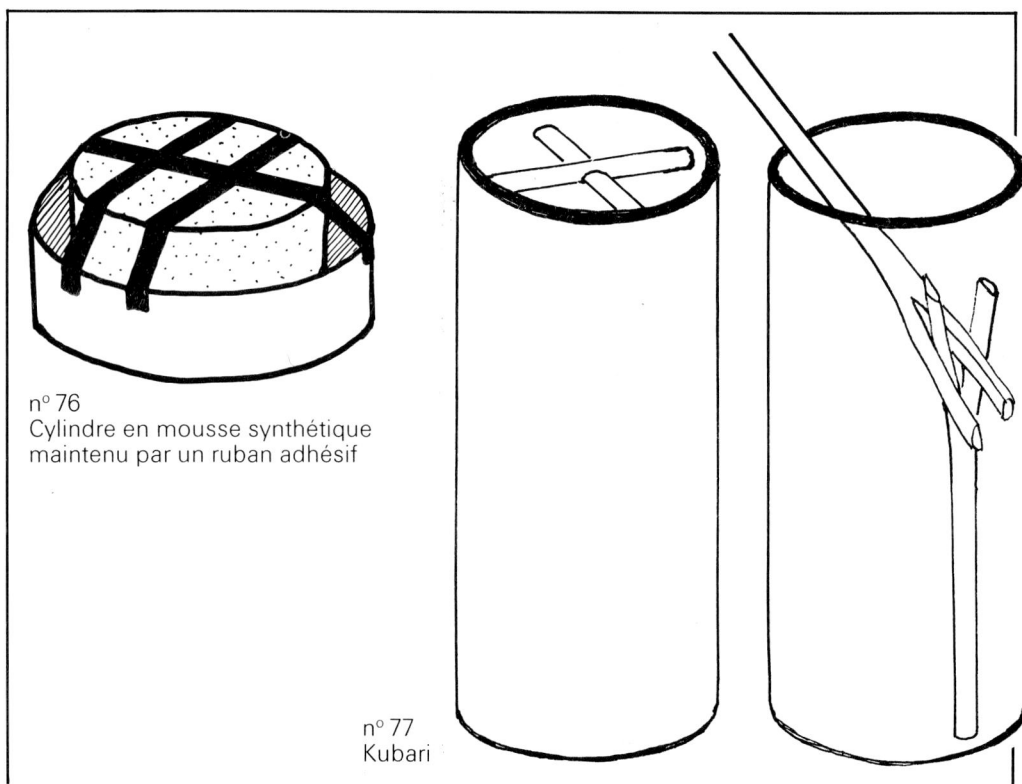

nº 76
Cylindre en mousse synthétique
maintenu par un ruban adhésif

nº 77
Kubari

Arrangement qui sait vieillir. Il reste harmonieux si l'on supprime au fur et à mesure les éléments qui fanent.

Pour ce genre de vase, comportant une majorité de tiges molles et creuses, utiliser la mousse en vrac.

XVI

13. VASES ET CONTENANTS SURPRISE

Dans le passé, les fleurs étaient présentées dans des contenants conventionnels qui variaient peu. De nos jours, tous les objets, même les insolites, peuvent servir à recevoir des fleurs. Tout ce qui est considéré comme contenant ou support est devenu utilisable en art floral. On peut laisser libre cours à son imagination dans la recherche des objets, à chacun selon sa fantaisie, son intérieur.

Les contenants destinés aux réalisations florales peuvent être classés en huit catégories : les vases, les coupes, les plateaux, les objets d'art, les objets usuels, les vanneries, les supports et les contenants utilitaires.

Les vases . Ils furent les premiers récipients utilisés dans l'art des bouquets. Pendant une longue période, ils furent même les seuls, du fait de leur possibilité de contenir l'eau nécessaire à la vie des fleurs. D'abord en terre, opaques par la suite avec la découverte du verre, ils devinrent transparents. Les formes qu'ils revêtent sont maintenant multiples. Leur matière : terre cuite, faïence, porcelaine, bois, métal, plastique, etc.
Leur texture : lisse ou rugueuse, mate ou brillante, unie, colorée, décorée.
Toutes ces caractéristiques font que si nous n'avions que les vases, les bouquets ne seraient jamais les mêmes.
Les 3 types de vases les plus courants (croquis no 78 A - B - C) et que vous avez pratiquement tous, sont :

n° 78
Quelques formes classiques de vases

— le vase à encolure resserrée, puis évasée. Facile à garnir avec peu de fleurs ;

— le vase à large ouverture, qui, lui, en demande une quantité importante ;

— le vase cylindre en forme de tronc.

Dans un vase transparent, voir des tiges bien disposées est un complément harmonieux à l'ensemble du bouquet. Si vous avez un grand vase et que le bouquet, à la main, que l'on vient de vous offrir ou celui que vous venez de faire est trop petit, une astuce décorative vous permet de le maintenir droit au centre ou sur le côté du vase suivant sa forme. Pour cela, utilisez une feuille de papier transparent, enroulez les tiges sur toute leur hauteur (sans recouvrir le bas des tiges). L'effet de la transparence du vase, du papier et de l'eau est saisissant. Vous pouvez vous servir également de cette astuce pour diminuer la hauteur d'un vase profond lorsque l'on utilise des tiges très courtes. Cette astuce reste valable aussi pour tous les vases opaques. Dans ce cas, utilisez n'importe quel papier. Attention ! Il ne faut pas l'apercevoir.

Devenez les magiciens de la fleur en plaçant au centre d'un grand vase un plus petit vase, voir même un simple bocal, le caler avec une housse plastique de votre teinturier ou du sable, disposez quelques fleurs harmonieusement dans le contenant le plus petit.

Les vases contemporains avec leurs nouvelles formes, leurs nouvelles matières peuvent être une source inépuisable de créativité. Sachez regarder les vôtres, il y en a parmi eux qui vous réserveront quelques surprises (croquis n° 79 A, B, C, D, E, F).

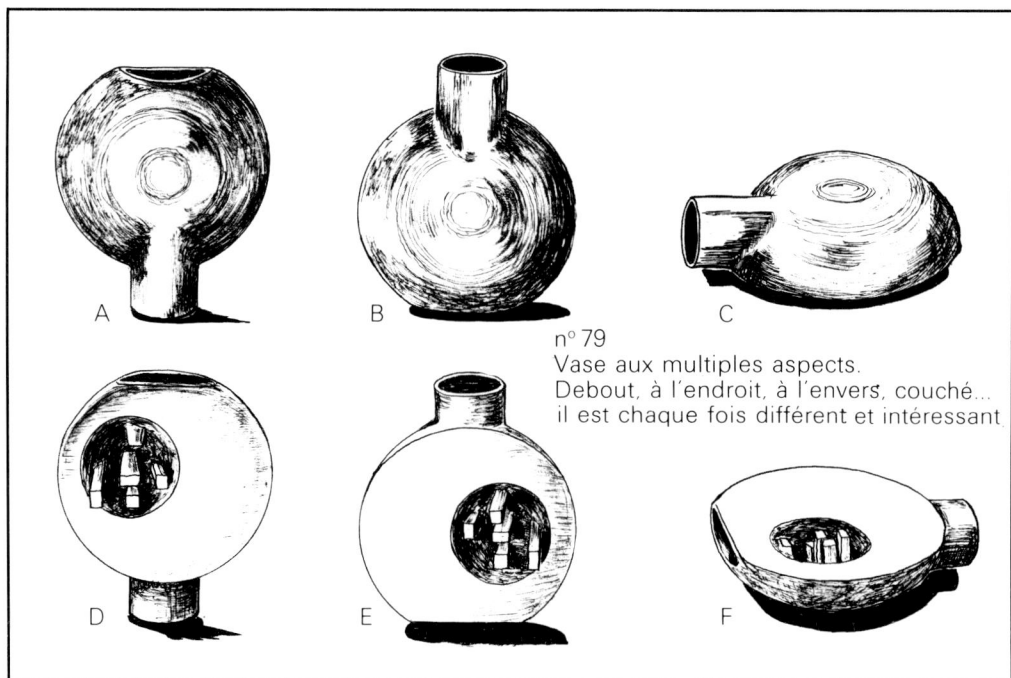

n° 79
Vase aux multiples aspects.
Debout, à l'endroit, à l'envers, couché...
il est chaque fois différent et intéressant.

Vous serez étonnés de leur découvrir un nouvel aspect. Un pied creux, un double fond, etc. Ce nouveau vase vous permettra de faire d'autres bouquets que ceux que vous aviez l'habitude de faire.

Si vous avez un vase ayant une face large et une face étroite, vous pouvez choisir un aspect ou l'autre de celui-ci.

Si un de vos vases possède une surface unie importante, avec de la cire florale, le pique-mousse, un tout petit morceau de mousse et quelques éléments secs, vous changez l'aspect de celui-ci.

Actuellement, avec les nouvelles techniques mises à notre disposition, il est possible de garnir le même vase de plusieurs manières. Ces techniques trouvent place aussi dans les contenants ou sur les supports (croquis n° 80 A - B - C - D - E).

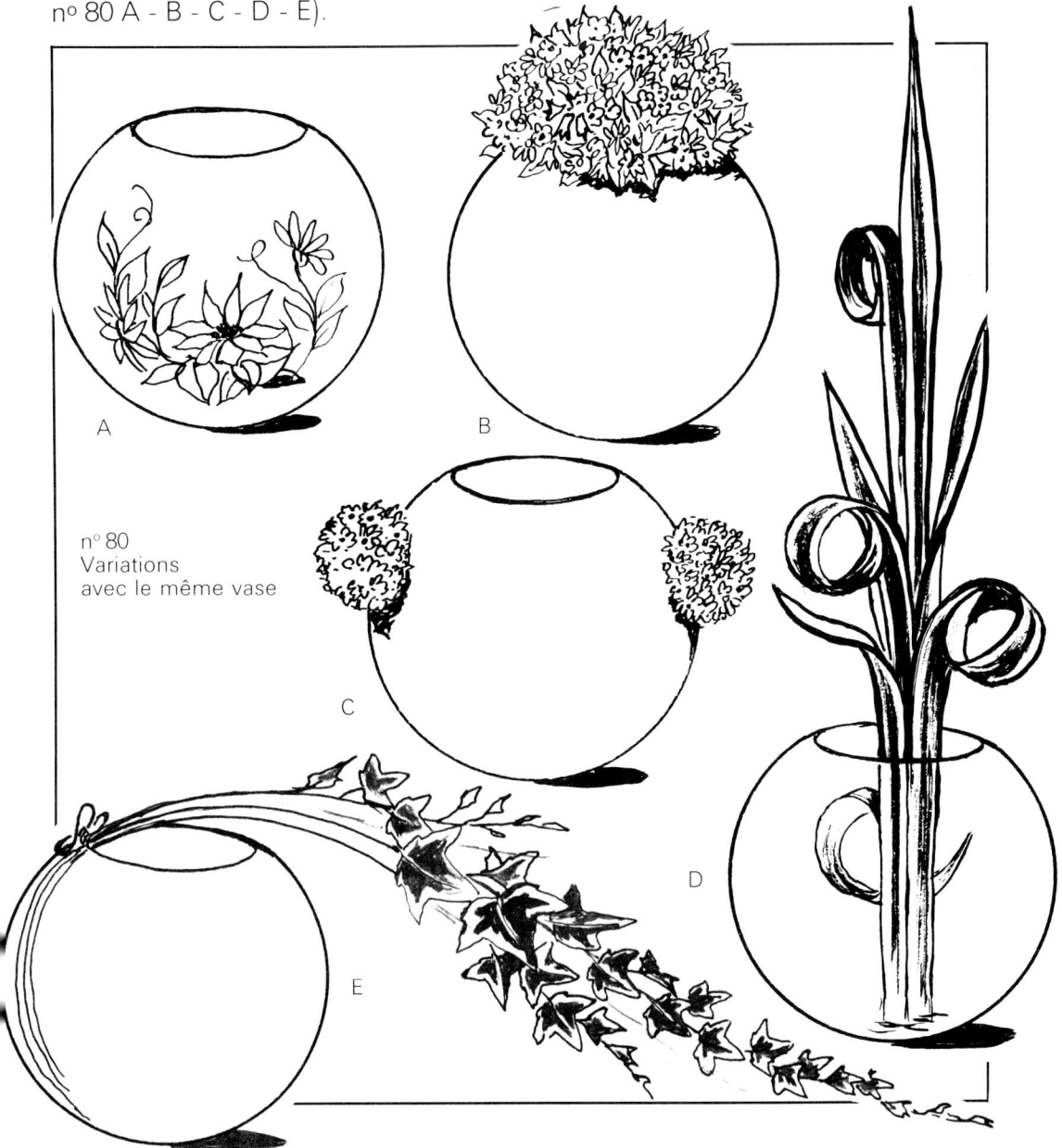

A

B

n° 80
Variations
avec le même vase

C

D

E

Coupes • Peuvent être avec ou sans pied et plus ou moins profondes.

Plateaux • Deux sortes : ceux dans lesquels il est possible de mettre quelques millimètres d'eau, suffisamment pour faire flotter des fleurs. Ceux qui, du fait de leur matière et de leur forme, ne peuvent être utilisés que par l'apport d'un contenant technique avec pique-fleur ou mousse. Dans l'effet final, bouquet plateau, une grande part décorative est laissée à ce dernier. Les fleurs sont dans ce cas comme un bijou dans un écrin et l'espace joue un rôle aussi important que celui du bouquet.

Objets d'art • De tous styles, de tous genres, curieux, insolites ou encore, classiques, du plus simple au plus somptueux, s'ils sont accompagnés de fleurs, ils revêtent un aspect nouveau. Avec ces objets, il est important de respecter ce qu'ils expriment : force, fragilité... S'ils possèdent un caractère très marqué, il est nécessaire qu'il y ait une relation avec celui-ci : un Gallé avec du gui, une assiette avec des décors de fruits, une tulipière, un vase décoré de roses, de chardons, ne nous laissent pas aussi libres dans le choix.

Objets usuels • Anciens ou modernes, depuis le vieux panier à salade, le chauffe-plats, la cage à oiseaux, les globes de nos grand-mères, la théière, la soupière, le plat à tarte, la planche à pain, etc. Tous ces objets par leur nombre infini permettent des compositions parfois amusantes, inédites mais bien personnelles.

Vanneries • Entre 1900 et 1930, les compositions étaient surtout réalisées dans des vanneries spéciales, appelées corbeilles. Ces modèles étaient conçus avec une anse et un intérieur zingué de façon à recevoir la mousse humide. Les grandes glaneuses avec toutes ces variantes étaient le modèle le plus courant. De nos jours, toutes les vanneries, corbeilles, hottes, plateaux, chapeaux, etc., sont à notre disposition.

VANNERIE — CONTENANT À CLAIRE-VOIE

Les vanneries sont des objets décoratifs ravissants, elles s'harmonisent avec fleurs et feuillages. Comme elles ne peuvent recevoir de l'eau, il faut placer à l'intérieur un contenant dit technique dans lequel il est possible de mettre soit de l'eau, soit de la mousse. Il arrive qu'un objet en verre, métal ou céramique s'adapte parfaitement à l'intérieur.

Les moules en gros papier d'aluminium que l'on peut remodeler à la forme exacte de la vannerie conviennent aussi. Les peindre, sauf pour les contenants argenté (harmonie) et doré (contraste).

Il est possible de faire son propre moule. Prendre un papier d'emballage robuste de couleur, en harmonie ou en contraste avec le contenant. Placez-le au fond de la vannerie, afin qu'il en épouse entièrement la forme.

Faire des pinces de la hauteur de celle-ci et couper le papier en haut, au ras de l'ouverture. Ressortir le patron obtenu, le placer sur un plastique épais, le découper en respectant le patron. Ensuite, placer en premier le patron en papier, en deuxième celui en plastique. Maintenir les pinces à l'aide de l'agrafeuse, puis remplir de mousse. Suivant le choix des fleurs, il est possible d'utiliser ensemble mousse en pain et mousse en vrac.

Pour les vanneries à ouverture très resserrée et galbée, prendre un sac en plastique épais, le placer dans la vannerie, et le remplir ensuite en le bourrant de mousse en vrac.

Supports • Un bougeoir, un chandelier, une balance, un essieu de roue en bois, une souche, un chevalet, etc. Pour réaliser des compositions destinées à décorer buffets, tables, cheminées,... (croquis nº 81 - 82).

Contenants utilitaires • Le pot à confitures, la boîte de conserve vide, le pot de crème ou le verre à dent, une boîte, un flacon de ménage, etc. Ils sont nombreux et à la portée de tous. Le récipient utilitaire est destiné à être placé dans toutes sortes de contenants décoratifs. Ils sont uniquement utilitaires et ne doivent pas être visibles, afin de ne pas nuire à l'objet. Les entourer d'un morceau de tissu, d'un ruban, de mousses plaquettes ou encore les recouvrir de papier ou tissu adhésif d'une couleur se rapprochant le plus possible de l'objet. Parfois, se servir d'un contraste est aussi intéressant.

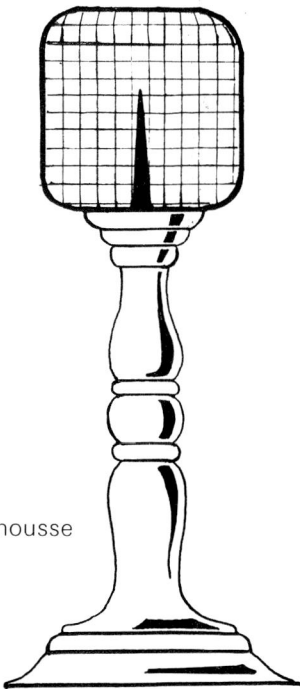

nº 81
Cylindre de mousse
avec grillage

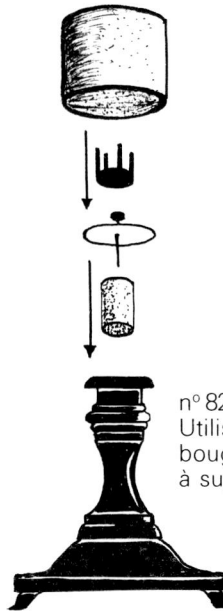

nº 82
Utilisation d'un
bougeoir destiné
à supporter un bouquet

LES ACCESSOIRES

Dans l'art des bouquets et de la décoration florale, si fleurs, feuillages, branches, fruits et plantes sont les éléments dominants, il faut mentionner les accessoires naturels et décoratifs qui peuvent intervenir dans la composition des arrangements. Ceux-ci peuvent être classés en deux catégories :

— Les naturels : que l'on ramasse et que l'on achète.
— Les artificiels : dont certains caractères changent en fonction de la mode : couleur, matière, et les nouveautés qui peuvent être adaptées à l'art des bouquets.

NATURELS

Eau :
— sables
— graviers
— coquillages : pour remplacer ravier, salière ou poivrière
— algues
— coraux
— gorgones
— éponges
— bois flottés (blanchis)
— poissons, etc.

Terre :
— cailloux
— pierre : ardoise, silex, cristaux...
— souches
— racines
— écorces
— cônes
— pommes de pins
— bambous
— bois
— liane — lichens
— mousse
— champignons
— paille
— graines
— papillons et insectes
— animaux naturalisés
— plumes, etc.

ARTIFICIELS

— papiers : le restant de votre papier peint utilisé comme set de table ou pour recouvrir un contenant.
— tissus : un morceau placé à l'intérieur d'un contenant à claire-voie pour changer son caractère.
— cotons : pastille de démaquillage pour décorer un arbre de Noël.
— fils : scoubidou : en plaçant à l'intérieur un fil de fer doré, argent, électrique à utiliser dans les bouquets contemporains.
— ficelle : corde, cordelière, laines.
— tubes : acier, plastique, métallique, verre. Pour et dans les bouquets contemporains.
— briques : comme supports.
— billes : pour cacher la technique.
— boules de Noël : guirlandes et tous les autres accessoires.
— boules de cotillons.
— masques : pour actualiser une circonstance.
— perles.
— bonbons et sucettes : pour compléter un décor de table pour enfants.
— sucre d'orge : comme porte-couteau
et tous les bibelots que vous aimez...

14. RESPECT ET GESTUELLE DES VÉGÉTAUX

DIRIGER — BAGUER — ASSOUPLIR — MONTER

La ligne naturelle de chaque fleur est la plus belle, la plus appréciée. Aussi ne les dirige-t-on qu'exceptionnellement.

PRINCIPALES CARACTÉRISTIQUES DES TIGES

— Herbacées ou ligneuses,
— pleines ou creuses,
— minces ou épaisses,
— rigides ou souples.
   Les rigides peuvent être droites ou courbes.
   Diriger est une intervention délicate qui demande beaucoup de soin, d'attention et de temps. Il faut toutefois le faire : pour les tiges cassantes (forcées), les souples (chrysanthèmes, œillets, roses, tulipes, etc.), les fleurs dont les têtes sont trop lourdes par rapport aux tiges (renoncules de France) et pour accentuer le mouvement particulier d'une tige.
   Il faut distinguer celles dont il est encore possible de modifier le mouvement (les branches et les tiges encore jeunes et vivantes) et celles qu'il n'est plus possible de travailler (les vieilles branches, les tiges mortes et celles dont le caractère est très marqué : *Amarillys, Liatris,* digitales, etc.).

Les tiges creuses . À condition d'avoir la main légère et de ne pas transpercer la tige, enfiler à l'intérieur de la cavité un fil de fer jusqu'au cœur. Cette intervention est aussi valable pour les tiges molles : arums, *Gerbera.* Si vous n'êtes pas experts, n'hésitez pas à employer la technique des tiges souples et pleines. Pour les anémones, les narcisses, les jonquilles qui peuvent être dirigées à l'intérieur, commencez par la tête de la fleur et descendez jusqu'en bas. Il est plus aisé de le faire dans ce sens, ces fleurs ayant la particularité d'avoir une tige plus étroite près de la tête de la fleur. Les pâquerettes et les pois de senteur sont très faciles à diriger.

Diriger une tige souple pleine (croquis n° 83, A - B - C - D) . Prendre un fil de fer un peu plus long que la tige à soutenir (A), le recourber d'un demi-centimètre en forme de crochet à l'une des extrémités (B), puis recourber vers le bas la partie la plus longue (C), ensuite placer le dessous de la tête de la fleur à l'intérieur du crochet (D). Enrouler le fil autour de la tige de façon qu'il fasse corps avec elle. Attention de ne pas aplatir les feuilles. Pour terminer, serrer le fil ou le retourner en sens inverse et le remonter sur une hauteur d'un ou deux centimètres.

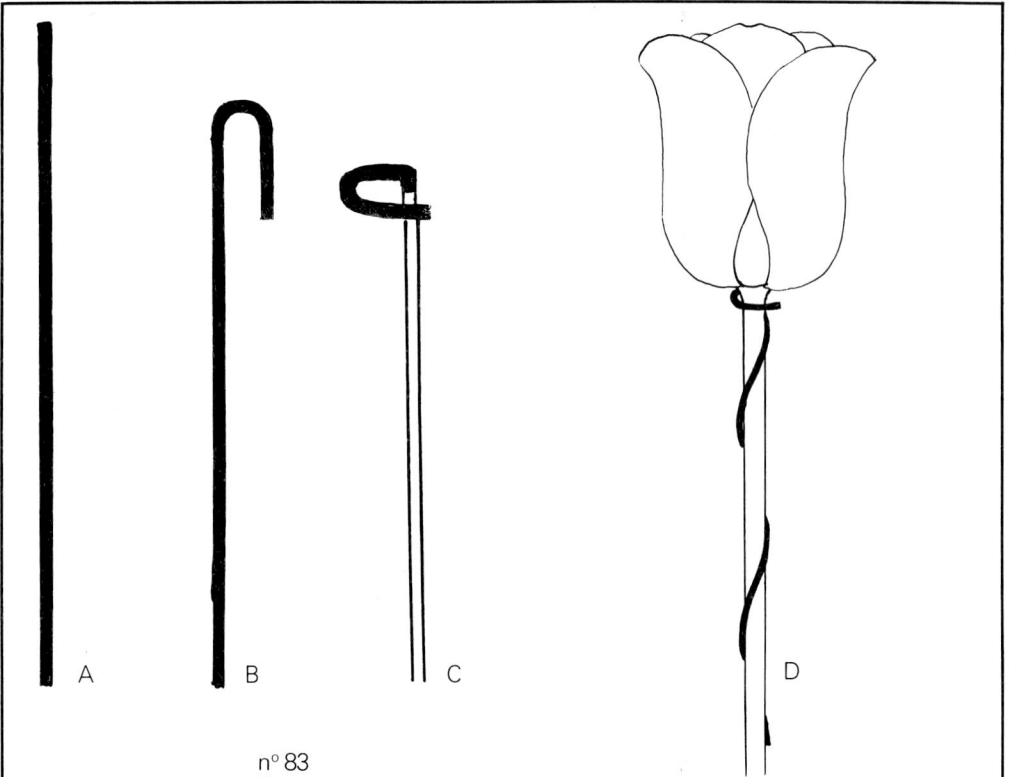

n° 83
Comment diriger une tulipe à tige souple.
Procéder de même pour une rose

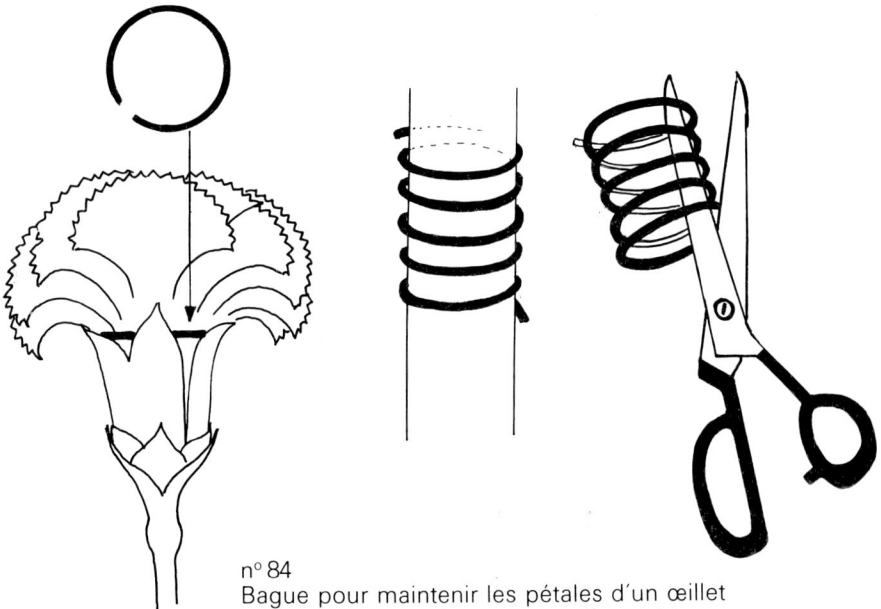

n° 84
Bague pour maintenir les pétales d'un œillet
à calice éclaté mais ayant une tige rigide

taux courants dans un contenant moderne.

Cinéraires en bouquet touffe dans un contenant à claire-voie.

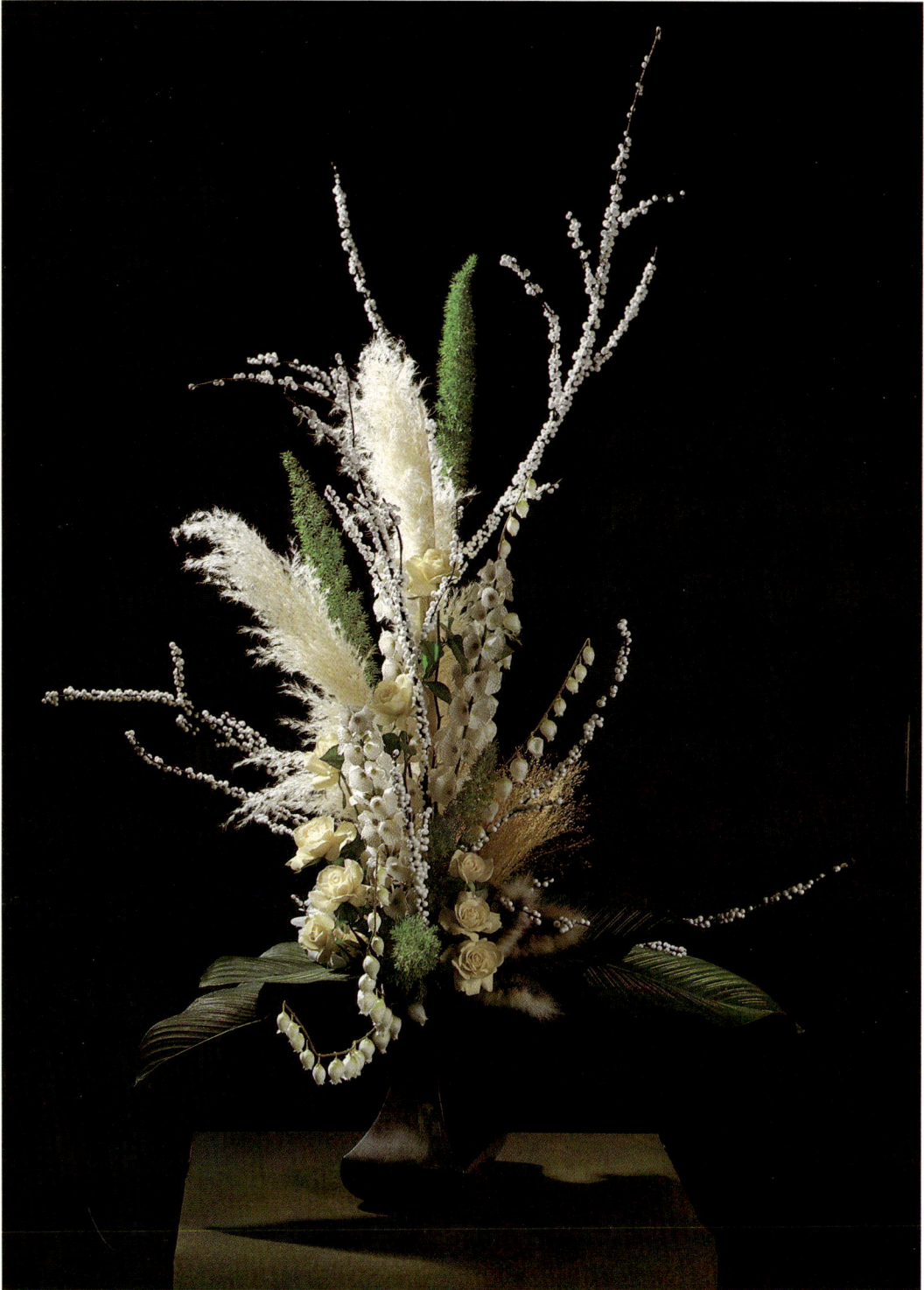

Fleurs et feuillages vivants, graminées, éléments secs et fleurs artificielles peuvent faire bon voisinage.

XVIII

Baguer (croquis n° 84) . L'œillet demande parfois à être bagué : l'éclatement d'une partie du calice laisse échapper les pétales, c'est un défaut congénital et non un signe de vieillesse. Pour remédier à cet inconvénient, il est nécessaire de placer sous les pétales et à l'intérieur du calice une bague qui resserre et maintient les pétales, redonnant ainsi une expression parfaite à l'œillet. Cette opération, baguer avec un anneau, est uniquement pour ceux dont la tige est raide. Pour ceux (croquis n° 85 A.B.C.D.) dont le calice est éclaté et la tige souple, les baguer et les diriger : un seul montage réunit les deux interventions. Lorsque le calice est fermé, seule la tige est dirigée si elle est cassante ou souple.

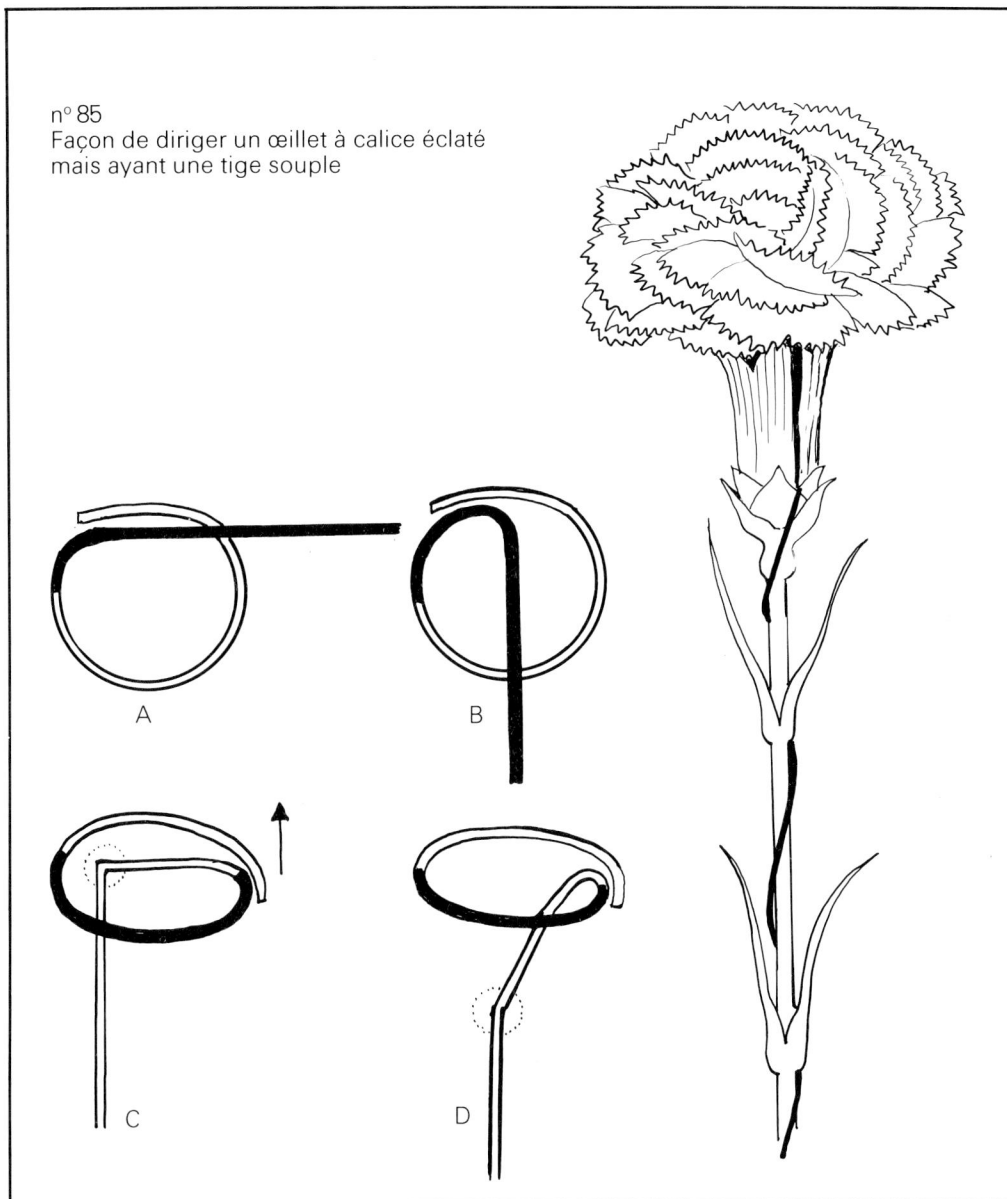

n° 85
Façon de diriger un œillet à calice éclaté mais ayant une tige souple

A

B

C

D

Gerbera. Si vous désirez lui donner une forme particulière, prendre un fil de fer d'une longueur identique à celle de la tige. Il est nécessaire de bien regarder la fleur, afin de trouver son sens et de placer le fil de fer dans le dos de la tige ; il est disposé de la tête aux pieds, toujours dans le même axe et caché avec du Floratape détendu (croquis n° 86).

Assouplir. Une branche ou une tige de fleur afin de modifier sa forme ou d'accentuer son caractère. À l'aide de la main, échauffer la tige, maintenir les coudes au corps, placer le pouce sous la tige et les autres doigts au-dessus. Avec le pouce, masser par petites pressions pour donner la forme voulue. Un mouvement léger de torsion peut être donné pour les très grosses. Il faut apprendre à voir les fleurs telles qu'elles sont, avec leur caractère personnel bien souvent différent dans une même sorte de fleurs. C'est ainsi que, lorsqu'on dit le mot « rose », l'esprit, la mémoire, ne doivent pas faire surgir de notre cerveau l'image d'une fleur à peu près régulièrement ronde et qui n'est souvent que le souvenir d'une gravure, d'une photo qui a frappé notre imagination. Il faut que ce mot évoque chez nous une fleur pouvant affecter des formes différentes, originales. Il faut voir les fleurs en artiste et remarquer, apprécier leurs accidents. On peut dire, au figuré, que les fleurs ont des muscles qui leur font prendre certaines expressions en quoi résident leur caractère, leur rythme, leur mouvement.

Ouvrir une rose. Les pétales extérieurs doivent être décollés. Placer le pouce sous le pétale que l'on veut ouvrir et retourner celui-ci avec l'index et le majeur. Faire de même pour une tulipe. Essayer de donner à chaque fleur une expression différente.

Rallonger une fleur (voir croquis n° 71 et 72). Il arrive parfois qu'il manque une ou deux fleurs longues pour parfaire un arrangement. Dans ce cas, prendre un tube, le remplir d'eau et placer la tige à l'intérieur.

Diriger une feuille :
    1° Mettre la feuille sur l'envers, placer le long de la nervure un fil de fer maintenu avec du Scotch (croquis n° 87 A- B - C - D).
    2° Sur toute la longueur de la nervure, transpercer la feuille en deux ou trois endroits avec du fil de fer. Terminer en serrant le bas de la tige (croquis n° 88).

Montage d'une feuille séchée (revoir croquis n° 52 A - B - C). Utiliser un fil mince (cheveu). Dans le bas de la tige et près du pédoncule, piquer un fil de fer perpendiculaire à la tige, rapprocher les deux fils.
    Pour toutes les fleurs qui savent vieillir : immortelles, *Acroclinium,* etc., supprimer la tige et transpercer la tête de la fleur avec le fil dont une des extrémités a un crochet que l'on enfonce dans le cœur. Recouvrir de Flora-tape.

Montage d'une bougie. Prendre un clou plus ou moins long, lui couper la tête, faire chauffer la pointe au-dessus d'une flamme, puis l'enfoncer au

n° 86
Comment diriger un
Gerbera et
camoufler le fil de
fer à l'aide du
Floratape

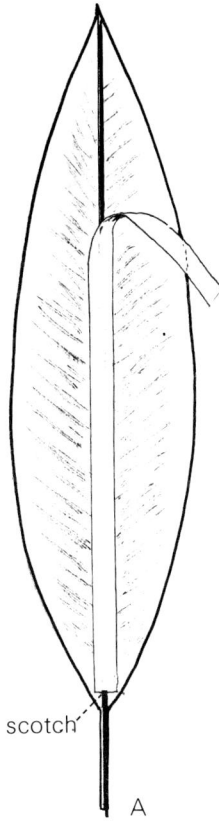

scotch

A

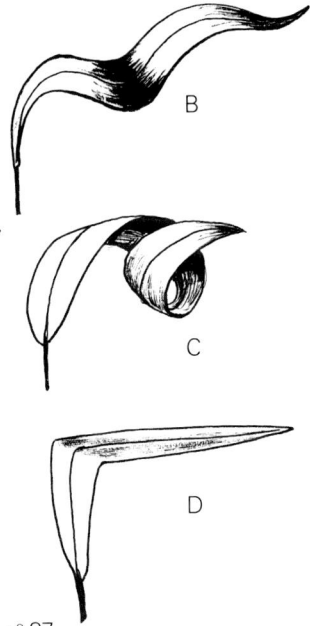

B

C

D

n° 87
Comment diriger une feuille
afin de modifier son caractère

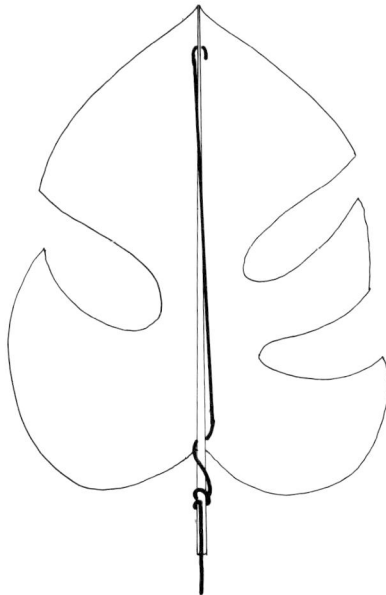

n° 88
Autre façon de diriger
des feuilles

centre de la base de la bougie ; attendre quelques instants avant de l'utiliser dans une composition.

Bougies très étroites . Placer le long de la bougie et parallèlement deux fils de fer ou deux cure-dents en bois, les maintenir avec un morceau de Flora-tape, si possible de la même couleur que la bougie.

Montage d'une pomme de pin (croquis n° 89) **.** La retourner, passer le plus près du centre un fil de fer entre les écailles sur la moitié de la pomme de pin. Ensuite, relier les deux extrémités afin de rejoindre les deux fils à l'épi-centre de la pomme de pin, les maintenir parallèles avec du Floratape. Procéder de même avec un fil doré pour décorer un arbre de Noël.

Montage de fruits . Pomme, orange, citron, pamplemousse, etc., prendre une baguette à brochettes ou un morceau de branche mince et l'enfoncer à l'endroit du pédoncule, bien au centre et profondément. Il y a un mince intervalle, qui fait que la chair du fruit n'est pas meurtrie. Pour les fruits possédant un pédoncule plus long, cerises ou groseilles, il est possible de les attacher avec un fil de fer pour faire des grappes de différentes grosseurs.

Coloquinte . Ne jamais les transpercer, si vous désirez les conserver plusieurs mois. Pour les suspendre dans une composition, placer le long du pédoncule deux fils de fer parallèles maintenus avec du Floratape. Faire de même pour les pommes, les poires.

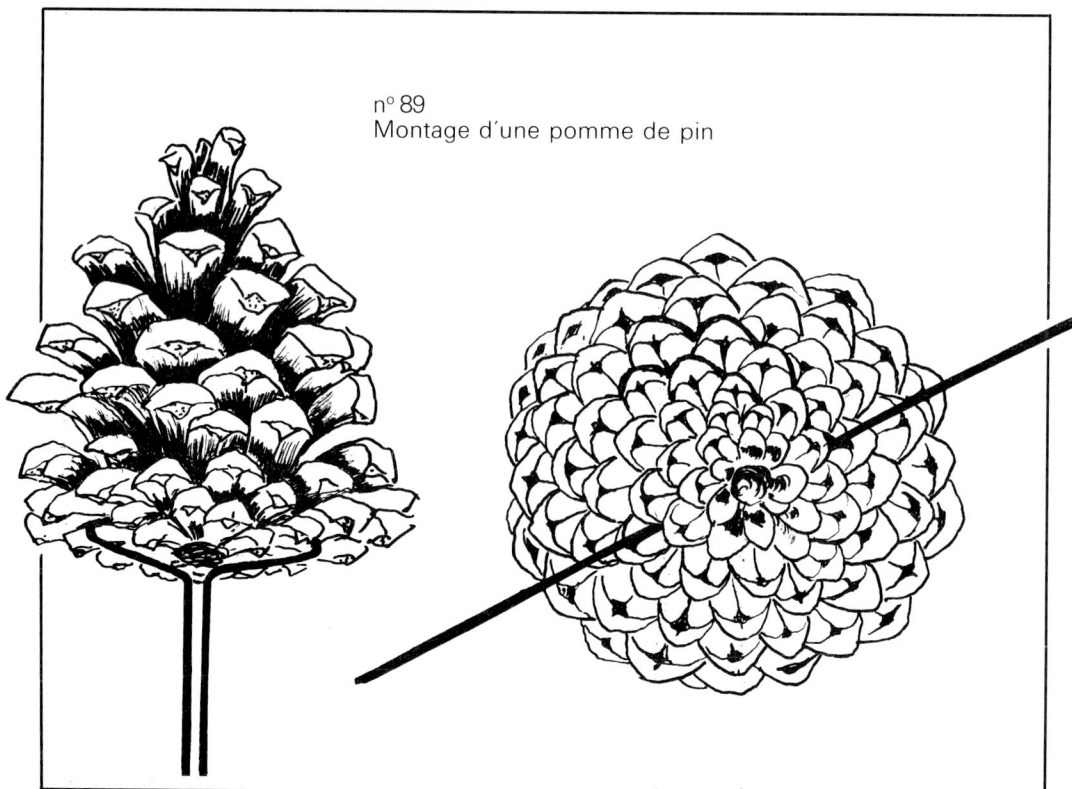

n° 89
Montage d'une pomme de pin

QUATRIÈME PARTIE

ORCHESTRER UN BOUQUET

15. PROLOGUE

Dans les deux premières parties de cet ouvrage, nous avons fait connaissance avec le monde végétal. Nous avons découvert une partie des trésors que la nature met à notre disposition. Nous avons cherché, par des soins appropriés, à les maintenir le plus longtemps possible dans leur beauté la plus parfaite. Avec l'apport des techniques contemporaines, nous avons étudié les possibilités pour composer les bouquets et décorer les intérieurs. Dans cette troisième partie, nous allons apprendre à dialoguer avec la nature, et à nous exprimer.

Dans l'art des bouquets, il s'agit de transformer grâce à son goût, ses mains, et à certaines règles, la matière brute et d'y ajouter sa sensibilité et sa créativité. Il faut voir, comprendre et essayer de saisir spontanément le rapport des choses entre elles.

Dans l'art des bouquets, les lois sont imposées et déterminées par la nature, l'esthétique et la mode : c'est pourquoi il sera toujours en évolution.

Depuis bientôt un siècle, les deux courants « oriental » et « occidental » en art floral se sont sensiblement influencés l'un et l'autre sans le reconnaître totalement. Pour se parfaire, il est indispensable de rechercher dans les deux expressions les points similaires, les opposés et de faire une synthèse permettant de mieux s'exprimer avec la nature et en rapport avec notre époque. Il ne doit pas y avoir de rivalité entre art floral oriental et art floral occidental, car ils sont complémentaires.

Pour les Japonais, la nature fait partie intégrante de leur culture, de leur vie. Il n'y a pas d'art floral sans communion et compréhension de la nature. Cette règle est indiscutablement une règle de base qu'il faut réintégrer dans la conception de l'art floral occidental. En Europe, c'est maintenant ce besoin impérieux qui est ressenti. C'est grâce à la nature que nous pouvons enrichir et élargir le champ d'expressions florales occidentales. La routine, que nous avons laissée s'installer, a réduit les possibilités d'expressions. Nous optons pour le connu, rarement pour le nouveau et pourtant c'est le nouveau qui est le plus enrichissant.

C'est dans la peinture que certaines bases de l'art floral occidental ont pris racine. Il faut être ouvert aux autres expressions artistiques : sculpture, architecture, musique, danse, peinture, etc., pour approfondir, agrandir l'expression des bouquets :

Adopter — Adapter — Améliorer — Savoir — Sentir — S'exprimer — doit être « la devise » de l'amateur de bouquets.

Nous allons maintenant à la découverte de l'art des bouquets. Nous avons tous vu les manifestations de la nature, mais nous devons aller plus loin dans notre démarche : la regarder.

Peu à peu, par des choses apparemment sans intérêt profond, nous prenons conscience de certaines perceptions qui en entraînent d'autres, et permettent une compréhension pénétrante. Il n'y a pas de choses incompréhensibles, le langage de la nature est universel et si on regarde avec simplicité, on voit juste. Un proverbe chinois illustre bien cette conception : « Une image vaut dix mille mots ».

En cherchant une chose, on en voit des milliers d'autres, et si on sait les relier les unes aux autres, le livre ouvert de la nature est facile à comprendre. À nous de l'interpréter dans l'art des bouquets.

16. LEXIQUE

Certains termes de ce lexique ont été pris dans celui de la Fédération des Fleuristes.

L'art est un langage, encore faut-il qu'il soit intelligible, comme tout notre vocabulaire. Aussi essayons-nous avec ce lexique de préciser les termes floraux ainsi que certaines définitions, afin de mieux nous comprendre et d'essayer de pallier l'anarchie actuelle.

Ce petit lexique se veut sans prétention, mais il est nécessaire pour une meilleure compréhension de l'art du bouquet. Il n'est en aucun cas exhaustif.

Acclimater, v. tr. : Accoutumer à un nouveau climat.

Adosser, v. tr. : Placer le dos contre... terme utilisé pour caractériser un arrangement, un bouquet, une composition qui a un dos, une face, un profil.

Akène, n. m. : Fruit sec dont la graine est libre.

Alterné, adj. : Fleurs disposées de chaque côté d'une ligne mais non en face les unes des autres.

Alvéolé, e, adj. : (Fleur) ayant des cavités en forme de cellules d'abeilles.

Amateur, n. m. : Qui a du goût, du penchant pour quelque chose, qui s'y adonne sans en faire une profession. Ne pas confondre avec amateurisme qui est péjoratif.

Annuel, elle, adj. : Se dit d'un végétal qui accomplit son cycle complet dans une année et meurt.

Anse, n. f. : Partie courbée en arc par laquelle on prend un objet.

Apétale, adj. : Fleur qui n'a pas de pétale.

À point, loc. adv. : Fleur à bonne maturité et pouvant être cueillie pour durer.

Aqueux, se, adj. : Qui contient de l'eau.

Arbuste, n. m. : Arbrisseau : végétal ligneux de petite taille.

Aromatique, adj. : Parfumé.

Arrangement, n. m. : Désignation qui correspond à des fleurs dans un contenant autre que le vase.

Arranger, v. tr. : Mettre en ordre.

Art floral : Conception ou exécution des ouvrages floraux relevant d'une technicité.

Artificiel, elle, adj. : Fleur, plante, accessoire qui est produit par l'art et non par la nature.

Assortir, v. tr. : Mettre en accord, en harmonie, couleurs, formes, lignes, textures.

Bac à fleurs : Récipient servant à la mise à l'eau des végétaux.

Bac à plantes ou jardinière : Récipient permettant de disposer plusieurs plantes.

Bac auto-arroseur : Muni d'un système à réserve d'eau.

Baguer, v. tr. : Action de disposer une bague pour soutenir les pétales d'une fleur.

Bariolé, e, adj. : Assemblage de plusieurs couleurs et disposées de plusieurs façons : bigarré.

Base, n. f. : Surface sur laquelle un vase, une vannerie sont posés. Les Japonais utilisent les bases pour présenter de nombreux arrangements de fleurs. Ligne à partir de laquelle on compte perpendiculairement la hauteur.

Bas-relief, n. m. : Ouvrage de sculpture qui fait saillie sur un fond.

Beauté, n. f. : Se ressent, ne s'analyse pas.

Bisannuel, elle, adj. : (Plante) qui étend son cycle végétatif sur deux années.

Biseau, n. m. : Résultat d'une coupe oblique d'une tige.

Bonsaï, n. m. invar. : Appellation japonaise d'un arbre miniaturisé.

Botte, n. f. : Fleurs ou végétaux de même nature liés entre eux, de même couleur, de même longueur.

Bouquet, n. m. : Ensemble harmonieux de végétaux fait spontanément soit à la main, soit dans un vase, un pichet, une bouteille, une cruche. Demande de la spontanéité.

Bouquet adossé : Doit être visible de tous côtés à condition qu'une bonne disposition des tiges et une finition méticuleuse soient respectées sur la face considérée comme le dos, mais il n'est harmonieux que s'il est placé devant une surface lui servant de fond.

Bouquet circulaire : Visible de tous côtés.

Bourgeon, n. m. : Petit bouton qui pousse sur les branches des arbres. Petit corps proéminent qui pousse sur une plante et donne naissance à une tige, à une feuille, à une fleur. Il passe par plusieurs étapes pour arriver à la manifestation finale.

Brassée, n. f. : Ce que les bras peuvent contenir : brassée de fleurs.

Brin, n. m. : Petite tige, petite pousse, petite partie.

Caduc, que, adj. : Se dit de parties végétales qui tombent après avoir rempli leurs fonctions (arbres à feuilles caduques).

Calice, n. m. : Enveloppe extérieure de la fleur formée par les sépales.

Camaïeu, n. m. : Fondu de tons de mêmes couleurs.

Fleurs d'un talus en août. Île-de-France.

Ne pas oublier
de vérifier
chaque jour
le niveau d'eau
de chaque bouteille.

Façon insolite de garnir un vase grâce aux matériaux actuels.

XX

Cannetille, n. f. : Fil de laiton recouvert de coton, destiné à certains montages.

Chaton, n. m. : Fleurs de certains arbres attachées ensemble sur un même pédoncule (noisetier, aulne, etc.).

Collerette, n. f. : Accessoire servant à terminer un bouquet, rond, ovale, pyramidal, souvent destiné lors d'un cortège ; elle peut être faite en tissu, papier, tulle.

Collet, n. m. : Passage de la tige à la racine.

Composition, n. f. : Du mot « composer ». Assemblage de végétaux et éléments divers nécessitant une recherche dans un but décoratif. Demande du temps, de la réflexion et des connaissances.

Compost, n. m. : Mélange de terre appropriée à une plante, à une culture précise.

Concave, adj. : En creux, incurvé.

Conservateur, n. m. : Produit antiseptique et nutritif à mélanger à l'eau des vases pour prolonger la durée des végétaux coupés.

Contemporain, ne, adj. : Qui est du temps actuel.

Convexe, adj. : Bombé.

Couronne de l'Avent : Couronne décorative pour la période de l'Avent (4 semaines avant Noël). Usage très répandu dans certains pays nordiques et régions de l'Est.

Cueillir, v. tr. : Détacher de la plante à l'aide d'un sécateur, d'un greffoir.

Désépiner, v. tr. : Enlever les épines.

Déshydratation, n. f. : Diminution ou perte de l'eau physiologique dans un tissu, un organe.

Diriger : Action consistant à donner une direction déterminée à l'aide d'un artifice.

Évanouie, adj. : Fleur dont la tête s'incline, dont la tige, la texture des fleurs et des feuilles est ramollie, mais qui peut reprendre de sa fraîcheur.

Fanée, adj. : Qualifie une fleur arrivée à la fin de son cycle de vie, qui a perdu toute sa fraîcheur et qui est flétrie.

Figé, e, adj. : Fixé dans une certaine attitude.

Flockage, n. m. : Revêtement d'un objet, d'une branche avec des fragments de textiles par collage.

Graphique, adj. : Se dit de tout ce qui a rapport à l'art de représenter les objets par des lignes ou des figures.

Guirlande, n. f. : Cordon ornemental de verdure, fleurs, feuillages, fruits.

Harmoniser, v. tr. : Suite d'accord entre plusieurs parties.

Haut-relief (bouquet) : Bouquet sculpture adossé : morceau de sculpture où les végétaux se détachent presque complètement du fond.

Herbacé, e, adj. : Se dit des végétaux dont le tissu reste vert et n'acquiert aucune consistance ligneuse.

Ligneux, se, adj. : Qui contient de la lignine, substance qui imprègne les éléments du bois et lui donne une consistance : sa rigidité.

Moderne, adj. : Qui appartient ou convient à l'âge actuel.

Monochrome, adj. : Qui n'a qu'une couleur.

Monofleur, adj. : Qualifie un bouquet ou une composition réalisé(e) avec une seule espèce et la même variété de fleurs.

Polychrome, adj. : Qui a plusieurs couleurs.

Polyfleurs, adj. : Qualifie un bouquet ou une composition réalisé(e) avec une seule espèce mais plusieurs variétés ou plusieurs espèces de fleurs et des variétés différentes.

Relief, n. m. : Forme d'une surface qui peut comporter des saillies, des creux (voir haut-relief et bas-relief).

Rhizome, n. m. : Tige souterraine renflée.

Sculpture, n. f. : Représentation d'un objet dans l'espace.

Spadice, n. m. : Partie centrale de certaines fleurs entourée par une sorte de cornet appelé spathe *(Arum, Anthurium, Spathyhyllum, Aglaonema)*.

Statique, adj. : Qui n'évolue pas.

Tiger, v. tr. : Voir Diriger.

Touffe, n. f. : Réunion de tiges minces et légères, de même nature mais de différentes hauteurs. Touffes d'herbes.

Toupillon : Petite touffe pouvant être plus ou moins volumineuse, maintenue à l'aide d'un fil.

SYMÉTRIQUE — ASYMÉTRIQUE

Composition ou bouquet symétrique (croquis n° 90 A) : Proportion et équilibre semblables à droite et à gauche, réalisés à partir d'un axe imaginaire. La symétrie est répétition.

Composition ou bouquet asymétrique (croquis n° 90 B) : Harmonie des masses et des vides inégalement répartis donnant un ensemble équilibré.

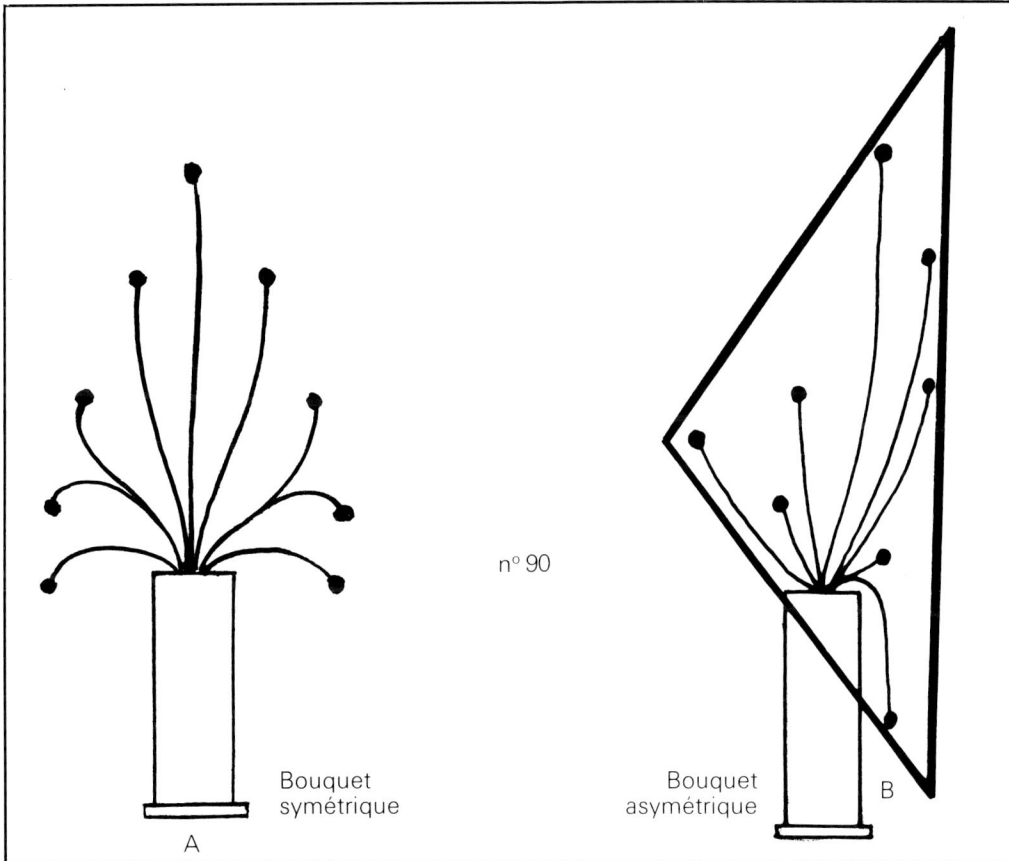

n° 90

Bouquet
symétrique

Bouquet
asymétrique

A

B

VÉGÉTATIF — COMPOSÉ — SOPHISTIQUÉ

Dans les bouquets et les compositions, on peut distinguer trois catégories : les végétatifs, les composés et les sophistiqués.

Si la ligne et le caractère naturel des branches, des feuilles et des fleurs sont respectés ou non, il est possible de dire d'un bouquet qu'il est végétatif ou composé.

Végétatif . Qui a un rapport étroit avec la vie, l'expression des végétaux dans leur milieu naturel.

Toutes les fleurs sont disposées suivant leur ligne propre. Exemple : l'iris qui est vertical est placé verticalement, le lierre retombant garde sa courbe descendante. Les fleurs peuvent être groupées de même façon que dans la nature. Exemple : une touffe de primevère ou encore des feuilles de fougère sont présentées de telle façon que l'on a l'impression d'avoir une plante. Tous ces exemples font partie du style végétatif.

Des bougies placées verticalement font partie du style naturel. Placées en oblique, elles font partie du style composé.

Bouquet ou composition végétatifs . Se dit d'un arrangement dans lequel les végétaux conservent leur position naturelle.

Bouquet ou composition composés . En opposition à végétatif, tous les végétaux sont disposés dans un sens autre que celui qu'ils ont dans leur milieu d'origine. Les fleurs, les feuilles, les branches sont placées suivant l'inspiration et le choix du réalisateur.

Exemple. L'iris peut être placé obliquement, un *Anthurium* horizontalement, la branche de lierre retombante devient montante. Une branche de feuillage est placée de telle façon que toutes les feuilles ne sont vues que de face, c'est dans ce style que rentrent la plupart des bouquets.

Bouquet sophistiqué . Contraindre les fleurs à se trouver dans une position antinaturelle. Ces positions peuvent exister à l'état naturel dans des cas exceptionnels, tels les joncs brisés.

Dans le règne végétal, les angles droits n'existent pas. Contraindre les fleurs à se trouver dans cette position a donné naissance au bouquet en « L ».

Ceux réalisés uniquement avec des horizontales ou des lignes brisées font également partie des bouquets sophistiqués, ces caractéristiques n'appartenant pas à la nature, mais étant occasionnelles.

Il faut aussi différencier les bouquets *figés,* les bouquets *statiques* et les bouquets *évolutifs* :

Bouquet figé . La définition du dictionnaire est « figé dans une certaine attitude », ce qui convient parfaitement pour les bouquets secs, « les bouquets immortels ».

Bouquet statique . Ce terme convient aux bouquets faits de branches, de feuilles et de fleurs vivantes, qui n'ont que très peu ou pas de dynamisme une fois coupées. C'est le cas de la plupart des bouquets actuels.

Bouquet évolutif . Avec les fleurs dont on utilise la dynamique et l'allongement des tiges, telles les tulipes.

DYNAMIQUE ET ALLONGEMENT DES TIGES

Certaines fleurs ont la particularité d'avoir une partie de leurs tiges qui continuent de s'allonger lorsqu'elles sont coupées et le pouvoir de modifier le mouvement de leur tige si la position qu'on leur donne n'est pas identique à celle qu'elles avaient dans la nature : bugles, *Eremurus*, giroflées, lupins, mufliers, *Myosotis*, digitales, anémones. Le cas le plus spectaculaire étant celui des tulipes, véritable art en mouvement.

Il existe une autre forme de dynamique chez certaines fleurs qui s'ouvrent et se referment en fonction du jour et de la nuit (*Escholzia*, pissenlit, belles-de-nuit, etc.).

Plante articulée (croquis n° 91) • La position des fleurs peut être changée à volonté. Elles gardent toutefois celle qu'on leur a donnée sans revenir à celle qu'elles possédaient initialement. C'est le cas du *Physostegia virginiana* (cataleptique).

n° 91
*Physostegia
virginiana*

Sculpture (végétale) . Assemblage de végétaux et éléments divers donnant une impression de force, souvent de contraste, ayant de la profondeur et du relief, et se situant dans l'espace. Harmonieux sous tous les angles de vue, chaque facette pouvant revêtir un aspect différent de l'autre. L'ensemble donne une unité et est réalisé sans vase.

Bon bouquet — Bonne composition . Se dit alors que l'on peut les regarder sous plusieurs angles et à différents niveaux et qu'ils restent harmonieux sous toutes leurs facettes. Un bouquet ou une composition ne sont ni un tableau, ni une photographie. Ils n'ont jamais une seule face, même lorsqu'ils sont adossés. L'un ou l'autre sont visibles sur quatre côtés : face, profil droit, dos, profil gauche. Vus de dos, une bonne disposition des tiges et une finition méticuleuse permettent de dire qu'ils sont visibles de tous côtés.

BOUQUET DE PRESTIGE

Dans ces bouquets ou ces compositions, différentes caractéristiques peuvent être prises en considération. Ces arrangements ne sont pas forcément coûteux. Plusieurs facteurs peuvent intervenir :
1. Rareté ;
2. Quantité sans oublier la qualité fraîcheur ;
3. Facteur temps : l'âge d'une branche, l'âge d'une plante, d'une fleur qui a mis plusieurs années avant de parvenir à sa parfaite expression (10-15 ans, etc.) et que l'on utilise coupée exceptionnellement ;
4. La technicité et le travail qui ont prévalu à la création de l'arrangement. Choisir, assembler, œuvrer demandent connaissance et temps matériel pour la réalisation.

17. MORPHOLOGIE COMPARATIVE DE L'ARBRE ET DU BOUQUET

REGARDER ET OBSERVER.   ARBRE = BOUQUET

En Occident, jusqu'à présent, l'art floral s'est basé sur des références prises à la peinture. L'inconvénient de certaines de ces références est qu'elles ne font apparaître ni volume, ni espace, ni relief. La notion de volume et d'espace s'est transformée en épaisseur.

En observant la morphologie des arbres, il est possible de faire un parallèle avec la forme des bouquets.

« Il n'y a que les choses naturelles qui soient authentiques. »

« Qui sait les interroger intelligemment en recevra aussi une réponse intelligente » (Adalbert Stifter).

Considérons le tronc de l'arbre comme un vase, il peut être plus ou moins gros, de texture différente, et plus ou moins haut. Le contour de l'arbre va être le contour du bouquet, et nous allons trouver ainsi les principaux types et leurs formes.

Nous pouvons envisager avec le même arbre, vu dans sa totalité, les bouquets circulaires visibles de tous côtés. Pour les bouquets adossés, nous imaginons que l'arbre est coupé en deux.

Bouquet conique pyramidal. Les branches de ces arbres peuvent avoir un port dressé ou retombant (croquis n° 92 A.B).

Bouquet rond (croquis n° 93 A.B).

Bouquet ovale (croquis n° 94 A.B).

Bouquet fuseau (croquis n° 95 A.B).

Bouquet cascade (croquis n° 96 A.B et 97 A.B.C).

Bouquet éventail — arbre du voyageur (croquis n° 98 A.B).

Bouquet asymétrique (croquis n° 99 A.B).

Bouquet boule (croquis n° 100 A.B).

Bouquet parasol (croquis n° 101 A.B).

Bouquet symétrique rayonnant (croquis n° 102 A.B).

En hiver, si nous observons un arbre dépouillé, nous découvrons une infinité de lignes obliques qui convergent toutes vers le tronc (voir croquis n° 48).

Le tronc des arbres est remplacé par des vases, des contenants, des supports ; ils peuvent être très variés et différents.

Pour élargir la gamme des bouquets, nous pouvons aussi emprunter des modèles à l'art des jardins, et recréer de nouveaux styles. Les merveilleux massifs, de formes multiples et aux divers végétaux peuvent servir d'exemples. Une rocaille harmonieusement conçue peut être reproduite en miniature.

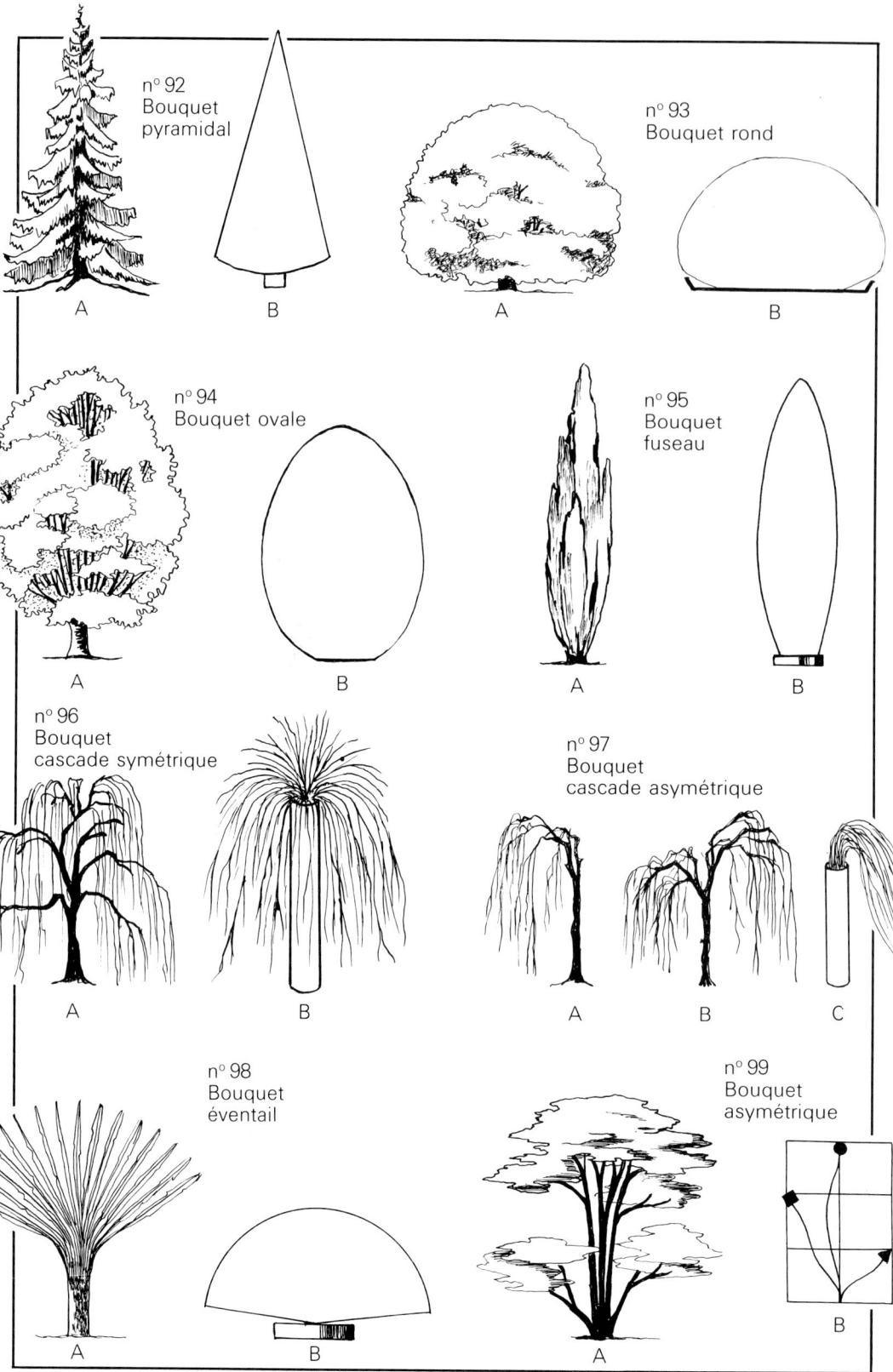

n° 92
Bouquet
pyramidal

A   B

n° 93
Bouquet rond

A   B

n° 94
Bouquet ovale

A   B

n° 95
Bouquet
fuseau

A   B

n° 96
Bouquet
cascade symétrique

A   B

n° 97
Bouquet
cascade asymétrique

A   B   C

n° 98
Bouquet
éventail

A   B

n° 99
Bouquet
asymétrique

A   B

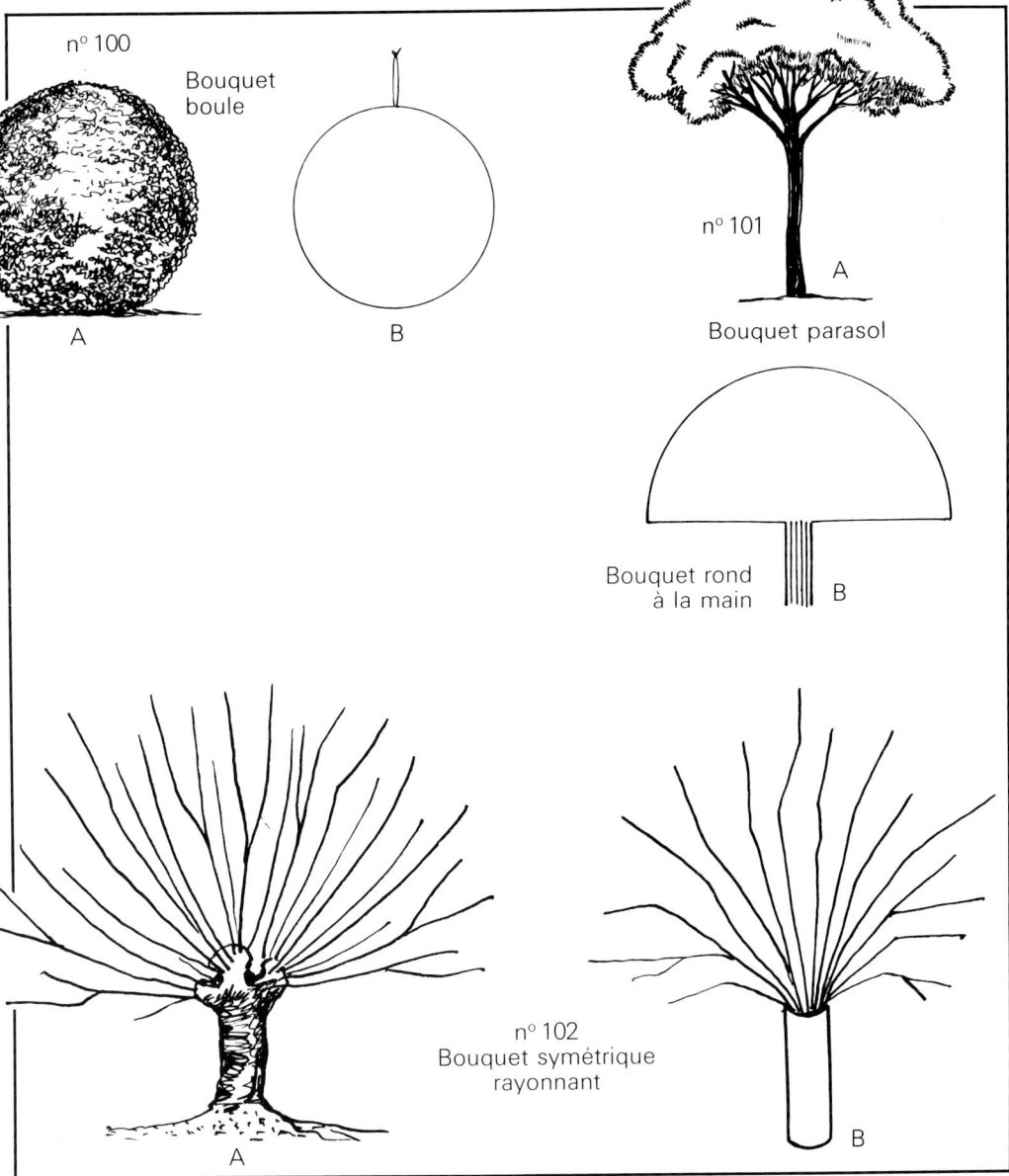

n° 100
Bouquet boule

A

B

n° 101
A
Bouquet parasol

B

Bouquet rond
à la main

n° 102
Bouquet symétrique
rayonnant

A

B

Observer un jardin de cure, un paysage exotique, tropical, un coin de forêt... L'interpréter et faire une reproduction miniaturisée dans un plateau, une coupe, une assiette, etc.

Il n'est pas nécessaire de les avoir vus en réalité, mais les livres, les revues spécialisées mettent à notre disposition une quantité infinie de documents photographiques que nous pouvons prendre comme exemples.

Les extraordinaires jardins anglais, eux aussi, peuvent donner naissance à un nouveau style « mixed border ». Étudier la disposition des couleurs, les proportions, les volumes, les masses, la ligne des végétaux est enrichissant.

113

18. TOUTES SORTES DE BOUQUETS

L'expression florale de chaque pays est marquée par ses coutumes, ses traditions, ses caractéristiques.

Par exemple, les Allemands, les Scandinaves, les Suisses, les Alsaciens, les Lorrains font, durant la période de l'Avent et de Noël, des petites couronnes qu'ils placent au-dessus d'une porte, sur une cheminée, etc. Tous les végétaux caractéristiques à la saison hivernale : branches, bois, mousse, pommes de pins, champignons, sont utilisés pour des bougeoirs et des suspensions.

Les Hollandais furent les premiers à importer et à composer des arrangements modernes avec tous les végétaux exotiques et séchés : coques, graines, palmes, etc.

Pour les Suisses, les Allemands, les Hollandais, la recherche de la qualité est primordiale ; ils font de nombreux arrangements de petites et moyennes dimensions. C'est à ces pays et aux Scandinaves que nous devons la vogue des plantes vertes et des plantes fleuries. Presque toute l'architecture de ces pays a su exploiter cette mode en créant le coin « fenêtre fleurie ».

Les Danois, les Norvégiens, les Suédois furent les premiers à interpréter une des caractéristiques de l'art floral japonais en réalisant des bouquets plus dépouillés où l'espace joue un rôle important.

Les Anglais sont aussi friands de feuillages que de fleurs. Ainsi voit-on souvent des bouquets opulents faits uniquement de feuillages. De chez eux, nous vient la mode des statues décorées, et la ligne Hogaert. Les Autrichiens sont restés très proches de la nature, des bouquets ronds, serrés, odorants, aux fleurs séchées, mousses et graines.

Les Français sont particulièrement sensibles aux fleurs et aux volumes. Les grands bouquets mélangés inspirés du XVIIe siècle ont donné naissance au style « Médicis », également au bouquet « cocktail » créé aux environs de 1960 par un groupe de fleuristes. Ce bouquet fait à la main comporte quelques fleurs exotiques et européennes : les nouveautés de cette époque. *Strelitzia, Anthurium,* iris, *Gerbera,* chrysanthèmes sont accompagnés d'une seule feuille d'*Anthurium* placée à la base de ces bouquets.

Le côté pratique et rationnel des Américains leur a fait trouver toutes les techniques : les supports, les matériaux qui ont révolutionné l'art floral occidental.

Malheureusement, les différentes catégories de consommateurs n'ont pas eu connaissance de toutes les possibilités qu'offrent ces matériaux ; de plus, leurs multiples utilisations n'ont pas été suffisamment exploitées.

Le Japon a, lui aussi, apporté une révolution dans l'art floral occidental ; mais, cette fois, dans le domaine de l'esthétique : espace, dépouillement et graphisme sont les principales caractéristiques qui ont enrichi l'expression du bouquet occidental depuis 50 ans environ.

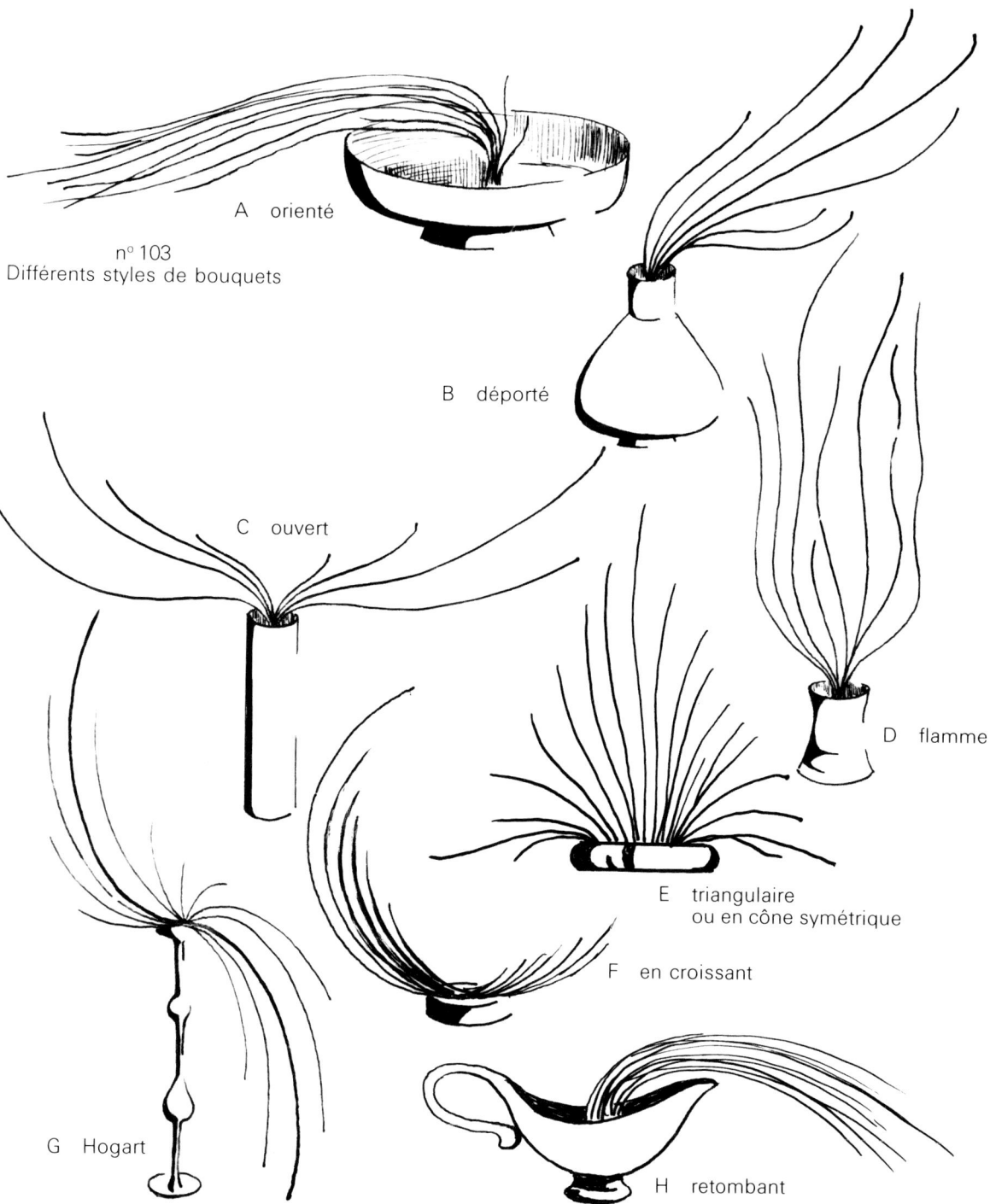

A orienté

n° 103
Différents styles de bouquets

B déporté

C ouvert

D flamme

E triangulaire
ou en cône symétrique

F en croissant

G Hogart

H retombant

INFLUENCES :

Europe . Esthétique, opulence, symétrie, couleur.

Amérique . Techniques pour une expression artistique plus étendue et plus facile.

Japon . Esthétique, dépouillement, graphisme, asymétrie, espace.

115

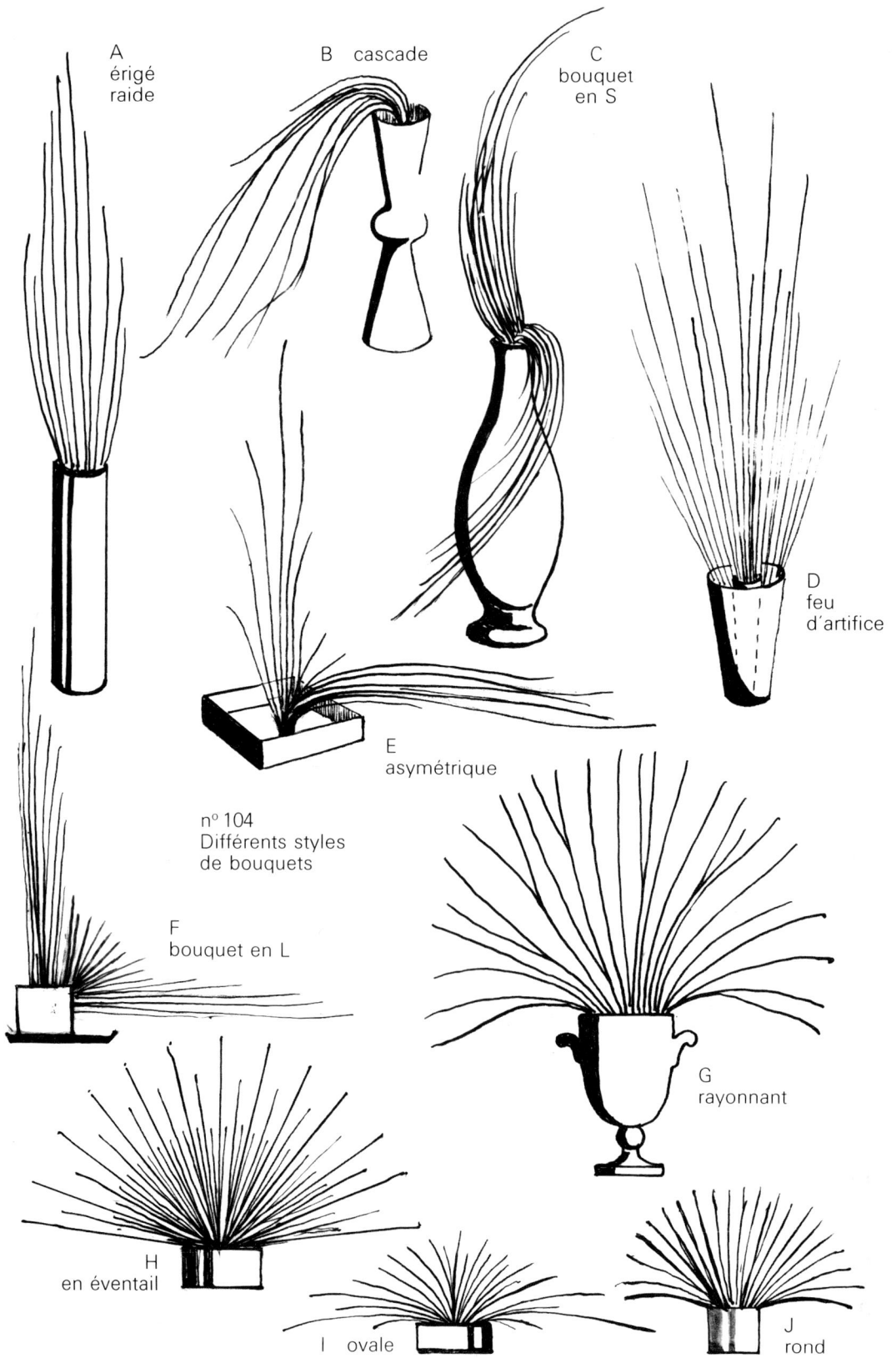

A
érigé
raide

B cascade

C
bouquet
en S

D
feu
d'artifice

E
asymétrique

n° 104
Différents styles
de bouquets

F
bouquet en L

G
rayonnant

H
en éventail

I ovale

J
rond

116

ÉPOQUES ET BOUQUETS

— Au primitif : quelques fleurs posées dans un vase.
— À la Renaissance : opulents et structurés.
— Aux Romantiques : les bouquets ronds, pyramidaux, aux tiges rigides guindées, mais de dispositions savantes.
— Aux Impressionnistes : dispositions de couleurs.
— 1900 : les bouquets libérés, aux lignes souples et gracieuses.
— Aux Cubistes : masses, taches, plans, volumes divers.
  Ce type de bouquet est particulièrement bien interprété par Toon Leemans.
— Aux Modernes : forts et puissants ; le graphisme fait son apparition. Les contrastes des couleurs, des formes, des textures sont exploités.

DU CHOIX DES FLEURS

L'Art floral est la manifestation de la personnalité. Le choix des fleurs, des feuillages, des couleurs, des contenants, est propre à chacun. Telle combinaison que l'on considérait comme recherchée il y a dix ans est devenue banale ; telle autre, qui paraissait trop audacieuse, est aujourd'hui admise comme classique.

Il est possible d'opposer des fleurs délicates, gracieuses, aériennes, à d'autres d'aspect robuste, compact, voire stylisé. Tout dépend de l'effet final. La nature, elle-même, présente maintes oppositions de cet ordre.

Bouquets du fleuriste
Ne faites pas le bouquet de tout le monde.

Personnalisez-les en fonction des saisons, des arrivages, de la qualité. Faites un bouquet safari, africain, antillais, de graphisme, d'opulence, rétro, etc.

Bouquets du jardin
Cueillir dans son jardin, choisir dans sa propre collection, et les assembler, donne à un bouquet un cachet unique.

Bouquets de fleurs sauvages, spontanées
Composer avec des fleurs que l'on trouve dans un périmètre restreint, en bordure de chemin, dans les prés, les bois, etc. Les bouquets réalisés avec ces fleurs simples et champêtres peuvent donner lieu à toutes sortes d'interprétations. Vous pouvez aussi faire un bouquet en vous servant de végétaux ayant ces trois origines et les appeler « cocktail panaché ».

Bouquets des quatre saisons

Dans ce type d'arrangement, il faut rechercher les végétaux propres à ces saisons ou exploiter ce qu'elles représentent : printemps, été, automne, hiver. Ils peuvent être faits individuellement ou être groupés.

On associe :

— au printemps : l'enfance, la jeunesse ;
— à l'été : la force de l'âge ;
— à l'automne : la vieillesse ;
— à l'hiver : le repos, l'attente du renouveau.

Certains bouquets peuvent prendre naissance avec l'idée d'exprimer un thème, une action, une circonstance, un lieu, une mode, l'actualité et, ce qui est beaucoup plus difficile et personnel : une idée, un sentiment.

— Actions : la chasse, la pêche, la danse, etc.
— Circonstances : naissance, communion, fiançailles, mariage, pendaison de crémaillère, réussite à un examen, anniversaire. Un bouquet de fête par exemple peut avoir un rapport étroit entre le nom de la personne et les fleurs offertes : marguerites, rose, etc. Pour les catherinettes et les Catherines, ils revêtent le même caractère : vert, jaune.
— Lieux : la mer, la montagne, la campagne, la forêt, la ville également suivant les pays, Japon, Afrique, Antilles, etc.
— Mode : faire un bouquet en fonction d'une mode est aussi une source de renouvellement : les bouquets patchwork, liberty, mille-fleurs, trompe-l'œil, gâteaux, fourrure, etc.
— Actualité : l'actualité est aussi une source d'inspiration. La parution d'un ouvrage, d'un film, un exploit, tout peut être exprimé avec la nature et les fleurs.

Et n'oublions pas d'exprimer avec elles l'éternel « Je t'aime ».

19. HARMONIE ET ESTHÉTIQUE

HARMONIE DU BOUQUET

Harmonie • Relations existant entre les diverses parties d'un tout et qui font que ces parties concourent à un même effet d'ensemble.

Les proportions, les volumes, les lignes, le foyer, le relief, l'équilibre et la stabilité, la balance, les couleurs.

C'est l'ensemble de ces caractères qui rendent un bouquet agréable et harmonieux à la vue. Cette harmonie dépend des relations qui existent entre tous les éléments.

Petits, moyens ou grands bouquets, du miniature au gigantesque, il y a quelques règles communes à l'ensemble. Le volume général des fleurs et du feuillage doit être proportionné à la taille du contenant.

Le contour doit s'inscrire dans une figure géométrique de base. D'ailleurs pour bien prendre conscience qu'une composition florale se place, se situe dans l'espace, il est préférable de parler de la sphère, du cylindre, du parallélogramme, etc. Souvent un arrangement est un mélange harmonieux et équilibré de plusieurs figures géométriques (croquis n° 105 A, B, C, D, E, F, G, H, I).

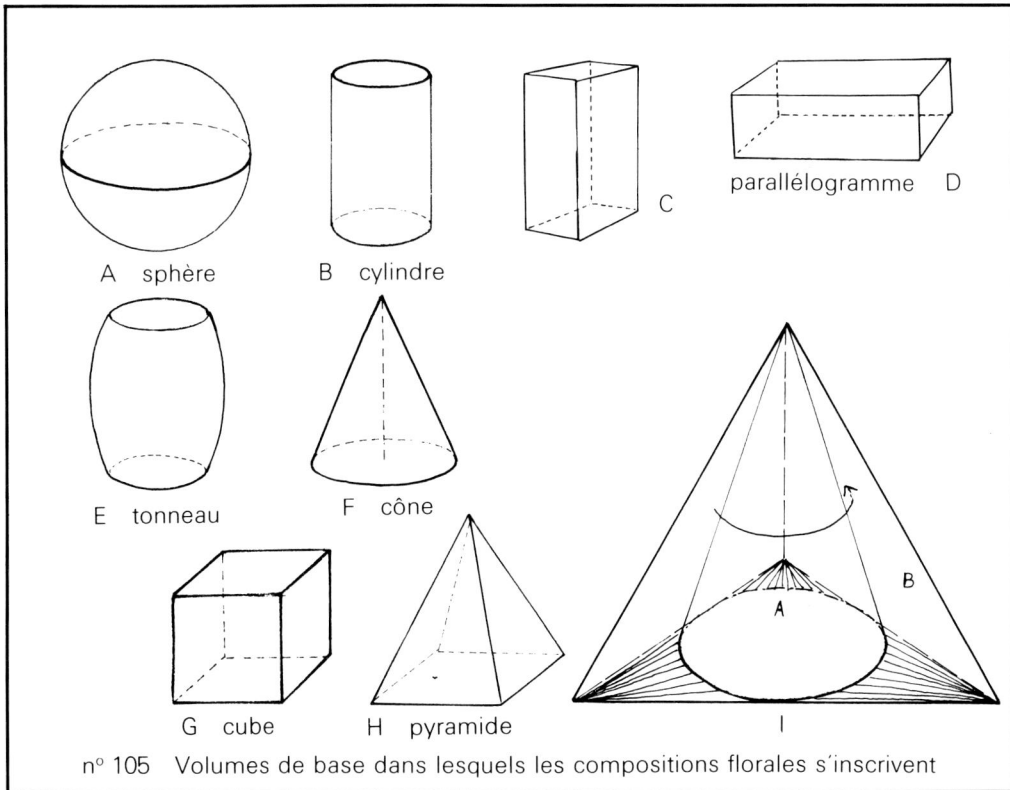

A   sphère
B   cylindre
C
parallélogramme   D
E   tonneau
F   cône
G   cube
H   pyramide
I
n° 105   Volumes de base dans lesquels les compositions florales s'inscrivent

La proportion du bouquet est aussi fonction de l'emplacement où il est posé, de l'espace qui lui est réservé et de l'angle sous lequel il est vu. Il arrive que le volume du bouquet soit nettement inférieur à celui du contenant, cette composition reste cependant harmonieuse.

Dans un petit contenant, on peut placer une grande quantité de petites fleurs, moins si elles sont de taille moyenne et juste une ou deux si elles sont de très grande taille. Dans un contenant moyen, beaucoup de petites fleurs, moins de moyennes fleurs ou quelques grosses fleurs. Par contre, dans un grand contenant, il est possible de placer une énorme quantité de petites fleurs... et peut-être une seule grosse... suivant l'espace utilisé.

La longueur de la tige principale est donnée par la hauteur du volume. Pour calculer la longueur des autres tiges, prendre chaque fois les trois quarts de la longueur de la tige précédente (croquis n° 106). Il est possible d'employer plusieurs tiges de même longueur et de les placer soit sur le même plan (croquis n° 107), soit sur des plans différents (croquis n° 108). Les effets obtenus sont autres. Elles peuvent être disposées derrière et au-dessus les unes des autres, par ordre de taille, ou disposées dans n'importe quel ordre sur différents plans.

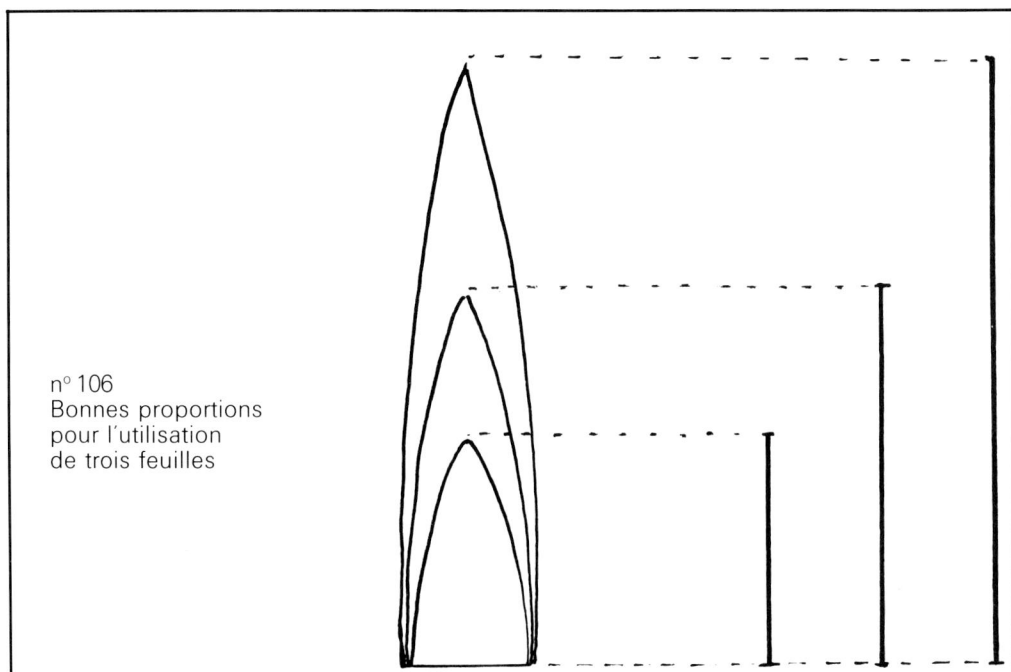

n° 106
Bonnes proportions
pour l'utilisation
de trois feuilles

Coin de jardin avec petits rameaux et feuillages.

Une note de printemps avec des végétaux d'automne.

XXII

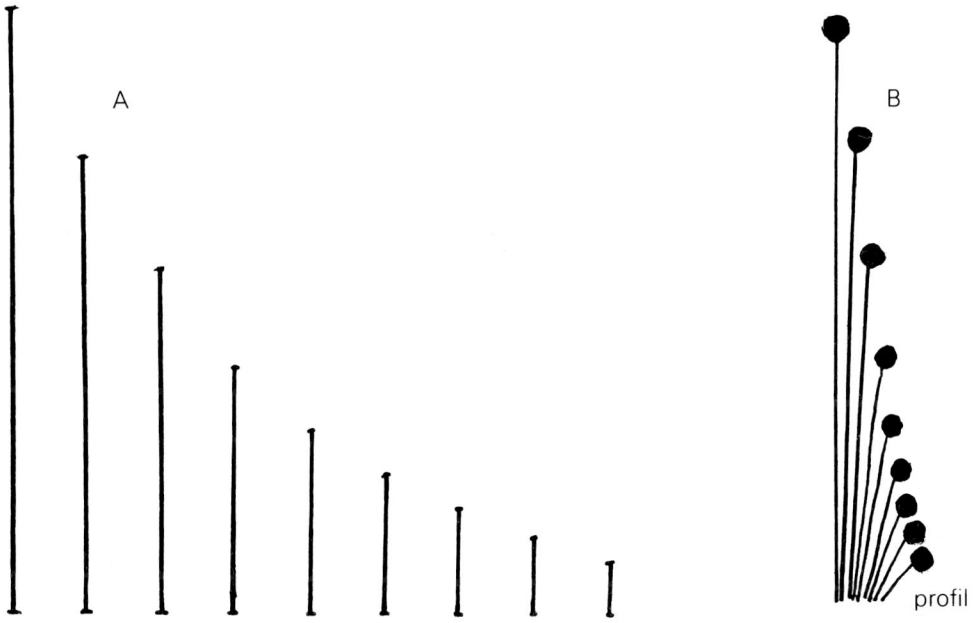

n° 107   Placement et longueur des tiges dans une composition adossée ayant peu
de profondeur (placement des tiges dit « en escalier »)

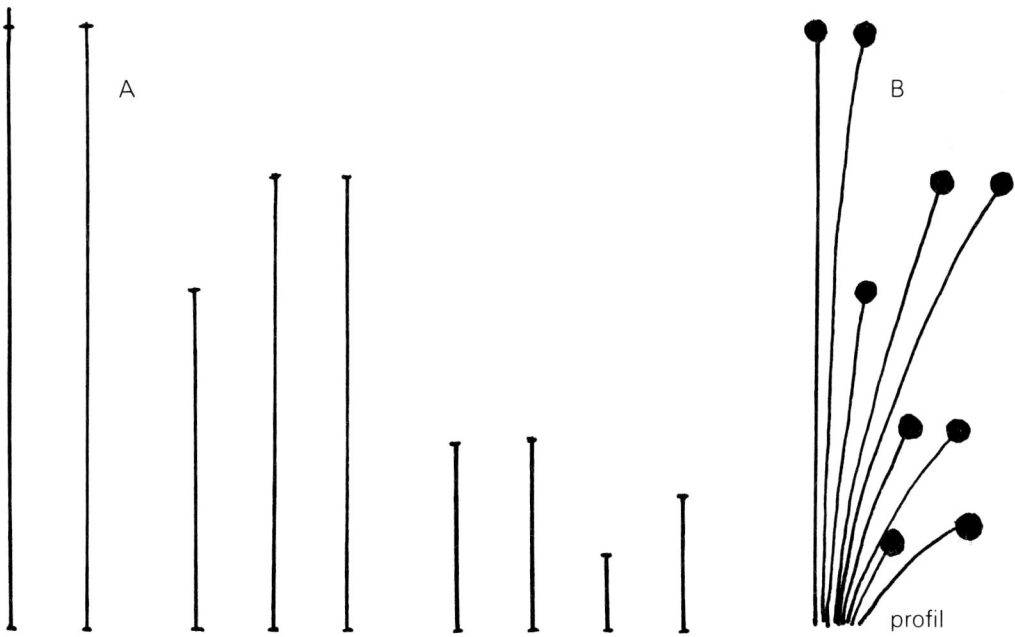

n° 108
Autre disposition des tiges donnant plus de profondeur

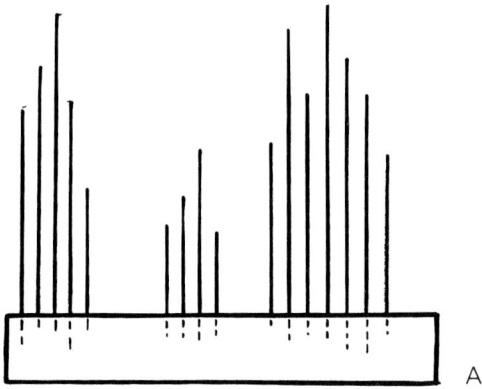

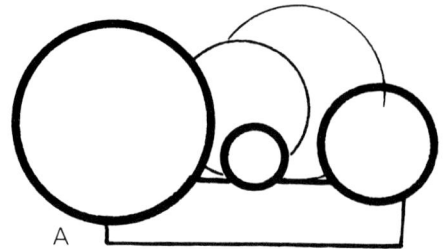

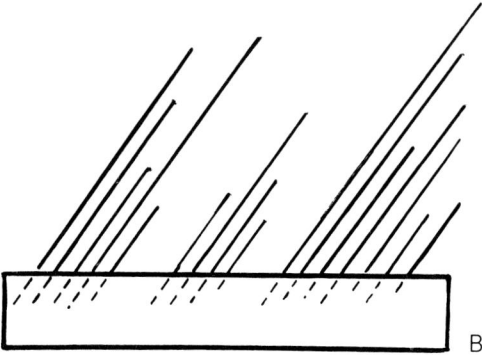

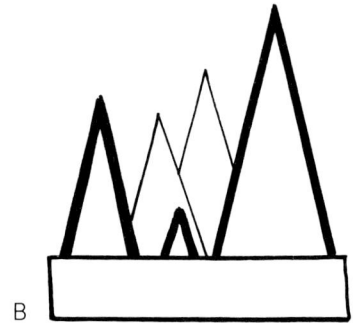

n° 109
Bouquet de lignes
La ligne des fleurs est mise en évidence
A. verticales   B. obliques

n° 110
Bouquet de masse
Les fleurs sont groupées en masse
de différents volumes et formes

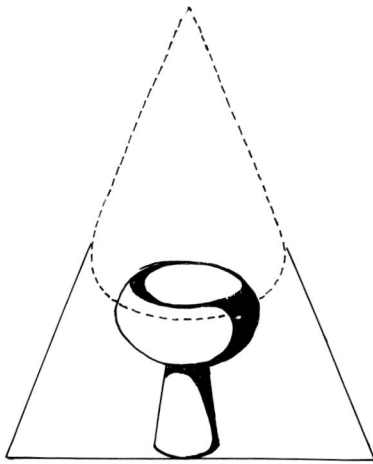

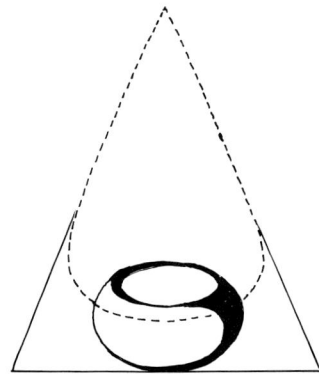

n° 111
Entre deux bouquets identiques, celui qui est surélevé paraît toujours
plus important grâce au vide qui l'entoure

La disposition des fleurs est importante. Par leur groupement, elles peuvent donner des taches, des masses ou des lignes. Si on analyse certains bouquets, comme les tableaux, on voit apparaître plusieurs figures géométriques, qui s'enchevêtrent les unes dans les autres (croquis n° 109 et 110 A, B).

Dans un contenant, si on a un grand nombre de fleurs, on les dispose sur la totalité de la surface. Par contre, si on en possède un petit nombre, on n'utilise alors qu'une petite partie de celle-ci. L'espace qui entoure les fleurs les met en valeur. L'emplacement n'est pas obligatoirement au centre du contenant. Il peut être déporté.

Le contour du volume a son importance, l'intérieur de celui-ci en a aussi une très grande. C'est la répartition harmonieuse des lignes, des masses et des vides qui constitue l'intérieur du volume. Parfois, les fleurs et le contenant sont englobés dans le même volume, d'autres fois, ils forment deux figures. Dans les compositions modernes, dépouillées, linéaires de caractère, et celles d'inspiration japonaise, les vides sont compris dans le volume. Suivant la situation d'un bouquet et son emplacement, un vase placé à terre supporte d'avoir un arrangement plus haut. Sur une table basse, il doit être vu en plongée.

Si l'on n'a pas de tiges suffisamment longues pour obtenir un arrangement qui soit harmonieux par rapport au vase, une astuce permet d'y remédier : disposer des fleurs ou des feuilles au ras de l'encolure, débordant à l'extérieur et dirigées vers le bas du vase. Elles diminuent la hauteur de celui-ci et le volume de l'arrangement paraît plus grand.

Entre deux coupes de diamètre et de galbe identiques, dans lesquelles sont disposées deux compositions semblables, si l'une possède un pied (genre calice) et l'autre pas, la première paraît plus élégante et plus importante que la deuxième (croquis n° 111 A et B).

Afin de réaliser facilement un joli bouquet dans un vase resserré puis évasé, une des premières règles à connaître est la suivante : *la grosseur totale des tiges doit être égale à l'ouverture du vase*. Il est entendu que leur nombre varie suivant que les tiges sont minces ou épaisses.

Avec la normalisation, on est arrivé à donner aux fleurs une telle régularité qu'elles finissent par engendrer la monotonie, aussi faut-il essayer de remédier à cet inconvénient en utilisant quelques artifices. Pour donner des grosseurs différentes à des boutons, il faut supprimer quelques pétales ; on peut également en entrouvrir quelques autres, pour donner l'impression de fleurs entrouvertes ou épanouies. Les Asiatiques apportent aux différentes étapes de floraison des fleurs une importance considérable. Ces étapes sont le symbole du futur pour les jeunes boutons, du présent pour celles entrouvertes ; les feuilles mortes, les graines et les fleurs épanouies sont la représentation du passé.

C'est la forme des fleurs, leur ligne personnelle et la façon dont elles sont disposées qui font la réussite d'une composition. L'ensemble que donnent plusieurs fleurs souples ou raides est différent suivant le mélange de ces caractères. Il en est de la fleur comme de l'être humain, elle peut être intéressante de face, de trois quarts, de profil et de dos, mais sous l'un ou l'autre de ces aspects, il lui arrive d'être plus expressive. Si toutes les fleurs sont présentées sous le même angle, l'arrangement perd beaucoup d'expression et de vie. Souvent, les fleurs indiquent la position qu'elles doivent avoir. Une fleur orientée est souvent plus harmonieuse si on respecte son sens, plutôt que de lui imposer ce que nous voulons. Certes, il est toujours possible de modifier une ligne en la dirigeant dans un sens ou dans l'autre. Mais celle qui est libre de toute entrave reste la plus belle.

Les lignes des fleurs peuvent être droites, courbes, sinueuses, tortueuses, quelquefois brisées. Elles sont verticales, obliques, plus ou moins inclinées, parfois jusqu'à l'horizontale. Elles doivent donner l'impression de jaillissement, de rayonnement et le bas de toutes les tiges doit converger vers le même centre qui est plus ou moins grand suivant la quantité totale des tiges utilisées (croquis n° 112). Toutefois, exception est faite pour les arrangements avec des lignes verticales et parallèles. La rigidité des tiges et la verticalité de certaines ont donné la création de nouveaux styles. Les fleurs ayant de telles caractéristiques sont utilisées uniquement en vertical et ne convergent plus vers un seul foyer. Il peut y en avoir plusieurs ainsi que plusieurs points d'attraction (croquis n°s 113, 114, 115).

FOYER

Tout arrangement floral doit posséder un foyer, un centre attractif. Suivant l'importance de la composition et de sa forme, il peut même y en avoir plusieurs. Il peut être plus ou moins grand, avoir plus ou moins d'intensité, être indiqué par une fleur unique, remarquable par sa forme, son caractère, ou encore par un groupe de plusieurs parmi les plus belles, les plus épanouies ; par le groupement des plus petites ou encore par la plus volumineuse ; par une touche de couleur se détachant sur un fond contrasté ; par le point de départ d'un camaïeu ou encore par un feuillage exceptionnel ou tout autre élément artistique. La convergence des lignes ou la disposition des couleurs peuvent accentuer ce point focal : le foyer.

n° 112

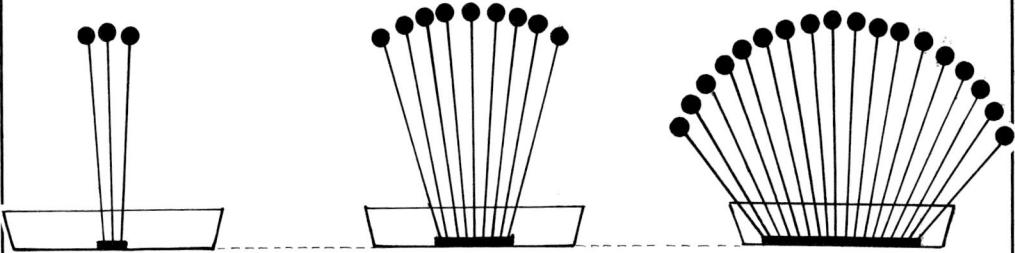

Dans les compositions de style éventail, quelle que soit l'importance du nombre des tiges utilisées, elles doivent être réparties à égales distances.

n° 113

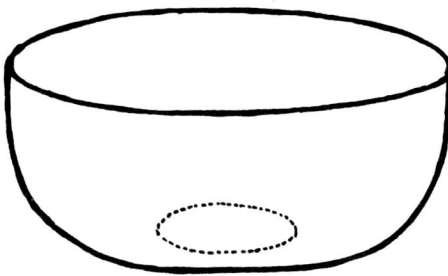

Point de convergence des tiges

n° 114
Autre disposition de convergence des tiges

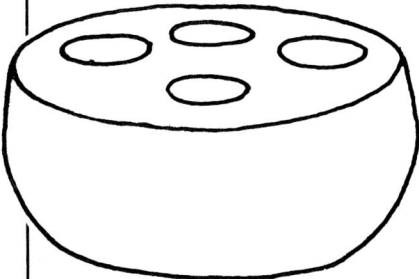

n° 115
Plusieurs points de convergence des tiges

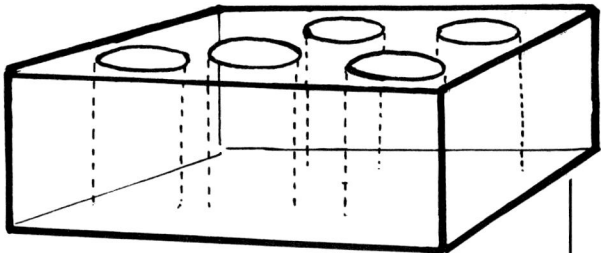

125

RELIEF — ESPACE

Ce qui fait saillie sur une surface. Malgré le principe qui est appliqué, hauteur, profondeur, largeur, bon nombre de compositions sont bombées et épaisses et ne correspondent pas aux caractéristiques du relief. En Europe, l'art des bouquets est venu de la peinture, aussi exprime-t-il mal « le relief » ; pour un très grand nombre de bouquets, malgré l'application hauteur, profondeur, largeur, il faut parler d'épaisseur et non de relief. Un bouquet de 60 cm de haut peut avoir entre 25 et 30 cm d'épaisseur. Les fleurs les plus courtes sont disposées au premier rang, celles un peu plus longues au deuxième plan, et ainsi de suite (revoir croquis no 107 B). Pour obtenir un bouquet avec relief, les tiges courtes sont placées sur différents plans, et il en est de même des moyennes et des courtes (revoir croquis no 108 A, B). Les Japonais ont bien assimilé le problème de la profondeur et du volume, un arrangement d'un mètre peut avoir jusqu'à un mètre quatre-vingts de profondeur. Le relief peut être régulier ou irrégulier. Lorsqu'il prend une grande importance, il devient espace. Avec le relief, le bouquet devient haut-relief et sculpture.

ÉQUILIBRE ET STABILITÉ

Ces deux notions qui ont une étroite liaison entre elles sont difficiles à différencier l'une de l'autre, aussi utilisons-nous deux images pour mieux les comprendre.

Un bouquet qui, vu de face, donne l'impression d'équilibre et vu de profil fait apparaître une répartition des fleurs concentrées uniquement sur l'avant du vase donne sous cet angle une impression de déséquilibre, l'assise du vase et le poids de la technique sont responsables de sa stabilité. C'est un bouquet stable mais non équilibré.

Si un bouquet donne une impression d'équilibre vu de face et de profil, on peut dire qu'il est équilibré.

Dans une composition circulaire, de face et symétrique (croquis no 116), l'axe du bouquet se trouve au centre du contenant. Sur un contenant de grande surface, si le nombre des tiges est insuffisant, pour utiliser la totalité de celles-ci, répartir les tiges sur une surface plus petite. L'axe de cette surface doit partir de l'axe de la coupe. Avec les photos des bouquets, cette caractéristique n'apparaît que très rarement, c'est pourquoi beaucoup de bouquets semblent équilibrés, lorsqu'ils sont vus de face ; cette impression est due à l'absence de troisième dimension. Avec les photos, on peut faire de bons clichés mais les bouquets ne rendent pas souvent la qualité esthétique qu'ils ont en réalité. Il est possible d'avoir une bonne photo d'un bouquet quelconque et une mauvaise photo d'un bon bouquet.

n° 116
Disposition des tiges en
oblique pour les bouquets
pyramidaux et rayonnants

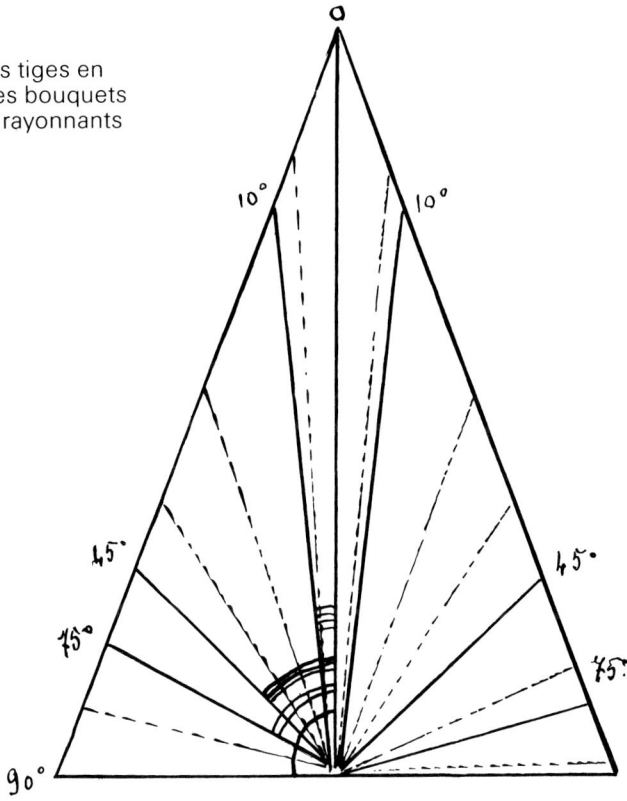

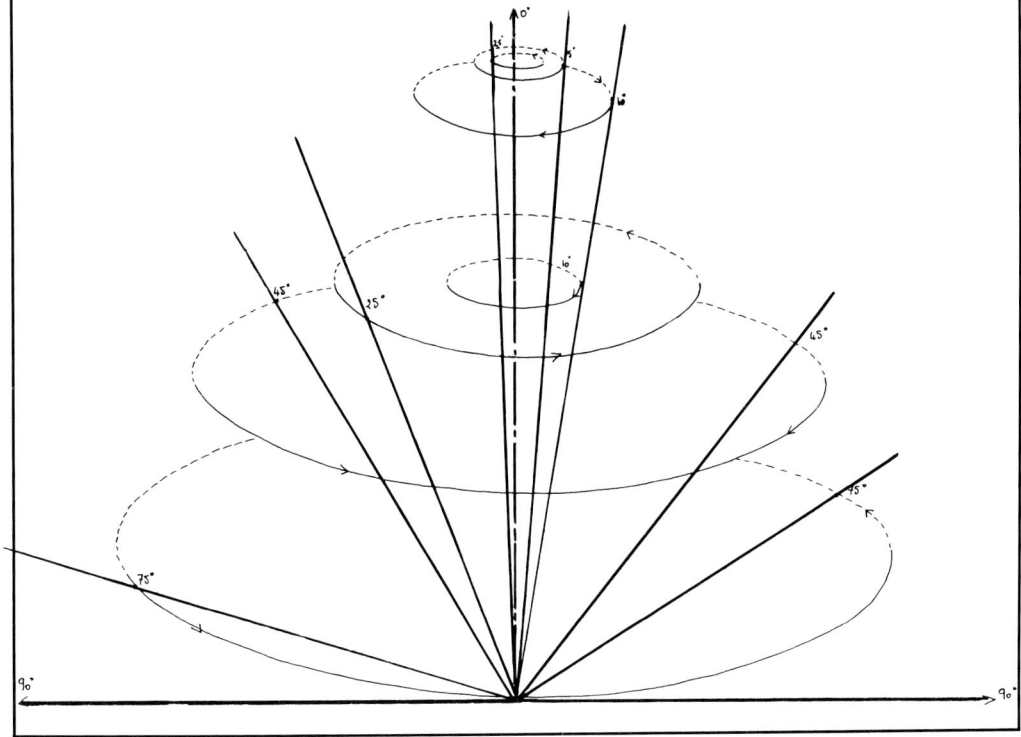

BALANCE

Tous ces volumes doivent être disposés harmonieusement. Les lois de la balance interviennent dans leur disposition. Balance des couleurs, balance des lignes, des vides et des formes contribuent aussi à l'équilibre d'un bouquet harmonieux (croquis nos 117 et 118).

COULEUR

La couleur charme, apaise, attire, agace, mais n'est jamais indifférente. Notre œil est habitué aux accords subtils ou violents et chacun choisit consciemment ou d'instinct les couleurs qui lui conviennent, mais pour assembler ces couleurs, certaines règles indispensables sont nécessaires à connaître.

Avec les fleurs tout est couleur et la couleur est l'élément dominant dans un bouquet. Un bouquet, c'est un tableau fait avec des couleurs que l'on ne peut modifier dans leur teneur. Cela différencie le peintre de l'amateur, amateur étant pris dans le sens « amateur de bouquets ». Le premier opère par addition de nuances. Les couleurs primaires, secondaires, intermédiaires peuvent être adoucies par une pointe de blanc qui les éclaircit, les pastels par une pointe de noir qui les fonce. Les couleurs intermédiaires apparaissent au fur et à mesure que les proportions de couleurs mélangées varient. Le second doit placer les nuances individuellement de telle façon qu'elles aboutissent à une harmonie naturelle, semblable à l'ensemble et à l'ordonnancement des ondes colorées du spectre solaire.

Les couleurs des fleurs sont plus intenses, la palette de l'artiste floral se trouve plus importante, plus chaude, plus lumineuse ; mais des dissonances peuvent s'établir et aboutir à des effets ternes. Le moyen artificiel que l'on emploie est de créer des intervalles servant à atténuer le rayonnement des nuances. D'autre part, on est limité par la masse du feuillage vert, de valeur déterminée, dont on doit tenir compte, mais qui offre toutes les possibilités. La nature donne de nombreux exemples de la valeur des couleurs et des proportions. Aussi faut-il s'en imprégner, regarder et étudier le spectacle qu'elle nous présente dans ses différentes manifestations : paysages, végétaux, animaux. C'est ainsi que l'on arrive à enrichir sa palette de coloriste. Par exemple, dans un iris, observez le contraste et la proportion des couleurs. Les tons harmonieux que nous offrent certains oiseaux comme les perruches, les faisans, les ibis sont des exemples donnés par la nature. Dans une composition florale, lorsque les couleurs sont disposées de façon harmonieuse, elles arrivent à minimiser quelques fautes légères, soit dans les lignes, dans le volume, soit dans les textures.

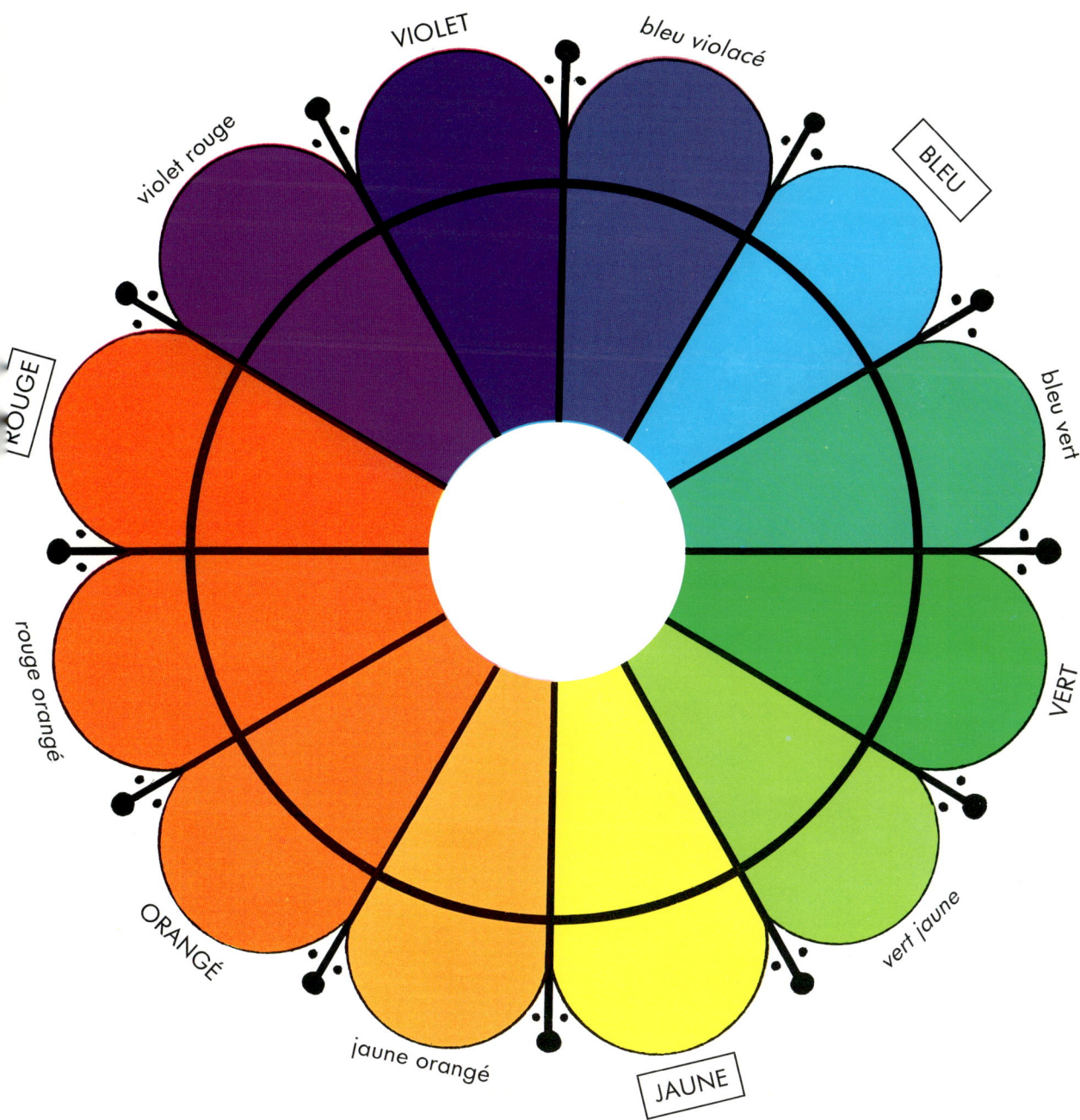

La roue des couleurs.

Le choix des couleurs des fleurs a été fait en fonction de la couleur de la nappe.

A

jacinthe

A´

narcisses

C

lis

B

rose épanouie

B´

roses

C´

roses

n° 117
Balance

D

glaïeul

D´

jonquilles

129

A

pivoine

A'

roses d'Inde

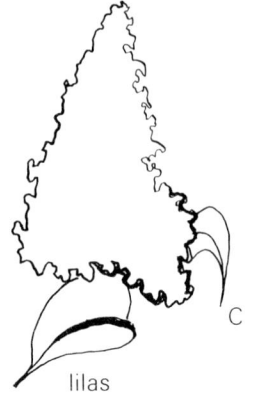

C

lilas

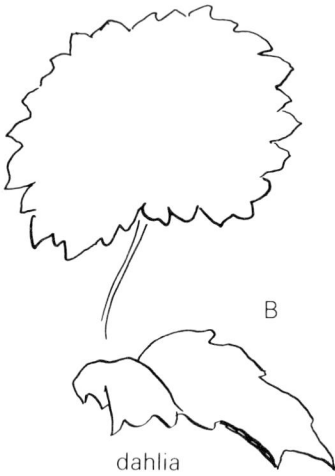

B

dahlia

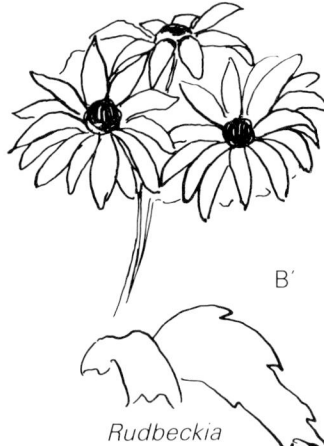

B'

Rudbeckia

C'

tulipes

n° 118
Balance

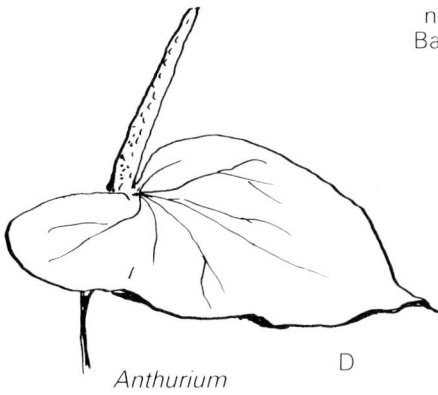

Anthurium   D

Zinnia   D'

Rappelons que les couleurs primaires sont : le jaune, le rouge, le bleu ; les couleurs secondaires sont l'orangé, le vert, le violet.

La combinaison de deux couleurs simples donne la complémentaire de la troisième :

— le jaune a pour complément le violet ;
— le rouge a pour complément le vert ;
— le bleu a pour complément l'orangé.

Lorsque les fleurs s'approchent le plus de ces couleurs primaires, brutales, leur emploi est délicat ; en petite quantité, elles sont précieuses parce que très vibrantes.

Le blanc réfléchit la lumière sans lui faire subir aucune décomposition. Dans les arrangements floraux, c'est la seule couleur qui peut faire transition entre des coloris difficiles à assembler. Le blanc est la teinte dominante dans les fleurs. Le noir, la plus obscure, produite par l'absence ou par l'absorption complète de tous les rayons lumineux, fait paraître les couleurs beaucoup plus intenses. Les pourpres et les bruns foncés rendent le même effet. Le noir peut être considéré comme inexistant dans la gamme des fleurs ; seul l'iris noir fait exception.

Le vert, le bleu, le blanc et tous leurs composés sont des teintes froides, en opposition au rouge, jaune d'or, orangé, qui sont des teintes chaudes.

Si l'on approche une couleur de sa complémentaire, les deux couleurs sont exaltées : par exemple, le rouge et le vert : le rouge paraît plus rouge et le vert plus vert. Le voisinage du bleu surexcite l'orangé. Le violet à côté du jaune le fait resplendir. Il est bon de remarquer que les teintes de la famille des roses violacés se heurtent avec celles de la famille des rouges orangés. Par contre, toutes les teintes pastel s'harmonisent entre elles.

D'une façon générale, on ne peut dire à l'avance que deux teintes ne vont pas ensemble. Cela dépend de la gamme des tons dont elles se rapprochent, et ce d'autant plus pour les fleurs, car, en les étudiant, on s'aperçoit que dans une même fleur, une infinité de tons peut être exprimée, en plus de la dominante. Il ne faut pas oublier que les couleurs sont déformées par la lumière artificielle, aussi faut-il faire très attention au choix des teintes des fleurs pour une décoration d'appartement le soir. Les couleurs changent, suivant que la lumière est à incandescence ou fluorescente.

De nos jours, l'influence de la « mode » joue un rôle important dans la couleur. Des harmonies nouvelles et des contrastes sont créés ; parfois, ils sont osés, l'art floral subit cette influence. Dans des bouquets de même forme, mais de couleurs différentes, on obtient des effets autres. Il faut aussi tenir compte du fond sur lequel ressort un arrangement ; selon sa nuance, il modifie celle des objets. Il va même jusqu'à en modifier la grandeur, également la valeur des autres tons qui se trouvent dans la pièce. Harmonie, contraste ou camaïeu peuvent être utilisés.

Il faut équilibrer les masses des couleurs. Si un mur est recouvert d'un tissu ou d'un papier imprimé, choisir de préférence un bouquet monochrome ou camaïeu dans l'un des tons lumineux. Par contre, si le mur est uni, choisir un arrangement polychrome ou monochrome, mais contrasté. Sur des tons clairs, une note sombre peut être d'un bel effet. Dans un bouquet polychrome, il est préférable d'avoir une dominante. Pour un monochrome, on peut obtenir plus de variété en mélangeant deux ou plusieurs espèces de fleurs. Les différentes formes et textures sont des valeurs artistiques qui apportent elles aussi une variante.

Bouquet camaïeu . Si vous choisissez de faire un bouquet en camaïeu, commencez par la nuance la plus foncée, puis la plus claire. Ensuite, assortissez les teintes moyennes intermédiaires. Attention aux rouges violacés : évitez-les avec les rouges orangés, cuivrés. Il ne peut s'agir que d'une interprétation du véritable terme du mot camaïeu.

Bouquet coordonné . Prendre une couleur et choisir plusieurs genres de végétaux ayant la même caractéristique.

TABLEAU DES FLEURS PAR COULEUR

BLANC ET IVOIRE

ail
Amaryllis
Anaphalis
ancolie
Anthemis
Anthurium
Arum
Aster
Astilbe
Astrantia
boule de neige
Bouvardia
Buddleia
camélia
campanule
chrysanthème
  (nombreuses
  variétés)
clématite
Crocus
Cyclamen

Cymicifuga
Cytisus
Dahlia
Digitale
Edelweiss
Eremurus
Eschscholtzia
Freesia
Gardenia
Geranium
Gerbera
giroflée
glaïeul
glycine
Gynerium
Gypsophila
Heracleum
hortensia
Hydrangea
Iberis

iris
jacinthe
jonquille
Leucanthemum
lilas
lupin
Lilium
  (nombreuses
  variétés)
marguerite
Magnolia
muflier
muguet
Muscari
narcisse
nénuphar
nivéoles
œillet
  (nombreuses
  variétés)

œillet de poète
oranger
Ornithogalum
pâquerette
pavot d'Islande
pensée
perce-neige
phlox

prunus
pyrèthre
reine-marguerite
reine-des-prés
renoncule
rhododendron
rose
   (nombreuses
    variétés)

rose trémière
scabieuse
Spathiphyllum
tubéreuse
tulipe
valériane
Zinnia

ROSE ET MAUVE

Alstrœmeria
amaranthe
Amaryllis
ancolie
anémone
Anthurium
Aster
Astilbe
Bauvardia
Bergenia
camélia
campanule
centaurée
chrysanthème
clématite
cœur de Jeannette
Cyclamen
dahlia
Delphinium
digitale
Eremurus
gazon d'Espagne
géranium
Gerbera
giroflée
glaïeul
hémérocalle

hibiscus
hortensia
Iberis
Ixia
jacinthe
joubarbe
Liatris
Lilium
Lilium speciosum
lupin
mauve
molène
muflier
nénuphar
Nerine
œillet
œillet de poète
pâquerette
pavot d'Islande
pensée
perce-neige
Phlox
Physostegia
pied-d'alouette
pivoine
poinsettia
pois de senteur

poppie
primevère
pyrèthre
reine-marguerite
reine-des-prés
renoncule
renouée
rhododendron
rose blanche
rose de Noël
rose trémière
scabieuse
Sedum
Sidallea
silène
Spathiphyllum
spirée
Stephanotis
Tamaris
tubéreuse
tulipe
valériane
véronique
verveine
Yucca
Zinnia

BLEU ET MAUVE

acanthe
aconit
agapanthe
Agathea
Ageratum
ancolie
anémone
anémone de Grèce
anémone hépatique
Aster
Aubrietia
aurécule
bleuet
bugle
bourrache
campanule
   (nombreuses
   variétés)
Caryopteris
Ceanothus
chardon de mer
Chionodoxa
clématite
crocus
cupidone

cynoglosse
dahlia mauve
Daphne
Delphinium
Echinops
éphémère de
   Virginie
Freesia
gazon d'Espagne
gentiane
géranium
giroflée
glaïeul
glycine
hibiscus
hortensia
Hosta
ipomée
iris
jacinthe
lavande
lilas mauve
Lobelia
lupin
monnaie du pape

Muscaris
myosotis
Nepeta
panicout
pavot de
   l'Himālaya
pensée
pervenche
pétunia
pied-d'alouette
pois de senteur
Polemonium
Pontederia
primevère
pyrèthre
reine-marguerite
sauge bleue
scabieuse
scille
silène
tulipe mauve
vergerette
véronique
violette

JAUNE

achemille
Achillea
Adonis
ancolie
Anthemis
Arnebia
Arum

Asclepias
benoîte
aunée
azalée
calcéolaire
Canna
capucine

chrysanthème
Chrysogonum
corbeille d'or
Coreopsis
crocus
cytise
dahlia

doronic
Eremurus
Eschscholtzia
Forsythia
Freesia
genêt
gerbe d'or
Gerbera
giroflée
glaïeul
Helenium
hémérocalle
Heliopsis
Hypericum
immortelles

iris
jonquille
Ligularia
Lilium
lupin
mimosa
Mahonia
molène
muflier
narcisse
nénuphar
œillet
œillet d'Inde
Œnothera
pensée

poppie
Potentilla
primevère
rose
rose trémière
Rudbeckia
Senecio
Sedum
soleil
soucis
tournesol
Tritonia
trolle
tulipe
Zinnia

_____

CUIVRE ET ORANGE

Alstrœmeria
Asclepias
benoîte
Canna
capucine
chrysanthème
Crocosmia
dahlia
Eremurus
gaillarde

Gerbera
giroflée
Helenium
Heliconia
hémérocalle
Ixia
Lilium
muflier
narcisse
œillet
œillet d'Inde

Phlox
poppie
primevère
renoncule
Rudbeckia
soucis
Strelitzia
Tritonia
tulipe
Zinnia

ROUGE ET GRENAT

Amaryllis
anémone
Anthurium
Astilbe
benoîte
camélia
Cleome
coquelicot
Cyclamen
dahlia
Fuchsia
géranium

Gerbera
glaïeul
hellébore
hémérocalle
impatience
Lychnis
muflier
nénuphar
œillet
œillet de poète
pivoine
poinsettia

pois de senteur
potentille
pyrèthre
reine-marguerite
renoncule
Reseda
rose
rose trémière
sauge éclatante
Sedum
tulipe
Zinnia

MARRON

chrysanthème
Fritillaria

giroflée
œillet d'Inde

pensée
primevère

PSYCHOLOGIE DES COULEURS

Teintes chaudes • Rouges et jaunes sont toniques, dynamiques et excitantes. Elles ont le pouvoir de rendre actif et gai. Si elles sont utilisées avec excès, elles deviennent agressives et peuvent provoquer une certaine tension.

Teintes froides • Bleu et vert sont calmantes et reposantes. Elles atténuent l'intensité de nos émotions, mais abusives elles amènent la mélancolie.

Violet : chaud, s'il est plus rouge que bleu ; froid, s'il est plus bleu que rouge.

Dans l'ensemble, les couleurs claires sont euphorisantes. Les très claires gagnent en force quand elles se détachent sur un fond sombre. Les couleurs sombres sont tristes.

Camaïeu en blanc.
Si l'on mélange des végétaux secs et vivants, enfermer le bas de toutes les tiges séchées dans un sac plastique. Pour les éléments vivants, utiliser de longues tiges enfoncées profondément, mettre peu d'eau dans le vase.

Cocktail de feuillages de printemps de diverses textures.

XXVI

Les teintes pâles évoquent la douceur, la fragilité, la sentimentalité.

Blanc : Pureté, grandiose, majestueux, irréel, immensité, vide ou froideur. Rend les fleurs qu'il entoure plus éclatantes.

Jaune : Confiance, soleil, chaleur, gaieté, spontanéité, joie de vivre, lumière, espoir, activité.

Rouge : Action, ardeur, orgueil, expression violente, attaque, conquête.

Bleu : Douceur, repos, calme, nostalgie, rêverie, spiritualité, passivité.

Vert : Repos, réflexion, activité intellectuelle, ennui, instinct de conservation.

Noir : Inquiétude, surnaturel, mystère.

À côté du bleu, le blanc devient jaune.

À côté du rouge, le blanc devient verdâtre.

À côté du vert, le blanc devient rosé.

L'œil se fatigue rapidement d'un grand nombre de couleurs.

Tous les éléments, fleurs, feuillages, contenants, accessoires qui entrent dans un arrangement possèdent en commun quatre facteurs qui sont : la couleur, le volume, la ligne et la texture. Ils doivent se fondre et s'harmoniser les uns les autres, afin de donner une harmonie d'ensemble au bouquet. Les bouquets simples ont autant de beauté que les bouquets élaborés. Plus les éléments utilisés sont nombreux, plus il y a de difficultés. Il ne faut jamais mélanger plusieurs styles dans un seul arrangement, à moins que l'on arrive, par un assemblage, à créer un nouveau style.

Pour beaucoup, la couleur est l'élément dominant dans un bouquet. C'est très souvent uniquement de la couleur que dépend la première impression favorable ou non. Il faut étudier la couleur de tous les éléments qui entrent dans la composition et tenir compte de leur influence réciproque en faisant jouer les harmonies et les contrastes. Comme toujours, il y a une limite indéfinissable en elle-même, que seule la sensibilité artistique sait discerner. Si vous êtes hésitante dans les assemblages de couleurs, commencez par faire des coordonnées, puis assemblez deux couleurs. Ensuite, faites des bouquets tricolores. Il n'y a pas que les bleus, blancs et rouges. Vous pouvez aussi appliquer la règle des complémentaires ; ensuite, vous mettez une note d'opposition à la dominante, dans un ensemble clair une note foncée. N'oubliez pas qu'il n'est guère possible de regarder à égale attention plus de trois couleurs à la fois. Il faut toujours les ordonner soit en accord de deux, soit en accord de trois, afin que le regard embrasse l'ensemble et prenne ainsi conscience de l'unité colorée.

Il y a aussi le volume du contenant, tout comme celui des accessoires (bougies, pommes de pin, rubans, etc.). C'est l'ensemble de ces volumes qui doit s'inscrire dans une figure géométrique de base. Dans une même composition, s'il y a une majorité de fleurs volumineuses, par exemple : glaïeuls, pivoines, *Arum* et un petit nombre de petites fleurs comme myosotis, muguets, primevères, bugles, il est préférable de grouper les petites par touffes afin d'obtenir un effet plus harmonieux (revoir croquis n° 117 et 118).

Pour apprendre à disposer harmonieusement des fleurs de caractères et de volumes différents, facilitez-vous la réalisation en choisissant une seule couleur pour toutes. Commencez avec deux caractères différents puis trois et augmentez en fonction de vos réussites.

Caractère et ligne

Les fleurs ont une ligne, un mouvement qui leur donnent leur expression propre ; il en est de même des branches. Parfois, on se trouve devant l'une ou l'autre qui ont un tel caractère, une telle personnalité qu'il n'y a rien d'autre à faire que de les isoler pour les mettre en valeur dans un contenant ou un support qui fait ressortir leur caractère exceptionnel.

Dans l'art des bouquets, l'importance des lignes de chaque végétal est primordiale. Les rigides et les flexibles ne peuvent être disposés de façon identique.

Rigides . Qui restent dans leur forme et ne peuvent fléchir ; il n'est pas possible de modifier leur caractère ; elles peuvent être droites, courbes, sinueuses ou graphiques.

Flexibles . Maniables, capables de s'adapter à la ligne qu'on leur impose, soit par assouplissement, soit par apport d'un fil de fer ; elles peuvent être droites, courbes ou sinueuses ; il est possible, suivant les cas, d'accentuer leur caractère ou de les modifier complètement.

L'orientation des tiges peut être horizontale, oblique, plus ou moins redressée et verticale. Dans la nature, si vous observez un arbre dépouillé, vous verrez en hiver que les lignes des branches sont surtout des obliques.

La signification des lignes exprime :
— la droite : masculin, vigueur, force ;
— la courbe : féminin, douceur, tendresse, liberté, flexibilité.

TEXTURE

Il y a une dernière caractéristique qu'il est indispensable de mentionner : la texture. On entend par texture la matière d'un objet, d'un tissu, d'un feuillage, d'une fleur. Le grès, la porcelaine, le tulle, le satin, le pavot d'Islande ou la jonquille, l'asparagus ou le lierre ont chacun des textures différentes.

Porcelaine, satin, camélia, lierre ont des textures que l'on peut considérer en harmonie. On est sensible au velouté de la rose, à la transparence du pois de senteur, au brillant de l'*Anthurium*. Harmonie ou contraste peuvent être utilisés l'un et l'autre.

Les textures peuvent être : lisse, rugueuse, brillante, veloutée, satinée, plumeuse, légère et translucide.

CINQUIÈME PARTIE

RECRÉER - COMPOSER

Dans l'art des bouquets, il est plus juste d'employer le terme « recréer » que « créer ». Tous les végétaux sont déjà l'expression de la beauté, aussi est-il difficile de dire d'un bouquet qu'il est laid ; nous disons plutôt qu'il est maladroit, souvent faute d'observation et de connaissances.

Quand on fait un bouquet, il n'est jamais complètement terminé. C'est une ébauche, ou un croquis, rarement une œuvre.

Vous avez vu toutes les sources d'inspirations que l'on peut trouver dans la nature. Il ne s'agit pas de la copier, mais de la saisir, de l'interpréter suivant son propre sens artistique, même avec quelques maladresses, mais d'y ajouter sa sensibilité, sa créativité et de recréer une œuvre personnelle.

La technique est aussi source de création. Loin d'être de simples procédés d'exécution, les techniques sont des formes créatrices étroitement liées à la vie des formes qu'elles conditionnent. Les changements de matériaux et de supports incitent à se renouveler et à s'exprimer différemment. Une erreur encore trop répandue consiste à croire que la technique est purement affaire de métier. Il est vrai que l'on peut être technicien sans être artiste ; il est faux que l'on puisse être artiste sans être technicien.

L'art floral est une leçon d'observation, de dialogue, de patience et de persévérance. Il faut décomposer les difficultés. La répétition est une route sans issue, évitez-la.

On doit faire les bouquets pour les vases que l'on possède. Par la suite, vous éprouverez le besoin d'en avoir d'autres. Lorsque vous avez acquis la maîtrise d'un style, commencez par placer celui-ci dans différents contenants et regardez l'effet qu'il donne (croquis nº 119 A - B - C - D). Dans le même vase, essayez plusieurs techniques et plusieurs formes de bouquets. Il y a tant de possibilités dans les vases classiques !

n° 119 A

Même bouquet pouvant être placé dans différents contenants

n° 119 B

n° 119 C

142

n° 119 D

143

20. CE QU'IL FAUT FAIRE AVANT ET PENDANT LA RÉALISATION D'UNE COMPOSITION FLORALE

HARMONIE = UNITÉ

FLEURS
FEUILLAGE
RÉCIPIENT
ACCESSOIRES

} COULEUR, TEXTURE, LIGNE, VOLUME

Pour réussir, il faut avant toute chose aimer. Seule cette disposition d'esprit conduit à la réussite ; c'est chose facile pour un amateur, moins pour un professionnel qui doit se plier au goût et aux désirs de son client. Il doit tout connaître, tout aimer. Lorsqu'il y a « coup au cœur », le bouquet possède une âme qui est ressentie par beaucoup.

L'art du bouquet vise avant tout au plaisir des yeux. Nous pouvons vivre sans fleurs, mais tellement plus mal ! Puisque c'est un plaisir que nous nous offrons ainsi qu'à notre entourage, il faut commencer à le faire avec joie, y trouver déjà une satisfaction, depuis le moment où l'on choisit les fleurs jusqu'à celui où, achevé, le bouquet prend sa place dans le décor.

La hâte est donc à proscrire. « Les artistes, eux-mêmes, se mettent en condition » avant de créer. Nous aussi devons être disponibles et prêts à partager un moment avec ces œuvres de la nature. C'est dans cette disposition d'esprit que la technique finira par s'effacer : seule subsiste la joie de faire soi-même quelque chose de joli et que l'on aime.

COMMENT S'ORGANISER

CONNAÎTRE   CHOISIR   PRÉPARER

Connaître l'emplacement et l'espace dont on dispose : mural, suspendu, posé à terre, à mi-hauteur, adossé, circulaire, devant une glace, sous un tableau, sur une table basse rectangulaire, ronde, etc.

Choisir les végétaux, fleurs, feuillages, fruits, etc., les contenants ou supports, vase, coupe, objet d'art, vannerie, bougeoir, etc.

Préparer les outils, le matériel, ce dernier consistant en un seau rempli d'eau pour recevoir les végétaux et une coupe avec de l'eau afin d'y recouper les tiges au moment de la réalisation.

TRIER — CLASSER

Le faire différemment suivant le genre d'arrangement que l'on désire faire.

Bouquet de masse.

Bouquet pyramide dans l'eau, réalisé avec des fleurs simples à très longues tiges.

XXVIII

Bouquet mélangé

Avec des fleurs de différentes variétés et de couleurs mélangées : classer les fleurs soit par couleurs, soit par variétés, et par taille.

Bouquet varié par tache de couleur

Si l'on a choisi de faire un arrangement en groupant les fleurs de même couleur par tache lumineuse, assembler toutes les fleurs de même ton en autant de tas qu'il y a de couleurs. On peut alors se rendre compte de la différence des volumes et voir ainsi de quelle façon on peut les placer ou les modifier.

Bouquet par variétés de fleurs

Faire le triage en conséquence. Il en est de même pour les feuillages. Il faut beaucoup d'attention et de sensibilité pour comprendre les fleurs. Ne jamais partir avec une idée trop préconçue. Il se peut qu'en cours de réalisation, elle s'avère irréalisable avec les éléments dont on dispose.

TOILETTE

Il est indispensable de supprimer les rameaux et les feuilles du bas des tiges. Ceux-ci doivent être conservés pour cacher la technique et pour l'arrière des bouquets adossés. Ceux de très belle qualité peuvent être utilisés dans un petit bouquet. Il faut garder les feuilles des iris, des jonquilles, des glaïeuls, des tulipes, des *Typhas*, etc. Elles peuvent être utilisées soit pour accompagner des fleurs, soit seules pour réaliser un bouquet en variant leur ligne et leur disposition (voir croquis n° 52).

Dépouiller et élaguer une branche de feuillage demande temps et réflexion, car il s'agit d'éliminer l'inutile pour atteindre l'essentiel (voir croquis n° 48). Avant de supprimer un des éléments, cachez-le avec la main, afin de voir l'effet obtenu lorsqu'il sera enlevé. Dans les branches, si vous avez besoin d'un petit ou d'un moyen rameau, surtout ne coupez pas le haut de la branche, mais recherchez dans la partie du bas un élément qui correspond à celui dont vous avez besoin et qui ne détruit pas l'harmonie de la branche. Vérifiez l'état de chaque fleur, supprimez les pétales ou les feuilles qui sont abîmés. Si une tige est coudée, coupez-la à un centimètre au-dessus du coude, à moins que ce soit une tige creuse, auquel cas on glisse un fil de fer à l'intérieur pour la redresser ou un petit bambou si l'orifice le permet *(Delphinium, Amaryllis)*.

Ne dirigez qu'exceptionnellement les végétaux qui en ont vraiment besoin, à moins qu'il ne s'agisse d'un bouquet sophistiqué.

Sachez que les fleurs trop longues s'évanouissent et se fanent rapidement. Plus elles sont longues, plus il en faut. La longévité d'une fleur est fonction de sa taille. Aussi, n'hésitez pas à raccourcir les tiges trop hautes. Si vous utilisez une mousse, la coupe des tiges doit être en biseau. Dans un vase contenant de l'eau, les fleurs placées en verticale auront une coupe horizontale afin d'obtenir une meilleure assise, celles placées en oblique seront coupées en biseau.

Ce ne sont pas toujours les plus belles qui ont un caractère susceptible de retenir l'attention. Elles peuvent être jolies sans être intéressantes ou, au contraire, intéressantes sans être parfaitement belles. Il arrive que le caractère de la fleur se trouve dans sa tige et qu'une fois raccourcie de quelques centimètres, elle perde sa personnalité. Combien de fois a-t-on vu des formes admirables saccagées par un coup de sécateur trop rapidement donné, cependant il faut aussi oser raccourcir la tige des fleurs, mais UN CONSEIL, *ne pas trop raccourcir la tige d'un seul coup.* Il est plus facile de le faire à nouveau si elle est encore trop longue, plutôt que de la rallonger si elle est trop courte. Comme pour la mise à l'eau, le faire sous l'eau. Pour supprimer une grande longueur, faire la coupe en deux fois, la première hors de l'eau, la suivante dans l'eau.

LES SUPPORTS TECHNIQUES

Ensuite, préparez dans le contenant le support technique le plus indiqué en rapport avec les végétaux choisis, l'emplacement et le style de bouquet que l'on a l'intention de réaliser.

Vérifiez la propreté du contenant. Si le bouquet est fait dans l'eau, remplissez le vase aux 3/4, ajoutez le complément lorsqu'il est en place.

Dans certains cas, le feuillage peut être considéré comme un support technique. Si le nombre de fleurs dont on dispose est insuffisant pour garnir l'ouverture d'un vase large et profond, si l'on ne possède ni grillage, ni pique-fleurs, ni mousse, il est possible de maintenir les fleurs en bourrant le vase avec du feuillage résistant *(Mahonia, Ruscus,* lierre, conifère). Veillez à ce qu'il ne dépasse pas le col du vase.

Mousses végétales

Pour les tiges molles et difficiles à enfoncer, se servir du poinçon à fleurs, afin de faire un avant-trou avant de piquer la tige.

Mousses synthétiques en vrac

La mousse est préparée plus ou moins compacte, suivant que les tiges des végétaux seront dures ou molles.

Remplissez le contenant avec de la mousse jusqu'au ras bord, il est préférable de ne pas piquer plusieurs tiges l'une près de l'autre. Essayez de laisser quelques millimètres entre elles. Si vous avez mal placé une fleur et que vous deviez l'enlever pour la repiquer à un autre endroit, appuyez sur la mousse afin de reboucher le trou. Ceci n'est pas réalisable avec les mousses en pain.

Pour piquer une tige, la prendre très bas et l'enfoncer délicatement, les doigts remontent le long de celle-ci au fur et à mesure qu'elle est enfoncée.

Si possible, ENFONCER LES TIGES VERTICALES LES PLUS HAUTES DE TOUTE LA HAUTEUR DE LA TECHNIQUE OU DE LA PROFONDEUR DU VASE. Attention, une fleur mal piquée ne peut absorber l'eau nécessaire. Si l'on désire avoir une fleur à l'horizontale, courber délicatement le bas de la tige (revoir : comment assouplir et diriger une fleur).

Mousses synthétiques en pain

Lorsqu'on n'utilise qu'une partie d'un cylindre, d'une brique, d'une plaque, si la totalité du bloc est imbibée d'eau, égouttez le morceau non utilisé et placez-le dans un sac plastique refermé jusqu'au jour où l'on en a besoin.

COMPOSER

Commencer par regarder et s'imprégner de tout ce dont on dispose. Bien étudier la forme de chaque fleur avant de la raccourcir et de la placer. Il faut toujours la prendre et la tenir par le bas de la tige pour bien juger de sa ligne, de son mouvement et la faire tourner afin de voir l'angle sous lequel son expression est la plus parfaite.

CE QU'IL NE FAUT PAS FAIRE

— Supprimer le fil d'un bouquet composé par votre fleuriste. Prenez le temps de trouver le vase qui lui convient ou calez-le avec l'astuce du papier.
— Couper une tige trop rapidement et jeter les feuilles. Prenez le temps de la réflexion.
— Dans les vases très étroits, les soliflores, ne placez pas une ou deux fleurs à courtes tiges. Elles manquent rapidement d'eau. Placez des tiges longues, vous n'avez pas à surveiller le niveau d'eau deux fois par jour.
— Ne cachez pas un vase décoré et de caractère. Utilisez ce décor pour faire votre choix et l'harmoniser. Tirez parti de sa personnalité.

À NE JAMAIS OUBLIER :
RÈGLES GÉNÉRALES

1o Elles sont fragiles : les manipuler avec délicatesse.
2o Les nettoyer afin de les mettre en beauté.
3o Couper les tiges des fleurs sous l'eau : il vaut mieux prévenir que guérir.
4o Les placer dans un récipient propre avec de l'eau claire et fraîche, additionnée d'un conservateur.
5o Chaque jour, vérifier et maintenir le niveau d'eau. Attention au vase à encolure étroite.
Réhumidifier les mousses.
6o Supprimer les fleurs fanées à l'aide d'un ciseau.
7o Quelques glaçons dans l'eau des vases par temps chaud.
8o Dans une ambiance sèche, vaporiser.
9o Éviter les courants d'air, les emplacement à proximité d'une source de chaleur, les rayons du soleil derrière une vitre.

AVEC LESQUELLES
COMPOSER UN BOUQUET DE SENTEUR

- basilic
- chèvrefeuille
- cyclamen des Alpes
- *Freesia*
- *Gardenia*
- giroflée
- glycine
- jasmin
- lavande
- lilas
- lis
- muguet gardenia
- œillet mignardise
- phlox

- pois de senteur
- quarantaine
- *Reseda odorata*
- romarin
- roses
- santoline (fleurs et feuillage ; couper avant épanouissement ; feuillage parfumé)
- seringa
- *Stephanotis*
- tanaisie
- thym
- tilleul
- violettes

21. QUELQUES BOUQUETS ET LEURS RÈGLES :
OÙ IL EST ENCORE QUESTION DE VASES ET DE CONTENANTS

Dans les vases, les contenants, il y a les symétriques et asymétriques, de couleurs unies et sans dessins (croquis n° 120). C'est dans ceux-ci que peuvent être réalisés les plus grands nombres de styles de bouquets. S'ils sont décorés, le choix est déjà plus limité. Il faut absolument en tenir compte (croquis n° 121 et 122).

Avec les asymétriques, il est indispensable de dialoguer avec eux afin de composer un bouquet harmonieux.

Avec une cruche, si l'anse est visible (croquis n° 123 A - B - C) il faut un bouquet asymétrique. Il peut être à face à condition d'être adossé, ou circulaire, posé au centre d'une table.

Par contre, si vous voulez faire un bouquet symétrique, l'anse doit se trouver à l'arrière ou au centre du bouquet (croquis n° 123 D - E).

148

n° 120
Vase neutre
permettant un grand
nombre de réalisations

n° 121
Vase à décor
symétrique nécessitant un
bouquet symétrique et de style

n° 122
Vase à décor
nécessitant
un bouquet asymétrique

  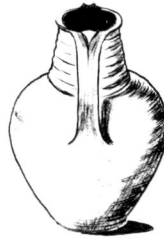

A   D   E

n° 123
Différentes positions d'un pichet
A, B, C, demandent un bouquet asymétrique
D, E un bouquet symétrique

B   C

UTILISATION DES SURFACES

Exécuter un bouquet circulaire dans un récipient à large ouverture demande une énorme quantité de végétaux, et davantage si les tiges sont longues. Dans un contenant, il n'est pas nécessaire d'utiliser tout le temps la totalité de son ouverture. Suivant le style et le nombre de végétaux dont vous disposez, vous pouvez prendre des surfaces différentes (croquis n° 124 A).

Avec des tiges plus courtes et une surface moindre, vous pouvez encore réaliser un bouquet circulaire, mais de moindre envergure. Pour cela, prendre le diamètre du fond de la vannerie. Cette mesure devient celle du support technique (mousse en pain, contenant technique avec pique-fleurs ou mousse en vrac) dans lequel vous piquez les tiges. L'espace restant entre la technique et le bord peut rester vide, ou bien le remplir de mousse végétale. Cette fois, la tête des fleurs repose sur le bord de la van-

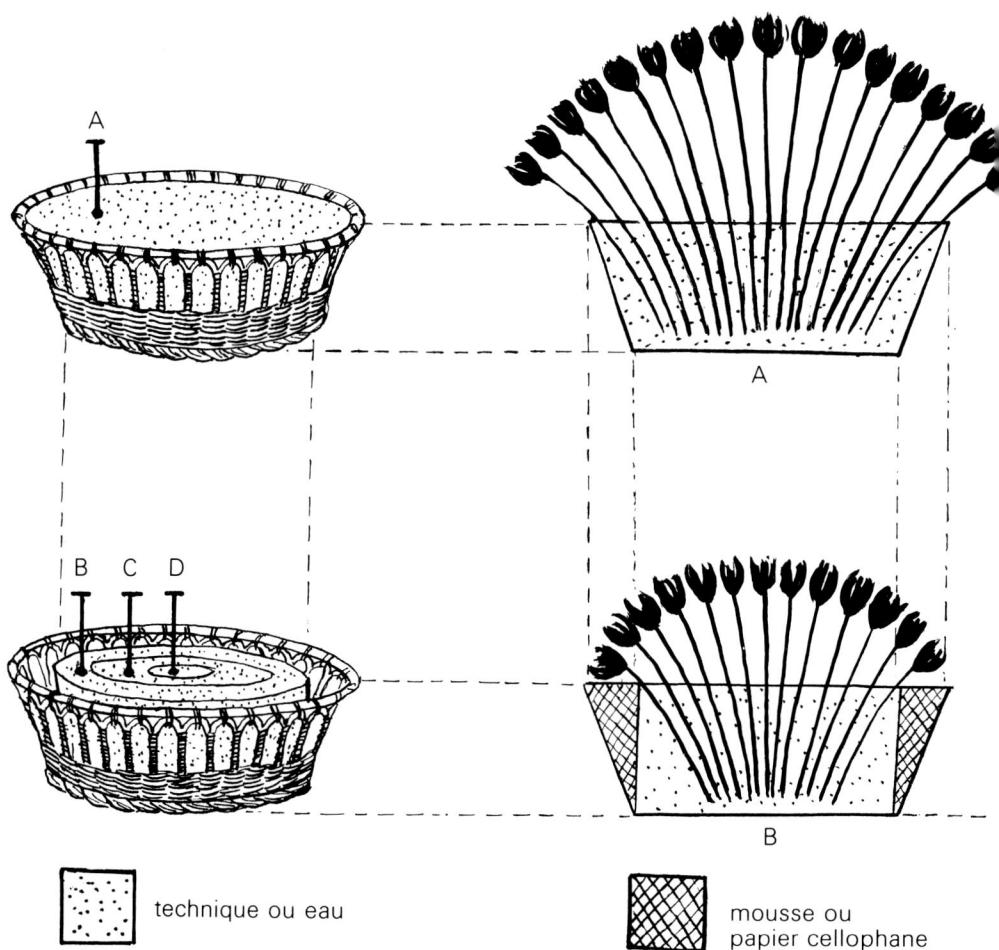

technique ou eau

mousse ou papier cellophane

nerie (croquis n° 124 B). Avec un nombre de fleurs restreint, faire un plus petit bouquet qui donne finalement l'impression d'un bijou dans un écrin (croquis n° 124 C). Avec une technique encore de moindre surface, ayant des tailles différentes, vous pouvez réaliser un bouquet jet d'eau (croquis n° 124 D).

Dans le même contenant, n'oubliez pas que l'on peut aussi déporter le bouquet. N'utilisez qu'une partie de la surface de vos grands plateaux et variez l'emplacement des bouquets suivant sa place et l'importance du vide. Cet espace peut être utilisé pour placer quelques fruits ou des gâteaux d'apéritif.

Avec les vases, n'utilisez qu'une partie de leur ouverture. La technique des kubaris est particulièrement intéressante (voir croquis n° 77).

Prendre des baguettes dont la longueur est légèrement supérieure au diamètre du vase, ensuite les ajuster par une coupe très droite à chaque extrémité et les disposer suivant la découpe que l'on a choisie. Une fois les baguettes placées, disposer les fleurs dans l'un des orifices. Au début, cette technique requiert beaucoup de patience, et, peut-être doit-on la répéter plusieurs fois avant de la réussir parfaitement. Pour vérifier qu'il n'y a pas de jeu entre les baguettes et le vase, on peut soulever celui-ci par les baguettes. Attention, prendre garde car si celles-ci ne sont pas calées, il y a risque de chute. Pour faciliter la réalisation de l'arrangement, mettre dans le fond du vase et dans l'axe de l'orifice un pique-fleur qui maintient le bas des tiges, leur partie supérieure étant maintenue par les baguettes.

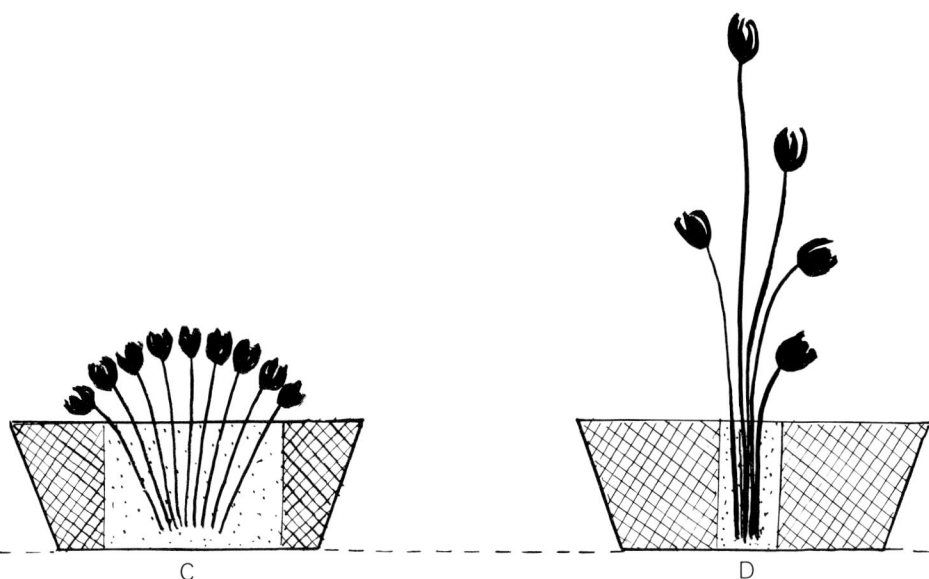

C   D

n° 124
Différentes possibilités d'utilisation de la surface d'une vannerie

BOUQUET DE LIGNE

Avec un petit nombre de fleurs, il est plus aisé de faire un bon bouquet linéaire qu'un bouquet de volume.

Même avec quatre fleurs!... dans un vase à encolure étroite, en les disposant en ligne verticale, avec des espacements harmonieux et des épanouissements légèrement différents, on peut réaliser un bon bouquet de ligne. Ce type de bouquet peut avoir jusqu'à une douzaine de fleurs.

Pour vous en faciliter la réalisation, il faut avant toute chose étudier chaque fleur, chaque feuille, les regarder attentivement afin de rechercher l'expression la plus intéressante de la fleur et celle de sa ligne.

Parmi les fleurs et les feuilles, vous trouvez les indisciplinées qui ne sont vraiment intéressantes que sous un angle très précis et les disciplinées, les passe-partout qui vont aussi bien à droite, à gauche et au centre.

Sur la table, posez sur votre gauche pour les gauchères, puis les droitières sur votre droite et devant vous, les passe-partout. Mais, il faut aussi différencier les tiges épaisses et les tiges minces. En effet, entre deux fleurs identiques, mais ayant une tige mince ou épaisse, cette dernière est plus harmonieuse si vous la raccourcissez et la placez dans le bas du bouquet. La plus mince étant gardée pour sa pointe.

Si vous avez une majorité de tiges rigides et droites, votre bouquet sera vertical. Avec des courbes gauches, vous en réaliserez un en forme de croissant, de même avec des courbes droites mais en sens inverse. Avec un mélange des trois, il sera symétrique.

Recherchez la plus volumineuse, placez-la dans le bas de votre bouquet, au ras de l'ouverture du vase et projetée vers vous. Piquez les autres les unes au-dessus des autres en diminution progressive de leur volume. Les espaces entre les fleurs peuvent être, comme dans la nature, réguliers ou progressifs.

BOUQUET CIRCULAIRE

Il n'y a pas d'objet possédant des formes plus variées que les vases. Leur forme a une importance pour l'effet décoratif final du bouquet mais, suivant les fleurs et leurs tiges, il est plus ou moins facile de le faire.

Avec une douzaine de fleurs aux tiges souples, il est nécessaire d'en diriger quelques-unes (3 ou 4) pour le centre du bouquet. N'oubliez pas qu'avec un nombre restreint de fleurs, il est préférable de choisir des vases à encolure resserrée, puis évasées et d'appliquer la première des règles de l'art des bouquets : la grosseur totale des tiges égale à l'ouverture du vase.

Bouquet de ligne.

Bouquet circulaire de fleurs à tiges souples.

XXX

Bouquet rond avec jetée.

XXXI

Dommage que vous ne puissiez le sentir.

XXXII

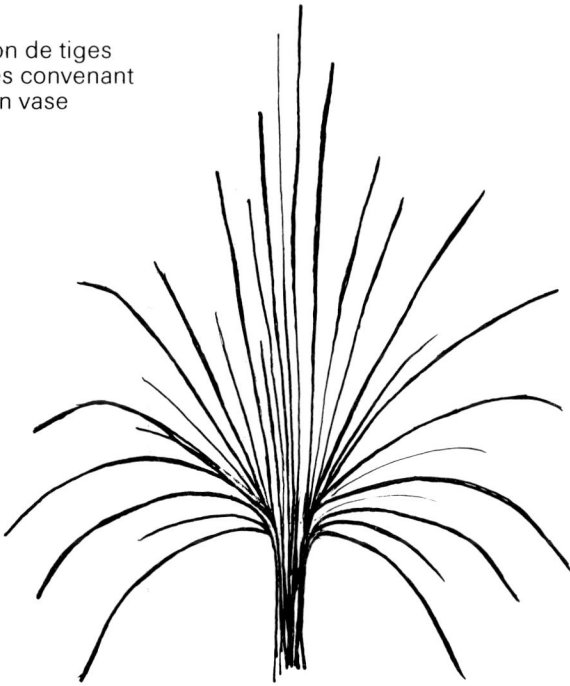

n° 125
Bonne disposition de tiges
rigides et souples convenant
parfaitement à un vase
cylindrique

Tiges souples et rigides

Remplir le vase aux 3/4 d'eau. S'il est trop profond, par rapport à la longueur des tiges, placez un bouchon de papier dans le fond du vase, afin de les surélever. Commencez par départager les souples des raides. Placez les souples en couronne en les faisant reposer sur le rebord du vase. Disposez ensuite celles qui sont plus longues dans les intervalles vides et en retrait des précédentes. Faites de même avec les raides ; les dernières étant verticales (croquis n° 125).

Tiges raides

Si toutes les fleurs sont de même longueur, afin d'avoir un bouquet sur deux plans, en raccourcir la moitié de quelques centimètres. Puis les mettre dans un vase à encolure resserrée (croquis n° 126). Pour faire rapidement un gros bouquet parasol, avec une botte d'œillets (50 fleurs), procédez de la manière suivante. Placez sur la table en ligne horizontale sept à neuf fleurs, puis mettre sur ce premier rang un deuxième, un troisième et ainsi jusqu'à épuisement. À chaque rang, la tête des fleurs repose l'une sur l'autre. Ensuite, avec les mains, rassemblez et prenez le bas de toutes les tiges, mettez-les dans le vase ; en replacer quelques-unes si cela est nécessaire.

153

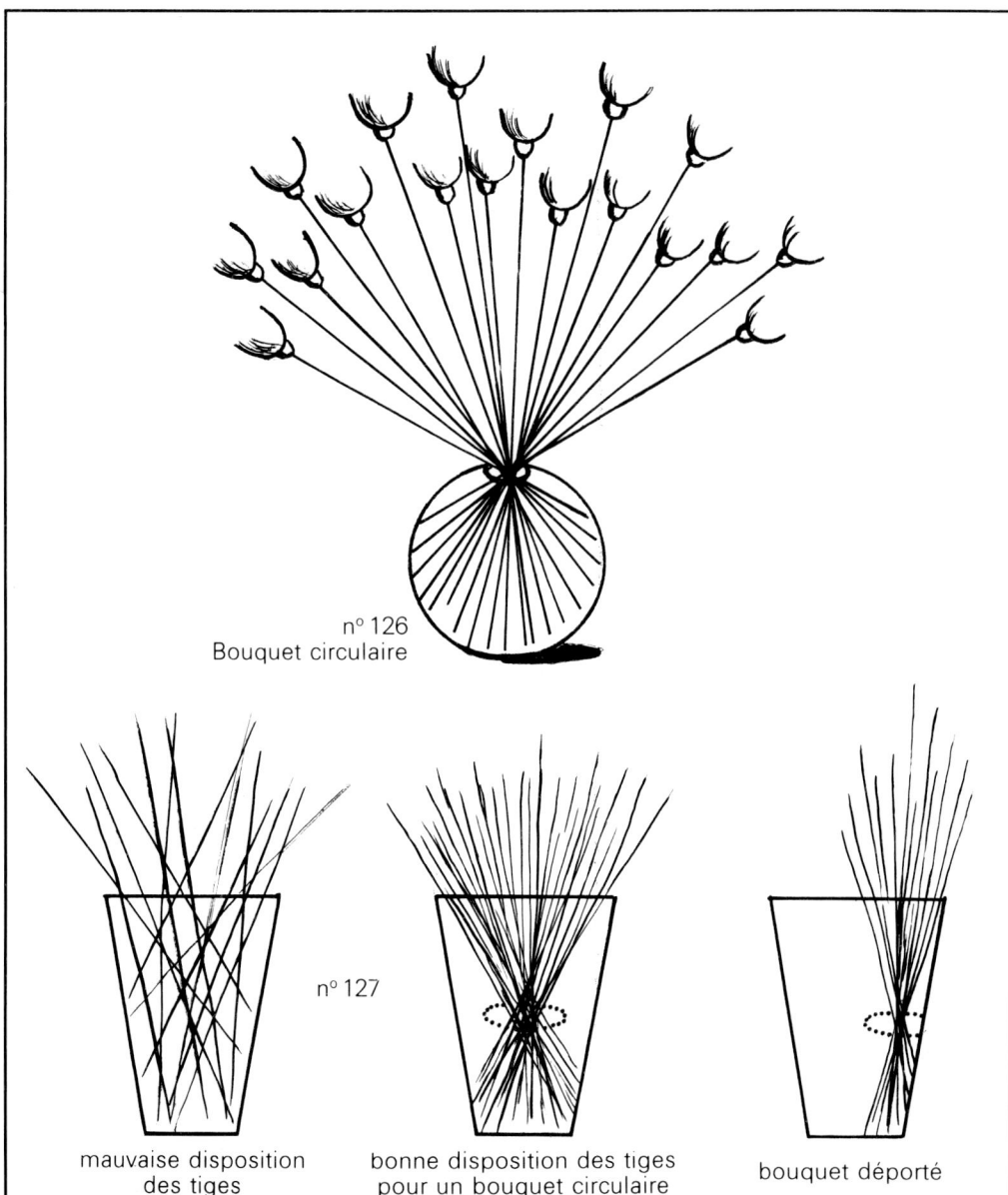

n° 126
Bouquet circulaire

n° 127

mauvaise disposition
des tiges

bonne disposition des tiges
pour un bouquet circulaire

bouquet déporté

Si vous avez plus de temps : remplir un vase aux 3/4 d'eau. Raccourcir de quelques centimètres celles qui sont placées en premier sur le pourtour de l'encolure. Les faire reposer sur le rebord. Toutes les tiges sont inclinées, leurs pointes dirigées vers le centre du vase. Ensuite, placez en retrait du premier rang dans les intervalles d'autres fleurs que vous raccourcissez et inclinez moins que les précédentes. Faites un troisième rang en les inclinant moins, les tiges s'entrecroisent et se maintiennent entre elles. Les dernières tiges des fleurs sont placées verticalement au centre dans les vides (croquis n° 127).

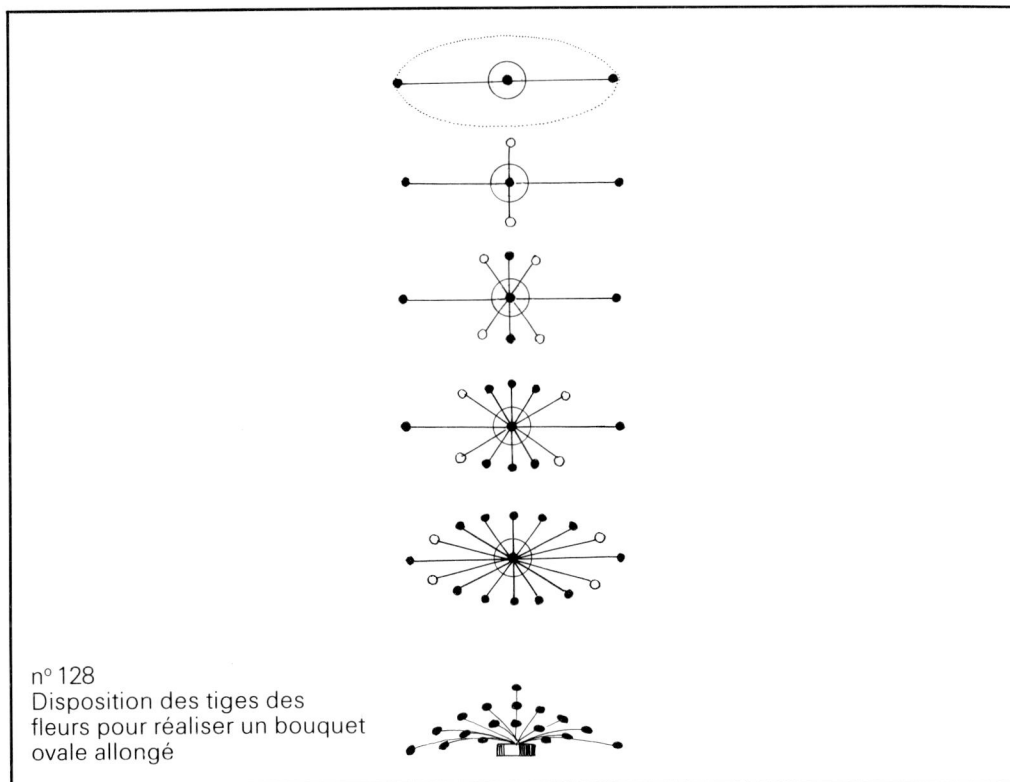

n° 128
Disposition des tiges des fleurs pour réaliser un bouquet ovale allongé

BOUQUET OVALE

Afin de vous faciliter la réalisation de ce bouquet, vous pouvez vous aider en préparant un patron. Dessinez sur une grande feuille de papier un ovale plus ou moins étroit suivant l'emplacement final du bouquet. Découpez ce gabarit, en son centre placez la coupe ou le récipient. Attention ! Les fleurs ne devront pas dépasser du patron. Ensuite, choisissez deux fleurs aux tiges longues ; s'il est nécessaire de les raccourcir, coupez-les ensemble. À l'horizontale, placez-en une sur la gauche, l'autre sur la droite puis une troisième au centre verticalement. Perpendiculairement à celle-ci, disposez deux autres fleurs nettement plus courtes ; ainsi vous avez délimité la silhouette du bouquet. Ensuite, coupez toutes les autres tiges deux par deux, piquez-les toujours en diagonale et en quinconce jusqu'à épuisement (croquis n° 128).

Si vous désirez un bouquet avec relief, pratiquez de même avec d'autres fleurs nettement plus courtes. Utilisez du feuillage très court, au ras de la mousse pour la cacher.

155

BOUQUET ÉVENTAIL

Facile à réaliser. Prendre un éventail et l'ouvrir. Vous avez sous les yeux la disposition des tiges. Commencez par la tige médiane, vous trouvez la longueur des tiges du plus grand éventail. À chaque nouvelle taille d'éventail, la hauteur des fleurs diminue.

BOUQUET ROND BOMBÉ

Pour faire ces bouquets, il est préférable de choisir des contenants ronds ou d'utiliser des blocs de mousse ayant la forme d'un cylindre ou celle d'une demi-sphère.

Les fleurs de chaque rang doivent être bien calibrées. Toutes celles d'un même rang doivent avoir la même taille. À chaque nouveau rang, les fleurs doivent avoir environ une tête de plus que celles du rang précédent ; les espaces entre chaque fleur sont réguliers et cadencés (croquis nº 129). Commencez par la base du bouquet et le cercle le plus grand (A). Piquez les fleurs en les inclinant presque à l'horizontale. Au rang suivant (B) placez les fleurs en quinconce en les redressant. Faire de même à chaque rang (C - D). La dernière fleur au centre est à la verticale (E).

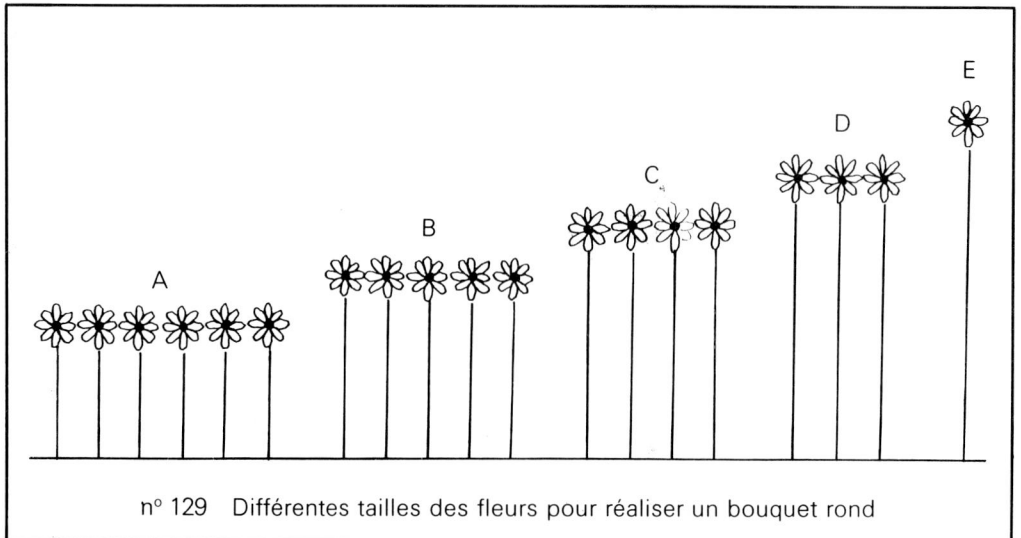

nº 129   Différentes tailles des fleurs pour réaliser un bouquet rond

156

BOUQUET DE GRAMINÉES

C'est avec le type de vase du croquis n° 78 D qu'il est facile de réaliser de ravissants bouquets de graminées. Suivant votre récolte, vous pouvez en mélanger plusieurs sortes ou n'en utiliser qu'une seule. Il vous en faut une très grande quantité. Commencez par faire leur toilette en supprimant les petites feuilles tout le long de la tige. Trier et départager les rigides des flexibles. Même avec des tiges de même hauteur, vous pouvez réaliser ce bouquet. Il vous faudra juste en rallonger quelques-unes en enfonçant dans le bas à l'intérieur de la tige un fil de fer (croquis n° 130).

Commencez par les tiges souples, en les faisant reposer sur le rebord du vase. Espacez-les avec cadence tout autour de l'encolure, puis dans les espaces vides, faites de même avec un deuxième cercle ; ainsi de suite jusqu'à épuisement.

BOUQUET MÉDICIS

C'est actuellement le style qui a le plus d'audience auprès du public. Réalisé dans un vase Médicis (croquis n° 131), cet arrangement classique triangulaire, polychrome ou en camaïeu demande un nombre important et une grande diversité de végétaux.

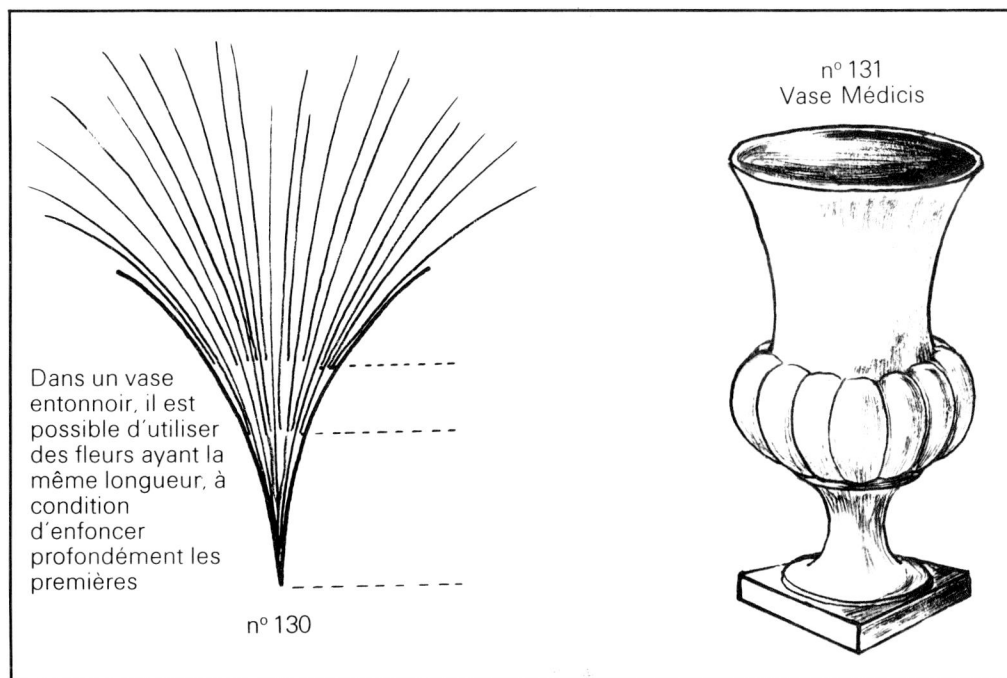

n° 131
Vase Médicis

Dans un vase entonnoir, il est possible d'utiliser des fleurs ayant la même longueur, à condition d'enfoncer profondément les premières

n° 130

De conception relativement similaire au bouquet du XVIIᵉ sa forme s'est considérablement modifiée au cours des siècles. Plus élancé vers la pointe, les côtés se sont allongés. La densité des fleurs et leurs couleurs ont gardé la même valeur. Les tiges des végétaux sont devenues plus rigides, les emplacements des tiges sont différents et l'orientation des fleurs est moins diversifiée.

Il est recommandé de choisir de préférence des fleurs de même durée afin que le bouquet garde jusqu'à la fin le même caractère. Avant de faire ces savants bouquets, il faut faire ses gammes en prenant une seule espèce de fleurs, de la même variété et d'une même couleur. Par la suite, vous pouvez rechercher des combinaisons de plus en plus nombreuses et difficiles. Une fois terminé, le bouquet doit avoir entre deux fois et demie et trois la hauteur du vase. Auparavant, ébauchez le bouquet sur la table en disposant les fleurs à plat de façon qu'elles soient à différentes hauteurs, le bas des tiges convergeant vers un même point.

Placez la première tige médiatrice sur l'arrière du vase et au centre. Disposez de façon symétrique une deuxième sur la gauche et une troisième sur la droite légèrement en avant de la première (croquis nᵒ 132 A). À nouveau, sur la gauche et sur la droite, placez deux autres tiges plus courtes que les précédentes et un peu décalées sur l'avant (figure B). Ensuite, délimitez la largeur des côtés en mettant sur la droite et la gauche une fleur longue. Procédez pour les côtés de même façon que pour les fleurs du centre (figure C). Afin de donner plus de relief, des tiges plus courtes sont mises au milieu des autres et en fond sur différents plans (figure D).

BOUQUETS CONIQUES (PYRAMIDAUX)

Bouquets ornementaux, d'un goût très raffiné, ils sont jolis partout, à la campagne, comme à la ville ; ils demandent beaucoup de temps, de fleurs, de matériaux et de précautions. Ce type de décor est toujours très apprécié, surtout pour les garnitures de table ou de buffet.

Ils peuvent être faits avec un seul élément (fleurs, feuillages, fruits, légumes, pommes de pin) ou tous ces éléments peuvent être groupés en partie ou en totalité selon votre goût.

Ces bouquets demandent du temps, beaucoup de matière première. Aussi, en composer avec des éléments naturalisés et secs et pouvoir les placer sur différents supports, qui en renouvellent l'aspect général, rentabilisent matière première et temps passé.

Un cône sans relief demande moins d'éléments que celui qui en a. Pour le premier, ils sont tous placés sur le même plan ; pour le deuxième, ils sont mis sur deux, trois ou quatre plans.

Si la structure de base du cône est bien conçue et bien faite, on peut l'utiliser pour d'autres types d'arrangements (croquis nᵒ 133).

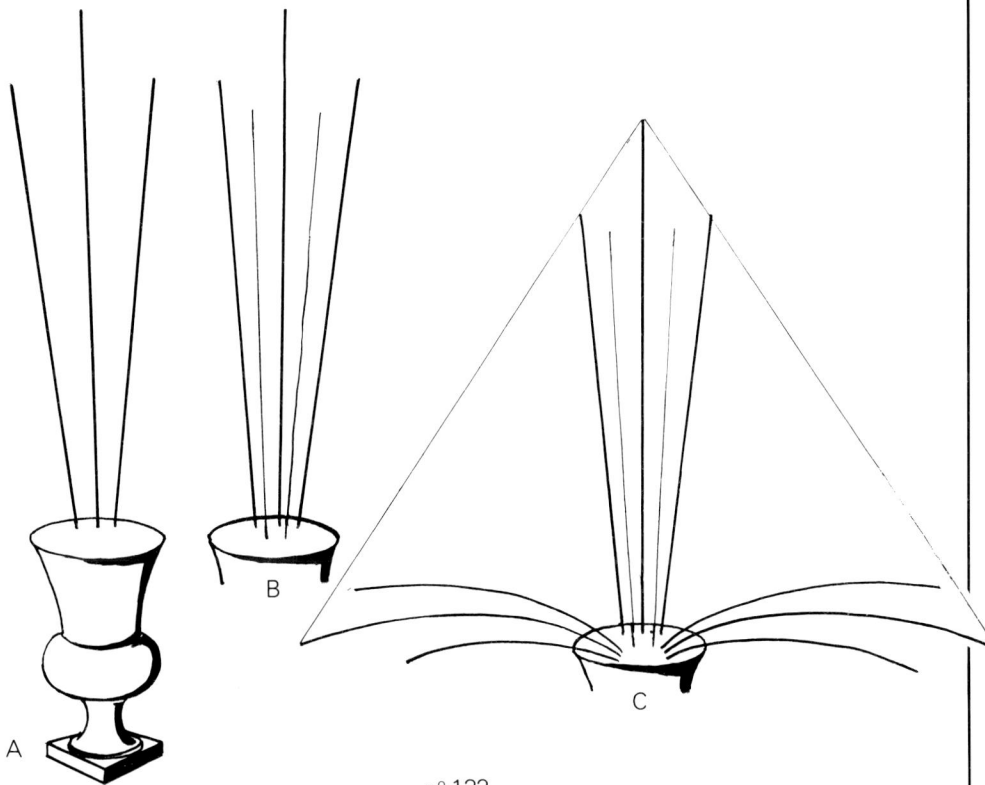

n° 132
Comment disposer les tiges
pour réaliser un bouquet adossé

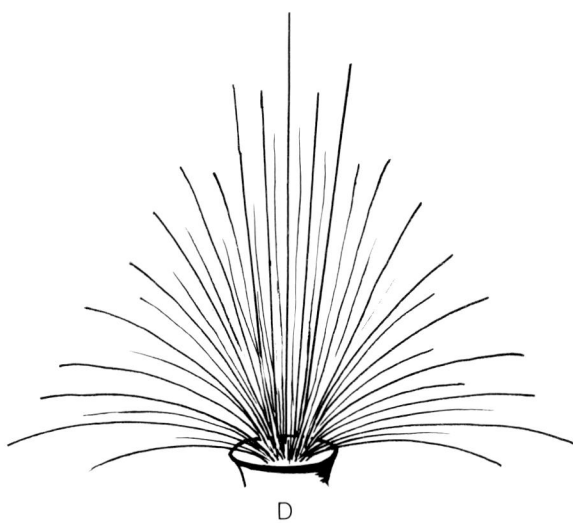

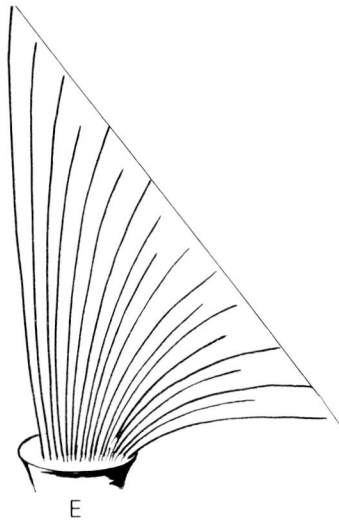

Cône

Avec du grillage à mailles moyennes, faire un cornet. Celui-ci peut être plus ou moins haut et évasé dans le bas. Ensuite, avec de la mousse végétale, en botte ou plaquette, remplir l'intérieur du cône, bien la compresser surtout si les éléments sont lourds (orange, citron, fenouil, pomme, etc.) puis fermer l'orifice du cornet avec un morceau de carton épais, qui est recouvert d'une feuille plastique, afin qu'il ne prenne pas l'humidité de la mousse lorsqu'elle sera mouillée. S'il est envisagé d'ajouter quelques fleurs et feuillages naturels, ménager les emplacements en découpant dans le grillage des orifices destinés à recevoir soit des morceaux de mousse synthétique, soit des petits pots miniatures de confiture ou pots de yaourt contenant eux de la mousse synthétique en vrac. Recouvrir l'extérieur avec de la jolie mousse plaquette, la découper aux exmplacements destinés aux fleurs vivantes.

Ensuite, composer... Disposer les éléments soit par taches de couleurs, soit par rangées verticales, horizontales, raides ou courbes.

Si on utilise des petites fleurs avec d'autres plus importantes, attention au rapport balance (par exemple, si vous avez choisi des petits narcisses et des roses, groupez plusieurs narcisses afin de rétablir la balance. Pour un mélange pâquerettes-lilas, départagez en trois la grappe du lilas, et réunissez les pâquerettes par trois ou quatre.

Avec les fruits, respectez aussi leur volume. Pour les cerises, les radis, les petits oignons, le persil, préparez en premier des petits bouquets et attachez-les avec fil de fer mince. Il est plus facile de le serrer. Ensuite, passez-en un plus gros en forme de canne ou d'épingle à cheveux pour piquer dans le cône.

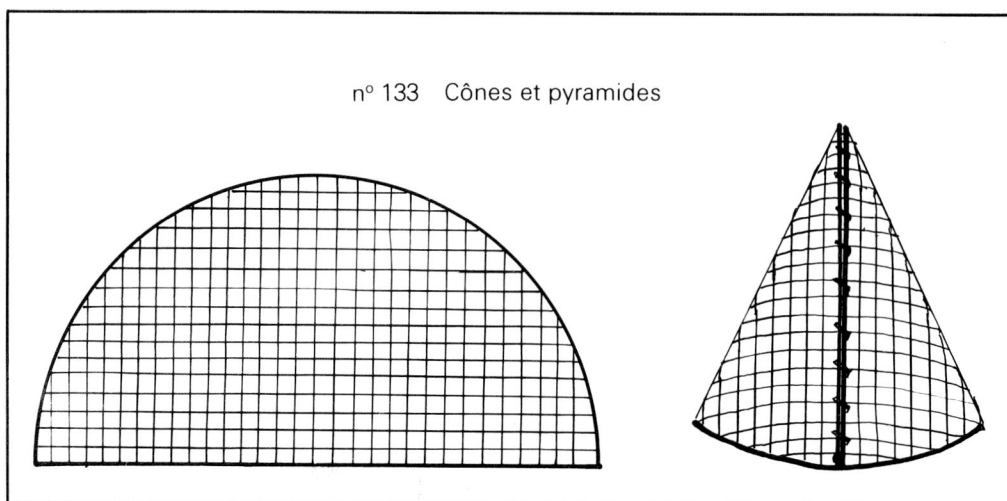

n° 133   Cônes et pyramides

Couronne de graminées.

Bouquet adossé, de forme conique, dérivé du Médicis.

XXXIV

Composition : jardin.

Bouquet d'inspiration japonaise. Arrangement de lignes et de graphisme.

Pour les fruits et légumes, tels que les oranges, citrons, pommes, piments, tomates, artichauts, prendre un petit bois. La grosseur du bâtonnet doit toujours être en rapport avec celle du fruit ou légume que l'on utilise. Pour que le fruit ne soit pas abîmé, il est préférable d'enfoncer le bâtonnet bien droit au centre du pédoncule et piquez-le en biais dans le cône. Pour les champignons, choux de Bruxelles, etc., la taille d'un cure-dent ou pique-olive est suffisante.

Pour une autre interprétation, faire un bouquet à la pointe du cône. Pour cela, découper la pointe du cône et placer à l'intérieur, soit un verre en plastique, soit un gros tube ou tout autre récipient. Remplir ce contenant de mousse synthétique et piquer les fleurs en jetée élancée et élégante.

COMPOSITION — PAYSAGE

Comme son nom l'indique, c'est un paysage miniature et non une « coupe plantée ». Pour le réaliser, il est nécessaire de prendre des coupes basses, très grandes. L'espace entre les éléments joue un rôle primordial dans ce type de jardin. Dans une coupe de moyenne dimension, il est possible d'en réaliser, mais les proportions sont plus difficiles à respecter. De grands plateaux en métal ou en laque synthétique peuvent être utilisée.

Avant de concevoir ces arrangements qui peuvent être arides, luxuriants, marécageux, montagneux ou marins, il faut étudier la nature non dans son aspect grandiose qui domine l'homme, mais dans sa partie minuscule d'où l'homme la domine. C'est-à-dire que nous devons nous pencher vers la terre afin d'étudier les jeunes plantes et tous les jeunes arbres.

Regardez, puis sélectionnez en fonction de votre choix, en essayant toujours d'avoir des rapports de proportions harmonieux. En effet, il ne faut pas que la touffe d'herbe ou de jonc soit plus importante que la jeune pousse de bouleau ou celle du hêtre, qui se trouve dans le même arrangement. Par contre, cette même touffe de jonc peut devenir le point culminant, à condition que le restant du paysage se rapproche le plus possible de la nature qui se trouve plus bas que les joncs.

Lorsque vous avez fait votre choix, essayez de prélever les végétaux avec le plus de racines possible, et une motte de terre suffisante. Placez les plantes, les herbes, les petits arbustes dans un panier dont le fond est garni d'un chiffon mouillé. Prenez aussi la pierre, la branche qui est à côté, elles peuvent simuler un rocher, un tronc couché, etc. Les végétaux s'adaptent plus facilement et durent mieux s'ils ont leur terre d'origine.

Protéger les plateaux en métal et en laque synthétique par une feuille épaisse de plastique. La couper au ras du bord, juste au niveau de la terre. En premier, faire un léger drainage en mettant un demi-centimètre de sable, puis la terre. Disposer les végétaux de manière à recréer la nature.

Essayer plusieurs emplacements afin de voir celui qui est le plus harmonieux. Creuser un peu à l'emplacement où les plantes prendront place. Remettre de la terre sur le dessus, et tasser légèrement. Placer les cailloux, les coquillages, les sables, les mousses, les pierres ou les bois, puis vaporiser votre jardin extraordinaire.

Placez-le à hauteur des yeux ou en plongée dans un endroit lumineux et aéré. Regardez-le, surveillez-le chaque jour. Maintenez l'humidité de la terre et, s'il fait très sec, vaporisez-le de temps en temps.

Pour faire les jardins de cactus, prenez des gants de jardinier ou de vieux gants de peau et n'oubliez pas d'utiliser des terres colorées aux tonalités chaudes.

BOUQUET LINÉAIRE — D'INSPIRATION JAPONAISE

Dans un bouquet, dès qu'il y a un petit nombre de fleurs, du graphisme et de l'asymétrie, pour le public occidental non initié, il s'agit d'un bouquet japonais.

Dans 98 % des cas, ce n'est qu'un bouquet d'inspiration japonaise, interprété et exprimé par un Européen qui n'a connaissance que d'une partie des règles de l'*ikebana,* et le retransmet avec sa culture et sa propre sensibilité. Ce qui ne diminue en rien la qualité esthétique de certains bouquets qui sont, la plupart du temps, un mélange harmonieux de l'art floral occidental et de l'art floral oriental.

Ce style de bouquet ne demande qu'un petit nombre de végétaux ; il est exécuté dans des coupes basses, ou des vases aux formes simples avec un pique-fleur. Éventuellement, sur une base de pierre, de bois, de laque ou sur un plateau en utilisant le pique-mousse et une partie de mousse synthétique.

L'harmonie de ces bouquets est faite de la complémentarité des pleins et des vides, cet ensemble s'inscrivant dans une même figure géométrique. Les tiges des fleurs et des branches sont piquées très proches les unes des autres sur une petite surface et au centre du pique-fleur ou de la mousse. Dans le choix des végétaux, il y a unité de branche et unité de fleur, mais pour ces dernières, toutes ne sont pas au même stade de maturité.

Après avoir choisi vos branches, regardez-les de tous côtés, dans toutes les positions. Tout ne doit pas être traduit également, il faut savoir sacrifier certaines choses pour en mettre d'autres en valeur. Si vous devez raccourcir une tige, ne vous précipitez pas, regardez si la longueur est bien celle qui est nécessaire ; dans ce style de bouquet, le tube ne peut intervenir.

Si vous désirez accentuer une ligne ou en donner d'autres, avec des branches de genêt, des bourgeons de saules, de noisetier, n'oubliez pas qu'elles doivent toujours avoir une apparence naturelle.

162

GRAPHIQUE = CARACTÈRE

BAS-RELIEF — HAUT-RELIEF = SCULPTURE.

Ce style d'arrangement n'a fait son apparition que depuis une trentaine d'années. Ce sont les Japonais qui, les premiers, les ont réalisés. Avec des matériaux divers au caractère très marqué : troncs, branches, racines, bois flottés, pierres, lianes, bambous. Les fleurs exotiques qui étaient méconnues jusqu'à cette époque au Japon et en Europe font aussi leur apparition dans ces arrangements (*Anthurium, Strelitzia,* rose de porcelaine, *Heliconia,* etc.). D'autres fleurs courantes sont aussi utilisées ; elles sont groupées en masse serrée de différents volumes, sur divers plans.

Par la suite, à ces nouveaux éléments est venu s'ajouter le métal sous tous ses aspects : fils, tuyaux, plaque. Également des éléments secs : graines naturelles ou teintées. Ceux-ci sont assemblés quelquefois sans aucun vase : clous, vis, agrafes, broches, sont utilisés pour les maintenir entre eux. Pour les fleurs et les feuillages naturels, qui accompagnent ces structures, des tubes de différentes tailles contenant de l'eau sont disposés et cachés çà et là de façon savante, afin de répondre toujours au terme *ikebana* : fleurs vivantes.

À cette époque, en Europe, de nouveaux vases ont fait leur apparition. Graphisme, ligne et surface en sont les principales caractéristiques (croquis n° 134). Ils demandent une expression florale contemporaine et des couleurs contrastées. Le point d'attraction est déplacé par rapport aux bouquets classiques. Celui-ci peut se trouver placé plus haut et asymétriquement par rapport à l'ensemble. Les mêmes fleurs sont souvent utilisées à des degrés d'épanouissement différents ou identiques en tenant compte du graphisme des masses et des plants.

Assembler n'importe comment divers éléments, mène souvent à la catastrophe. Commencer par en utiliser un seul. Rechercher ceux qui ont un caractère commun très prononcé, les étudier séparément, les classer et trouver l'élément dominant. Parfois il sera placé le premier, d'autres fois en dernier. Disposer les autres en fonction de la forme et de l'emplacement du premier. Chaque fois qu'un suivant prend place, le présenter à différents endroits et regarder ce qu'il donne de face et de profil avant de déterminer sa place définitive.

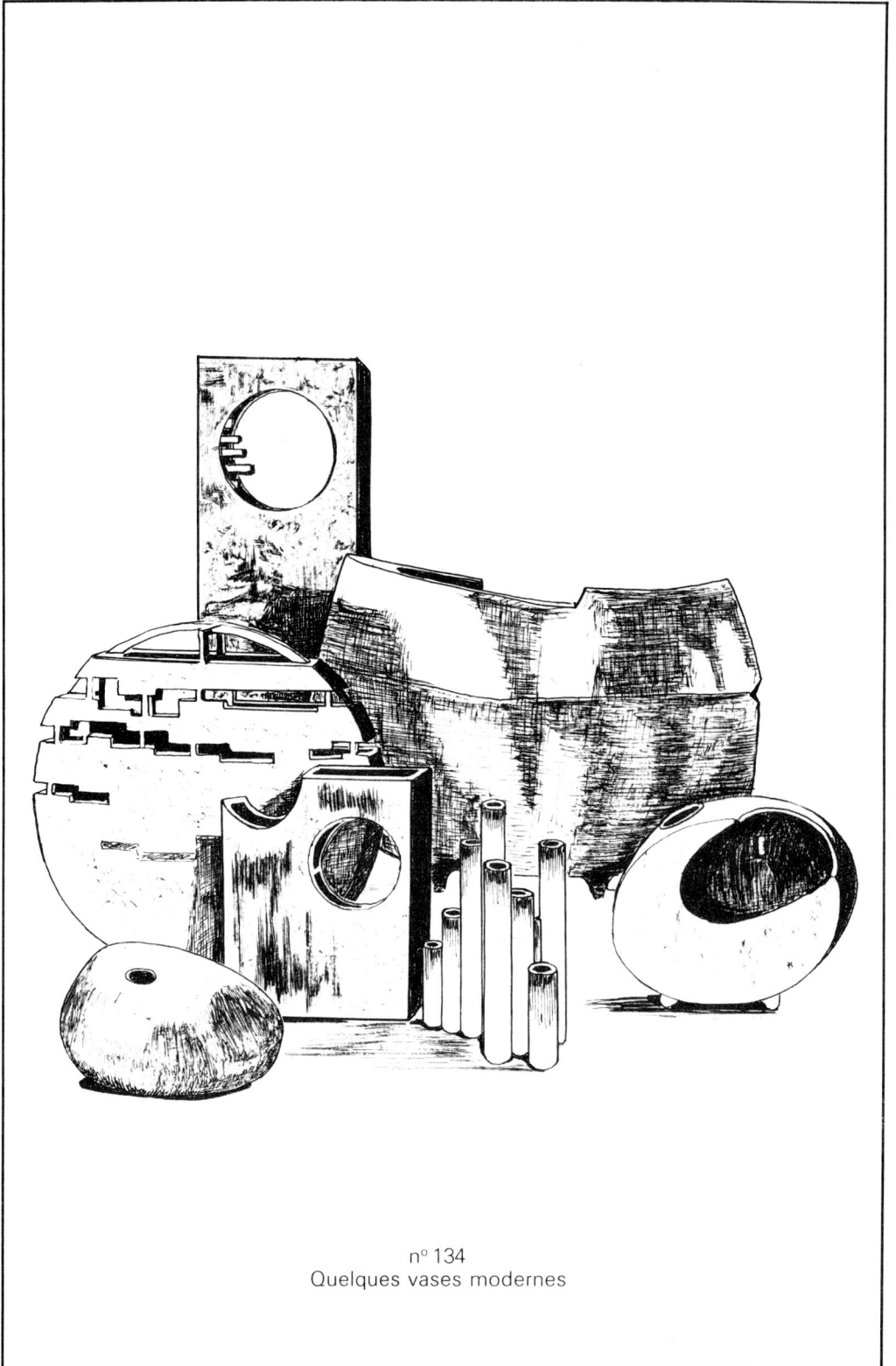

nº 134
Quelques vases modernes

22. LES MOYENS DE SE CORRIGER

Voici quelques trucs qui vont vous permettre de mieux harmoniser vos bouquets. Si vous travaillez sur la table de votre cuisine, vous devez rester assise, sinon vous surélevez le bouquet avec votre faitout renversé. L'angle de vision sous lequel vous travaillez est très important. Pour avoir une plus juste vision, pensez au chevalet du peintre.

Quand on a presque terminé un bouquet, avant de l'achever et de le placer, l'abandonner pendant quelques minutes, puis revenir vers la réalisation. Le regarder de loin, de face, de trois quarts et de profil, il apparaît d'une manière différente, aussi peut-on mieux se rendre compte des défauts.

Lorsqu'il est terminé, placez votre bouquet devant une glace, elle vous aide à mieux voir certains défauts. Faites tourner votre bouquet de face, de trois quarts et de profil. Pour un œil inexpérimenté, il est difficile de discerner l'absence de relief, la glace vous y aide.

Dessinez avec votre main le contour de la forme de votre bouquet et voyez si une ou deux fleurs débordent, alors raccourcissez-les. Si les éléments se trouvent dispersés, combien de bouquets deviennent plus harmonieux, lorsque l'on regroupe les tiges sur une plus petite surface.

Lorsque le bouquet semble trop petit par rapport au vase, on peut diminuer la hauteur de ce dernier en disposant quelques feuilles ou fleurs courtes sur le devant du bouquet, en les inclinant légèrement vers le bas. Ainsi, l'on augmente le volume du bouquet et on diminue l'importance du vase et redonne une harmonie à l'ensemble.

Il y a aussi la possibilité d'agrandir le volume du bouquet en plaçant une ou deux fleurs plus longues au faîte de celui-ci, ou bien d'en placer une ou deux courtes dans un tube que l'on rallonge avec du fil de fer afin de leur donner la longueur voulue (revoir croquis n° 78).

Dans un vase carré ou rectangulaire, prendre l'angle de fuite comme centre du bouquet, l'ensemble s'en trouve allégé.

Il arrive souvent que l'on parte d'un élément qui s'appelle point de fixation. Ce point de départ peut être une fleur, un feuillage, une branche, un accessoire, parfois c'est le contenant. Ensuite, lorsque le bouquet est achevé, on s'aperçoit qu'il dénote et ne va plus avec l'ensemble. L'unité n'est pas présente. Il faut le supprimer afin de ramener l'harmonie. Tout comme un peintre qui doit meubler le vide de sa toile et commencer par dessiner quelques éléments, lesquels par la suite n'auront aucun rapport avec le sujet final. Dans la réalisation d'un bouquet, il en est de même ; il faut commencer par quelque chose mais, au fur et à mesure du travail, l'ensemble prend une tout autre orientation que celle que l'on pensait donner avec le point de départ choisi ; il faut le supprimer.

L'envers vaut l'endroit

Regarder l'arrière des bouquets adossés :
« L'envers vaut l'endroit » est valable pour un arrangement visible de face. Mettre quelques branches de feuillages qui camouflent les tiges, le grillage, le pique-fleurs ou la mousse. Soyez minutieux et raffiné dans ces petits détails, ils ont leur importance.

N'oubliez pas, une fois le bouquet achevé et placé, de remettre de l'eau dans le contenant.

Surveiller et entretenir

Tant que l'eau des vases est claire, maintenez son niveau, ne touchez pas à votre bouquet, regardez-le chaque jour, détachez les pétales ou les fleurs fanées et coupez juste la partie nécessaire pour rétablir l'harmonie du bouquet.Si vous le pouvez, vaporisez-le. Attention, ce sont souvent les fleurs aux tiges les plus longues qui fanent en premier ; elles ne sont pas enfoncées suffisamment dans les mousses ou bien le grillage dépasse trop au-dessus du vase et les tiges ne sont pas prises dans les trois épaisseurs.

Malgré tous les soins que nous accordons aux fleurs, comme les êtres humains, elles ne durent pas le même laps de temps. Il y a celles qui fanent plus rapidement que d'autres, aussi, au bout de quelques jours, pouvons-nous refaire un autre bouquet (croquis n° 135 A et B).

Apprendre avec une composition harmonieuse

Quand il est fané, ne jetez pas d'un bloc un bouquet, une composition que vous avez trouvé particulièrement harmonieux ou intéressant. Il faut prendre le temps de défaire chaque végétal un par un en commençant par exemple par le feuillage, puis par une sorte de fleurs, d'abord les plus hautes, ou encore, essayez d'en supprimer quelques-unes de façon à conserver le même style, mais d'un volume moindre. Parfois, vous ferez de curieuses découvertes : avec trois ou quatre fleurs en moins, la composition a perdu son caractère et vous en découvrez un autre tout aussi harmonieux. Dans certains cas, avec les asymétriques dépouillés (croquis n° 135 B) au fur et à mesure que l'on supprime les éléments, la composition apparaît chaque fois différente, mais reste toujours bonne. Répétez cet exercice chaque fois que vous le pouvez, il vous fait comprendre certaines règles qui étaient appliquées ; il vous aide aussi à acquérir de nouvelles idées (croquis n° 136).

n° 135

A

Au premier jour...

B

et lorsque le temps a passé

fleurs imposées

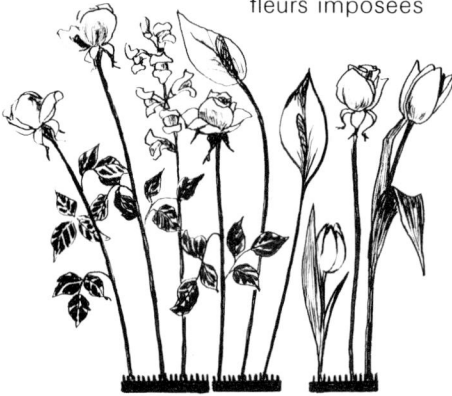

mauvais

mieux

n° 136
Comment se corriger

bien

L'envers vaut l'endroit.

Cache-cache. L'envers vaut l'endroit.

XXXVIII

Graphique, de caractère, de masse.

Composition sculpture réalisée dans un intérieur au Japon, avec contenant et végétaux du pays.

XL

SIXIÈME PARTIE

DÉCORER

23. LA PLACE DES BOUQUETS DANS LA MAISON

La nature, les plantes, les fleurs sont des éléments de complément impératif dans les cadres modernes. Dans les intérieurs anciens, de style, le besoin de fleurs n'est pas aussi impératif mais elles en sont toutefois la parure suprême. Les bouquets généreux, opulents, de style classique, sont ceux qui conviennent le mieux. Cependant, quelques fleurs et feuillages dans un joli vase de Chine, de Sèvres, sont d'un bel effet.

Avec les objets d'art, en bronze, en métal, en porcelaine, etc., il est possible de renouveler l'expression des bouquets et de les personnaliser. Quelques feuilles exotiques de longue durée accompagnées d'une branche d'orchidées dans une coupe en argent sont plus harmonieuses que dans une coupe banale. Quelques fleurs et feuillages dans un petit vase, une timbale placée devant une rangée de livres reliés ont plus de valeur grâce au fond sur lequel elles se détachent. Sur un guéridon, une table de milieu, il est obligatoire de composer un bouquet circulaire, visible de tous côtés.

Anciens ou modernes, de style ou non, qu'ils soient simples ou précieux, modestes ou somptueux, dans tous les appartements et toutes les maisons, il y a toujours de nombreux emplacements où petits, moyens et grands bouquets peuvent prendre place. Il y a des endroits couramment utilisés et, suivant la disposition des lieux, il y en a d'autres insolites. Il y a ceux de tous les jours et ceux qui ne sont utilisés qu'occasionnellement pour une circonstance spéciale : fiançailles, mariage, réception ; une rampe d'escalier, un mur, des marches, etc., nécessitent des bouquets différents. Certains emplacements demandent de grands bouquets, d'autres des petits. Tirez parti d'un tableau, d'une couleur, d'un tapis, d'un coussin, d'un dessin, etc. ; il est nécessaire qu'il y ait au moins un rapport entre l'un de ces éléments et votre bouquet. Raccordez-vous soit aux couleurs, soit aux formes.

Il est facile, dès que l'on a opté pour un endroit précis, de décider du choix des végétaux, de la forme du bouquet et du contenant. Tel bouquet qui convient dans telle habitation ne convient pas pour telle autre. Ne placez les bouquets ni derrière une vitre en plein soleil, ni sous une lampe allumée pendant plusieurs heures, ni près d'un radiateur ou toute autre source de chaleur. Évitez les courants d'air. À part ces quelques servitudes, tout est possible et, à l'encontre des plantes vertes, ils peuvent être mis dans un endroit sombre pour l'éclairer et le rendre plus gai. Ne les mettez pas toujours aux mêmes endroits, faites preuve d'imagination.

Jouez avec la taille des bouquets, parfois faites-en un seul important et généreux, d'autres fois, disposez-en plusieurs, à différents niveaux et emplacements. Avec certains vases modernes, identiques et de tailles diverses, les utiliser soit en les groupant, soit en les dispersant.

Les bouquets ne peuvent être définitivement jugés qu'en situation. Leurs formes, leurs proportions dépendent de l'espace qui les entoure. Les niches, les étagères, les rebords de fenêtre au nord imposent des volumes avec lesquels il faut dialoguer. N'oubliez pas que la beauté s'épanouit si elle est entourée d'espace. Pour un bouquet placé sur une commode, un coffre, un buffet, une table, il est nécessaire de tenir compte des objets qui seront autour de lui. Jouez avec eux en reprenant une couleur, une ligne, une forme. Les bouquets ne doivent pas être envahissants, ni cacher des objets, encore moins un tableau. Placé devant une glace, celle-ci doit donner l'impression d'encadrer le bouquet, il peut être au centre, ou déporté de face ou légèrement de biais pour se refléter dans le miroir. Faites attention à l'arrière du bouquet ; il est impératif de soigner particulièrement les finitions. Cette face doit elle aussi avoir sa propre harmonie.

Si vous utilisez une balance comme support de bouquet, le plateau en contrebas doit toujours avoir un volume de fleurs ou fruits plus important que celui qui se trouve sur le plateau supérieur.

L'architecture contemporaine a transformé complètement l'espace de l'habitat. Une nouvelle distribution des lieux, la pièce de séjour regroupe souvent entrée, salle à manger, salon, bureau. Les surfaces murales ont diminué, elles sont ordonnancées différemment. De grandes baies rectangulaires ont remplacé les fenêtres et celles-ci se sont rapprochées de la forme de nos téléviseurs. Le volume des chambres s'est souvent restreint. Les salles de bains sont devenues des petits salons de toilette et le coin repas a refait son apparition dans la cuisine.

Avec l'abaissement des volumes, les plafonds plus bas, le mobilier contemporain a, lui aussi, subi de grandes transformations. Pour délimiter des espaces, on a réalisé des meubles de séparation, vitrines, étagères, bibliothèques, certains même visibles des deux côtés. Dans ces espaces prennent place livres, bibelots, objets d'art, vases. Ces emplacements nouveaux, aux normes si différentes, laissent peu d'espace pour les fleurs ; les bouquets traditionnels, triangulaires ou en hauteur, ne rentrent plus dans ces modules. Ils doivent être remplacés par des bouquets horizontaux, bas, cascades, bouchons, etc.

Dans l'architecture contemporaine, n'oublions pas de mentionner l'épuration des lignes et l'apparition de matériaux nouveaux : béton, aluminium, acier, plastique, laque. Afin de répondre aux nouveaux volumes, les fauteuils, les canapés, les banquettes se sont abaissés et les tables basses inexistantes avant ont fait leur apparition. Apparition révolutionnaire qui donne lieu à une nouvelle vision du bouquet : en plongée. Certaines de ces tables aux formes nouvelles sont de véritables sources d'inspiration pour trouver de nouvelles expressions aux bouquets. Avec les tables basses réalisées en matière transparente, il est possible de placer les bouquets en dessous, à même le sol, ce qui rend entièrement utilisable la surface de la table. Les bouquets bas, ronds, carrés, rectangulaires, touffes, patchwork, mille fleurs, ceux qui flottent et les compositions de paysages miniature, répondent parfaitement aux nouvelles exigences de la décoration.

Les vases aussi se sont transformés. Les emplacements où ils sont mis sont souvent cernés, délimités, aussi faut-il modifier les bouquets, s'adapter à ces nouvelles exigences.

Les amateurs qui aiment les fleurs et pratiquent déjà l'art des bouquets ont pris conscience de ce besoin de nouvelles expressions. Les fleuristes semblent ignorer ces exigences de l'architecture, de la décoration contemporaine. Aujourd'hui, l'expression florale est cependant vaste et n'a de limite que la beauté. Avec tous les matériaux révolutionnaires mis à sa disposition, le nombre fabuleux de végétaux sauvages, cultivés, forcés, exotiques ; avec toutes ces richesses, il est possible de répondre aux nouvelles caractéristiques de l'habitat contemporain.

La nature est, certes, un élément décoratif merveilleux pour ces nouveaux espaces lumineux et, comme « la nature ne supporte pas le vide, celle-ci a pris possession de ces nouveaux espaces ». Ce sont les citadins qui ont été les premiers à introduire dans leur intérieur un morceau de jardin, de nature. Même dans les salles de bains lumineuses les plantes vertes ont pris possession de ce lieu où l'ambiance humide leur convient particulièrement.

Parfois, il suffit d'un petit détail pour rompre l'harmonie d'un décor Rien de moins esthétique que le pot d'une plante qui déborde du cache-pot.

Pour les plantes bien racinées, ayant un compost aéré, il est possible de remodeler la motte (croquis n° 137 A - B), puis prendre un pot plus large, en plastique. Le raccourcir en supprimant dans le haut à l'aide d'une lame tranchante les trois ou quatre centimètres nécessaires pour qu'il ne dépasse plus du cache-pot.

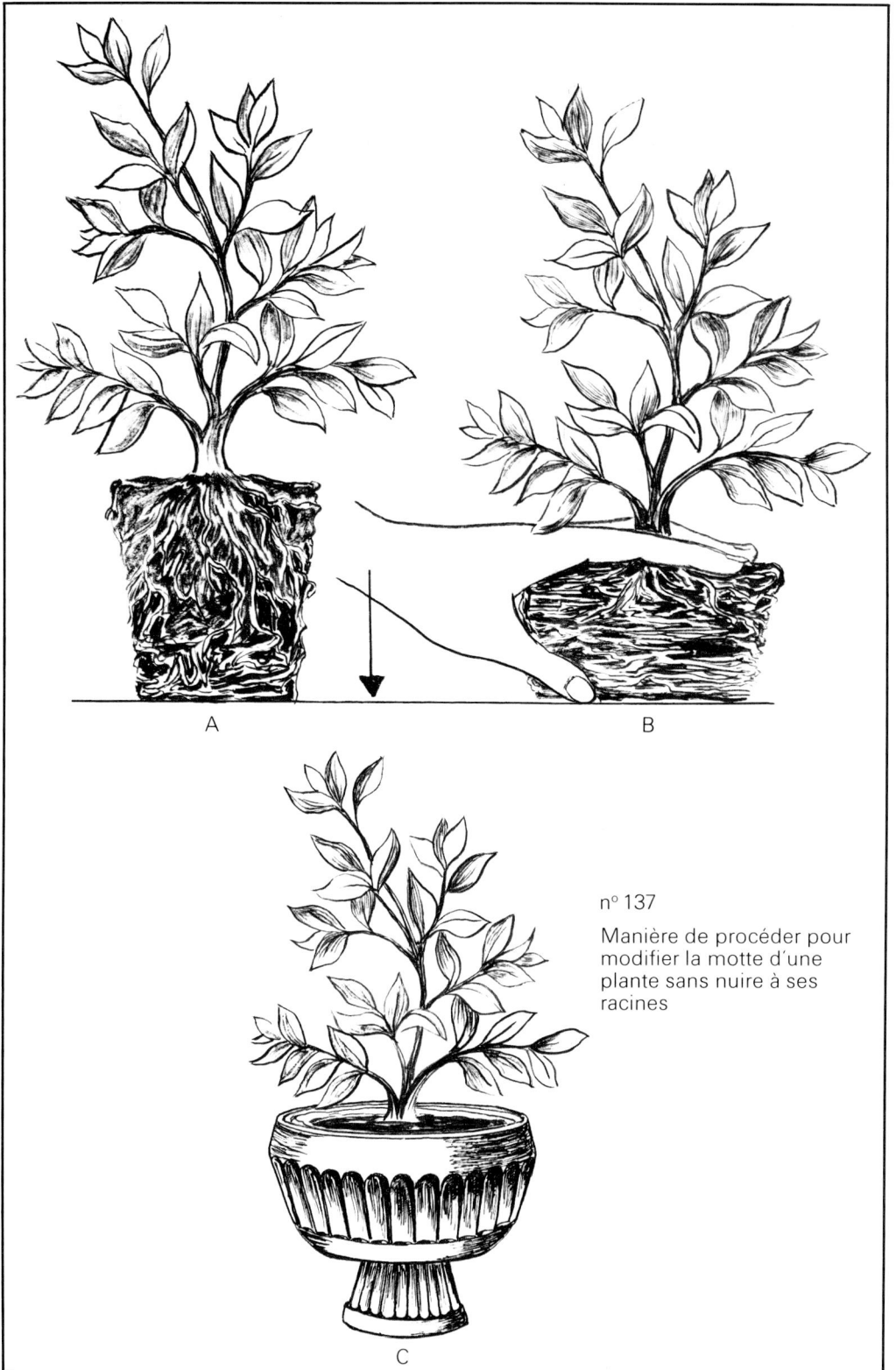

A

B

n° 137

Manière de procéder pour modifier la motte d'une plante sans nuire à ses racines

C

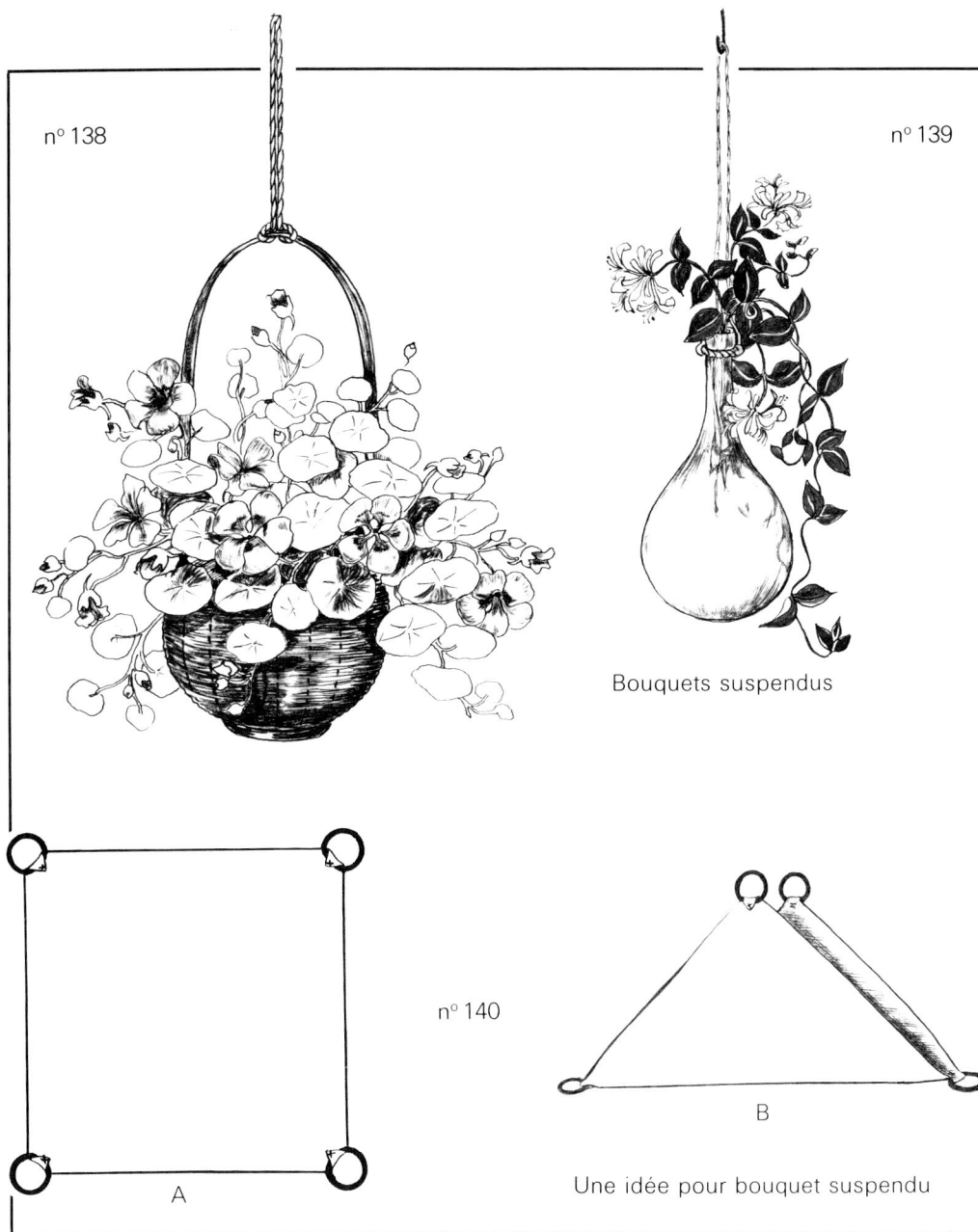

n° 138

n° 139

Bouquets suspendus

n° 140

A

B

Une idée pour bouquet suspendu

Si vous avez choisi une vannerie, une coupe à claire-voie. Pour toutes les petites et moyennes plantes, il est possible de remplacer le pot par un sac en plastique épais en l'ajustant à la motte avec des agraphes. Afin d'arroser facilement, laisser déborder le sac plastique de deux centimètres au-dessus de la terre. Attention ! le contenant doit être suffisamment profond pour que le plastique ne soit pas visible. Surtout arrosez moins, il n'y a plus de drainage.

Dans les lieux où il n'y a ni meubles ni étagères, n'oubliez pas les bouquets muraux et suspendus (croquis n° 138, 139, 140 A et B) réalisés

173

avec des éléments secs, naturalisés, artificiels. Occasionnellement ces bas-reliefs ou ces hauts-reliefs peuvent même être faits avec des végétaux vivants. Tous ces bouquets transforment un couloir, une entrée et, pourquoi pas, les toilettes. Un vase mis à même le sol, dans un angle, devant un mur supporte un bouquet plus haut que s'il était placé sur une commode, un buffet. Les fleurs longues gardent toute valeur si on conserve la totalité de leurs tiges : *Gynerium,* plumet, glaïeul, rose trémière, *Eremurus, Typha,* etc.

Tirer parti de toutes les possibilités que donnent les cheminées. Elles sont aussi intéressantes à étudier. Hiver ou été, il faut des bouquets diffé-rents. Pendant la saison froide, ils sont secs, naturalisés, artificiels, posés, accrochés sur le dessus, centrés ou décentrés, ou encore sur le côté. En été, quand la cheminée est au repos, toute la nature vivante peut intervenir dans ces bouquets. Cette fois, il est même possible de les placer devant le foyer ou à l'intérieur. Pour faire ceux-ci, faites-les sur place, à genoux comme les Japonais. Considérez l'ouverture de la cheminée comme le fond d'un tableau, le cadre étant représenté par le pourtour de la cheminée. Vous devez composer le bouquet à l'intérieur de cet espace, rien ne doit dépasser. Si vous placez le bouquet à l'arrière, devant la plaque, tirez-en parti ou alors cachez-la entièrement. N'oubliez pas ceux que l'on peut sus-pendre à la crémaillère. Certains chenets peuvent servir pour un décor de buffet champêtre.

24. DÉCORS ET TABLES FLEURIES

Terminer cet ouvrage sur les bouquets dans la maison sans parler des décors de tables avec la nature est impensable. Seul un ouvrage complet sur « l'Art de recevoir avec la nature » peut traiter la totalité de ce sujet. Aussi, avec ce chapitre, nous ne ferons qu'un tour d'horizon et essaierons de vous convaincre de l'importance d'introduire les fleurs et la nature dans la vie de tous les jours, du peu de frais et de temps que cela représente souvent, également du plaisir que vous et les vôtres pouvez en tirer.

Qu'il soit simple ou somptueux, un repas est toujours un hymne à la nature ; l'ordonnancement, la qualité de celui-ci et quelques brins de nature peuvent transformer une table banale en une table chargée de poésie, de fantaisie où vous et vos amis serez heureux de vous retrouver. Dans tous les pays et de tout temps, l'art de recevoir est le reflet d'un art de vivre ; chacun possède le sien et chaque maîtresse de maison également. Recevoir : c'est donner aux siens, à ses amis l'occasion de retrouvailles, de détente, souvent de gastronomie et trop rarement de contemplation. Si le plaisir du goût et de l'odorat joue un rôle dans l'art de la table, le plaisir des yeux contribue lui aussi à sa réussite. D'ailleurs, cristaux, porcelaine et argenterie s'y emploient depuis des siècles, et depuis des siècles, les fleurs également y président, mais dans les circonstances où un faste exceptionnel est déployé.

De grandes transformations ont vu le jour depuis une vingtaine d'années dans l'art culinaire mais, pour les fleurs, on voit encore trop souvent ces décors de table touffus et allongés qui font plus penser à autre chose... (coussin de deuil), qu'à un décor de table. Il s'agit de faire rentrer les fleurs et leur suite dans la vie de tous les jours afin de rompre grâce à elles la monotonie désarmante des tables quotidiennes et parfois même de certains grands dîners. La nature est là à notre disposition avec toutes ses richesses, pour contribuer à améliorer et transformer l'art de recevoir.

Dans le passé, il existait quelques menus types qui étaient servis dans la même vaisselle. Un service de 24, 18 et 12 couverts étaient chose courante et de somptueux décors ornaient et ornent encore des services que l'on ose à peine sortir. Ces services très personnalisés et chargés permettaient d'éliminer fleurs et décorations. De nos jours, les porcelaines unies et surtout les blanches font fureur. Il est vrai que c'est avec les nappes et la vaisselle unies que la plus grande fantaisie est permise. De toute façon, c'est avec elles qu'il est plus facile de faire ses armes de décoratrice et de ne pas commettre d'erreur.

De nos jours, c'est dans la cuisine que la plupart des maîtresses de maison passent le plus de temps. Dans un grand nombre de ces laboratoires où s'élaborent les mets de tous les jours, un coin spécial est réservé à nouveau au repas. Dans toutes les cuisines modernes ou rustiques, il est possible de décorer en plaçant çà et là un ou plusieurs bouquets, qui changent en fonction des retours du marché.

Avec la nature, pour décorer une table, il faut peu de temps. Il s'agit de prévoir et de s'organiser. Il faut plus d'astuces que d'argent, un peu d'imagination et un brin de fantaisie.

Éplucher harmonieusement, d'un seul jet, une orange, une pomme, ne demande pas plus de temps que de le faire n'importe comment. Rouler la pelure dans un sens ou dans un autre, vous voici à la tête de jolies fleurs odorantes. Suivant leur nombre, les grouper sur un plateau, une assiette, dans une vannerie ou à côté de chaque verre : voici une décoration facile qui, de plus, dure des jours et des jours.

Au printemps, avec des fleurs qui s'effeuillent : renoncules, pivoines, roses, *Delphinium*, pied-d'alouette, pavot d'Islande, seringa, etc. au lieu de jeter les pétales, ramassez-les et placez-les dans une pochette en plastique, en vous assurant qu'ils ne sont pas mouillés. Mettez-les dans le bas de votre réfrigérateur, ils peuvent se conserver une dizaine de jours. Ainsi, vous avez la chance de pouvoir augmenter votre stock au fur et à mesure des jours. Le jour « J », disposez-les par tache, ou laissez-les tomber en pluie sur la table. Ramassez ceux qui sont tombés dans les verres et sur les assiettes, ceci jusqu'au moment où tous les pétales ne reposent que sur la table.

En été, rafraîchissez l'ambiance avec les « fleurs de glace ». Utilisez des moules en métal ou en plastique, choisissez des fleurs à texture assez épaisse, placez-les la face contre le fond du récipient, les recouvrir d'eau. Suivant la taille de vos récipients, vous pouvez grouper les fleurs dans un seul, ou les utiliser individuellement. Ensuite, mettez-les dans votre freezer ou votre congélateur. Au dernier moment, placez-les individuellement dans des coupes à champagne près de chaque couvert.

Dans une coupe transparente ou en métal, regroupez-les et disposez-les avec d'autres fleurs vivantes autour ou au centre des blocs de glace.

Parsemez une nappe unie de différentes feuilles de lupin auxquelles on supprime la tige et placez-en sous des assiettes transparentes ou sous un verre.

Toute l'année, gardez les jolies feuilles des roses, lorsque vous faites leur toilette. Conservez-les dans l'eau. Juste avant le repas, au dernier moment, sur une table en bois, en pierre, sur une nappe unie, après les avoir essuyées, disposez-les harmonieusement (croquis n° 141).

Cadencez-les différemment. Utilisez-les comme porte-couteaux. En trois minutes, vous avez réalisé un décor de table et créé une nouvelle ambiance. En automne et en hiver, faites de même avec des feuilles de ronce aux couleurs chaudes.

En hiver, dans un plat creux ou un plateau, disposez, en les enfonçant dans du sable humide, quelques endives de différentes tailles. Placez quelques mousses, quelques cailloux : vous aurez un décor pour trois ou quatre semaines. Et, si vous avez la main verte, vous verrez vos endives prendre

176

Les fleurs aux longues tiges de la semaine précédente réutilisées très courtes, accompagnées de muguet fraîchement cueilli, durent encore une bonne semaine et font la parure d'une table basse.

Branches et fleurs sont disposées en forme de croissant. L'arrière de ce bouquet doit
être aussi harmonieux que sa face.

XLII

Bouquet gourmand.

Bouquet gâteaux.

Noël rustique.

XLIV

n° 141
Quelques manières de disposer des feuilles de roses pour décorer une table

racine. De toute façon, vous les verrez changer de couleur et, comme les fleurs, elles s'épanouissent.

Après vous être exercés sur ces décors faciles, d'utilisation courante, après avoir vu combien vos convives sont sensibles à ces décorations — les enfants n'étant pas les derniers à manifester leur joie —, vous pourrez envisager des décors plus recherchés et personnalisés.

Jusqu'à présent, c'est seulement la nature que nous avons fait intervenir. Les supports, les matériaux techniques, les objets ne sont pas entrés dans le jeu floral des décors de table.

Maintenant, nous allons voir de quelle façon nous devons procéder pour créer une décoration de table et de buffet.

Il y a deux types de réception très distincts. La réception où tout le monde est debout, tels les lunchs et cocktails, et celle où l'on est assis, déjeuner, thé, dîner, souper.

Dans le premier cas, les garnitures des buffets doivent être en hauteur de façon que les personnes puissent voir de loin le décor floral (pyramide, chandelier, bougeoir, vase en hauteur, montage).

Suivant la dimension du buffet, on peut placer un ou plusieurs motifs. Dans ce dernier cas, il est possible d'intercaler un motif haut et un autre bas, de telle façon que le décor vu de loin ou de près revête un aspect différent.

Pour les déjeuners, dîners et soupers, les compositions sont effectuées de telle façon qu'elles ne gênent pas les convives qui se trouvent en vis-à-vis. Elles peuvent être basses, avec toutefois une élancée, mais de telle façon qu'elles nuisent le moins possible à la visibilité ; ou bien surélevées, mais suffisamment hautes pour qu'elles passent au-dessus du regard des convives.

Le décor floral peut être concentré en un, deux ou trois points de la table ou individuel, c'est-à-dire un motif par couvert. On peut le varier par la couleur, le choix des fleurs et leur forme.

Il y a plusieurs manières de personnaliser un décor de table ; de toute façon, il faut tenir compte de différents facteurs : circonstances, lieu, cadre et style. Les circonstances : réunion amicale, familiale, d'affaires, remise de décorations, baptêmes, communion, fiançailles, mariage, goûter d'enfants, etc. Si la réunion a lieu à une date précise qui revêt, par tradition, un caractère exceptionnel : Noël, jour de l'An, Pâques, etc.

On peut réaliser un décor totalement différent du cadre dans lequel il intervient.

A-t-on choisi un thème ? — le jour de Noël, de Pâques — voulons-nous évoquer le voyage, l'évasion ?

Les principaux éléments qui interviennent pour dresser une table sont : la nappe, le service de table, de verres et les couverts. Leur style, leur couleur et leur texture doivent avoir des rapports étroits entre eux.

Harmonie, contraste et opposition peuvent être utilisés différemment. Rappelons que c'est sur les nappes unies qu'il est possible de réaliser le plus de décors possibles. Pour les damassées, les brodées, les multicolores, il existe des limites pour leurs réalisations. Elles sont subordonnées aux couleurs, et à ce que représente la broderie. Le graphisme du dessin, les lignes, les cadences limitent les possibilités d'expression mais sont par contre des guides précieux si l'on sait en tirer parti.

Qu'elle soit unie, brodée, multicolore, la matière peut nous inciter à choisir des fleurs qui donnent une impression similaire ou de contraste.

Sur une matière légère, voile, plumetis, prendre du gypsophile, de la bruyère, des *Acroclinium*, des *Astilbe*, etc.

Sur une matière rugueuse, faire jouer les contrastes en utilisant cette fois des matières brillantes et cireuses : *Anthurium*, pommes, piments, feuilles de camélias, etc.

Pour un service de caractère, recherchez un rapport entre les dessins et le contour d'une feuille, d'une fleur, et plus subtile encore, l'impression que donne une fleur, un feuillage : la fragilité, la force, la souplesse, le féminin, le masculin, etc. Toutes ces idées nous demandent du temps, de la recherche et sont plus coûteuses. De toute façon, sachez que, pour les bouquets destinés aux décors de table, il n'est pas nécessaire de prendre des fleurs aux tiges longues. Il vous faut plus de tiges courtes et moyennes et très peu de longues. Éventuellement, vous pouvez reprendre celles d'un bouquet fait quelques jours auparavant. En les raccourcissant et en procédant avant de les réutiliser à une nouvelle coupe sous l'eau, vous les prolongez et elles finissent leur vie : en beauté.

Les fleurs peuvent être utilisées comme seul élément décoratif ou elles peuvent être accompagnées par d'autres : fruits, légumes, pain ou par des accessoires comme des bougies, pommes de pin, coquillages, cailloux, rubans, plumes, boules, serpentins de cotillon, statuettes, cartes à jouer, cigarettes, cigares, bonbons, boules de Noël, etc.

Les feuilles sont aussi une source de richesse inépuisable. Avec celles des platanes, des marronniers, des fougères, des catalpas, choisissez les très grandes, essayez de les calibrer. Utilisez-les comme dessous d'assiettes ; pour les dessous de bouteilles et de verres, choisissez-en de plus petites.

LES OBJETS

Si le rôle des contenants est important dans la composition des bouquets, celui qu'ils jouent sur une table est encore plus vaste. Les pièces de formes du service ou celles en métal sont intéressantes à garnir.

Rien qu'avec les soupières, il existe plus d'une dizaine d'interprétations possibles.

L'apport d'autres éléments permet de personnaliser vraiment une table : les vanneries, anciennes ou modernes, les cuivres, un vieux panier à salade, une cloche de jardin, une cage à oiseaux, une statuette qui quitte le coin de la commode pour prendre place au milieu d'un parterre de fleurs. Des pierres, des coquillages mélangés aux fleurs flottantes, un bronze animalier entouré de mousse, de jolis cailloux et des branches apportent une autre animation. Parmi tous ces objets, trouvez certains qui correspondent aux saisons. Tous les bronzes, les cuivres, les terres cuites, les faïences sur lesquelles sont représentés du gibier, seront de préférence utilisés au moment de la chasse.

Les vases, les cache-pots décorés de fleurs champêtres seront réservés pour les tables printanières.

Les décors individuels amènent un autre choix de contenant et un autre style : rince-doigt, coquetier, petit moule, ravier, petit vase, timbale, coquillage... Ces petites choses peuvent une autre fois être regroupées en un seul ou deux points et faire l'objet d'une disposition très étudiée.

Le regard des convives ne devant jamais être gêné par un bouquet, ce sont les compositions basses qui sont le plus couramment utilisées. Toutefois, les grands bouquets placés sur des bougeoirs, des chandeliers (revoir croquis n° 70 et 70 bis), une grande bouteille, un vase haut étroit, ou sur un montage aérien peuvent aussi prendre place sur une table ou un buffet.

Si vous possédez un petit guéridon, vous pouvez l'utiliser pour faire un gigantesque bouquet en hauteur et retombant, que vous placez sur votre buffet.

Décorer rapidement un repas improvisé n'est pas chose facile. Aussi, pouvez-vous préparer un ou deux décors réalisés avec des éléments secs et artificiels que vous sortirez alternativement. Avec les couleurs modes, c'est souvent les artificiels et les secs qui permettent de réassortir exactement les couleurs des nappes, de la vaisselle et des couverts.

Et n'oublions pas les enfants ! Eux aussi sont sensibles à une table amusante où les fleurs et la nature prennent place. Transformer pour eux, avec eux, un jardin de paysage exotique en plaçant quelques animaux sauvages, panthères, girafes, tigres ou introduire un groupe de cow-boys, d'indiens. Au milieu d'un gros bouquet, faire ressortir des sucres d'orge ou des sucettes, ou encore, dans un bocal transparent, mettre des bonbons, des dragées. Retourner le couvercle et utiliser l'intérieur pour faire un bouquet. Au moment voulu, vous le posez sur la table pour qu'ils puissent enfin se servir. Sous les gâteaux, remplacez le papier dentelle par une collerette de jolies feuilles.

Dans une coupe basse, suffisamment profonde (plat à gratiner Pyrex), faire flotter quelques feuilles rondes sans oublier deux poissons rouges.

Vous pouvez encore prendre un moule à baba, dans lequel vous disposerez en cadence fleurs, bonbons, etc.

Pour éviter que ceux-ci soient mouillés, n'oubliez pas d'utiliser des petits sacs plastiques pour mettre la mousse humide afin que fleurs et bonbons fassent bon voisinage.

SEPTIÈME PARTIE

PLANTES

25. PLANTES FLEURIES, PLANTES VERTES

Parmi les plantes, il faut différencier :
— les plantes vertes,
— les plantes fleuries,
— les plantes panachées ou de couleur,
— les plantes vertes donnant des fleurs ou des fruits à certaines périodes.

LES PLANTES VERTES

Les plantes vertes sont indispensables à l'homme. Elles sont, comme les fleurs, des parures dans les intérieurs. Mais parures de longue durée à condition qu'elles soient soignées comme il convient à chacune de l'être.

Il ne suffit pas d'acheter de belles plantes. C'est vous qui en êtes responsables : pour les garder, il leur faut de la tendresse et respecter leurs besoins.

Malheureusement, elles sont trop souvent considérées comme de simples objets, auxquels on ne pense que trop rarement. Ce sont des êtres vivants qui demandent quelque attention et des soins fort simples. Les plantes s'adaptent rapidement aux endroits où elles sont placées, à condition qu'elles soient aidées.

Il y a des modes dans le choix des plantes d'ornement. Chaque année, de nombreuses variétés ont fait leur apparition sur le marché. Malheureusement, faute de connaissances et victime de la routine, la grande majorité du public les ignore et reste attachée au traditionnel *Ficus elastica* (caoutchouc), au *Pteris,* au classique *Philodendron pertusum* (le plus courant), au fragile capillaire, au robuste *Sansevieria,* à la délicate fougère. Toutes ces plantes sont en vogue depuis cinquante ans. Pourtant, de nouvelles plantes sont sélectionnées pour leur tenue, leur couleur et leur résistance.

Les plantes vertes sont d'origine tropicale et sont presque toutes des végétaux à feuilles persistantes. Ces plantes sont en végétation toute l'année par suite d'une température constante. Toutefois, elles suivent un rythme de vie plus ou moins accéléré, mais en rapport étroit avec les saisons.

Les plantes se développent normalement à condition que leurs besoins essentiels soient satisfaits :

EAU, LUMIÈRE, CHALEUR, TERRE

Si l'un ou l'autre de ces facteurs vient à manquer, la plante subit alors des perturbations dans son développement qui peuvent, dans certains cas, entraîner sa perte.

Eau . L'eau est indispensable au maintien de la vie de la plante. Elle rejette de l'eau de manière constante, car elle transpire. L'eau évaporée par la transpiration est remplacée par celle qu'absorbent les poils des racines lors de l'arrosage de la motte, et qui atteint tous les organes de la plante. L'eau a un rôle plastique et un rôle fonctionnel à la fois ; c'est elle qui donne toute sa vigueur à la plante, mais c'est elle aussi qui lui apporte les sels minéraux qui lui sont nécessaires.

Lumière . La lumière est un élément vital, indispensable. Toutes les plantes en ont besoin. Si l'intensité est trop faible, la plante s'étiole rapidement. Cependant, toutes ne réclament pas la même intensité lumineuse. Si les plantes se trouvent directement derrière les vitres sur un rebord intérieur de fenêtre, par grand soleil prolongé, il est nécessaire de les protéger par un écran, tel qu'un voilage, afin d'éviter des brûlures sur les feuilles, les radiations solaires étant intensifiées par la vitre. Dans le cas où la luminosité est insuffisante, l'éclairage artificiel est un appoint indispensable.

La plante se dirige toujours vers la lumière. Si l'éclairage est latéral par rapport à son emplacement, elle prend une forme peu harmonieuse. Pour éviter cet inconvénient, la tourner pour l'exposer à la lumière successivement sur tous ses côtés. Les branches âgées se dirigent d'autant moins vers la lumière, qu'elles sont plus ligneuses, et elles supportent moins bien que les jeunes ce changement.

Chaleur et ambiance . La chaleur est un facteur très important. Certaines plantes exigent une température élevée, tandis que d'autres demandent, au contraire, une température modérée. Si une plante est placée dans une ambiance inverse de celle qui lui convient, elle ne tarde pas à dépérir. La température doit être régulière. Ne jamais placer les plantes à proximité d'une source de chaleur, ni dans un endroit où elles risquent d'être continuellement dans les courants d'air. Pendant la période de chauffage, dans les appartements, placer sur les radiateurs des saturateurs, afin d'atténuer un peu la sécheresse de l'air. Il y a les plantes de serre froide, tempérée et chaude. Actuellement, dans bon nombre de compositions de plantes, on ne tient pas compte de ces facteurs. Aussi voit-on souvent, par exemple, les lierres panachés (froid, sec 10 à 12° C) qui voisinent avec un croton ou une fougère (tropicale, humidité supérieure pour les fougères). Certains mélanges de plantes ne sont pas adaptés à vivre dans l'ambiance surchauffée d'un appartement sec.

Terre . Les plantes d'appartement ne s'accommodent pas d'une terre ordinaire. Des mélanges de terre spécialement étudiés sont utilisés pour ces plantes (terre de bruyère, terreau de feuilles) ; il est possible lors d'un rempotage de s'en procurer dans le commerce. Ces mélanges sont conçus pour donner à la plante un support qui, grâce à sa structure, empêche la stagnation de l'eau d'arrosage et permet aux racines de respirer. De temps en temps, gratter le dessus de la terre des plantes afin de l'aérer. Maintenant, les tourbes sans adjonction d'autres terres sont très utilisées. Les plantes cultivées dans cette matière demandent à être arrosées plus souvent. Si elle est très sèche, il est assez difficile de la réhumidifier, le faire avec de l'eau tiède en faisant tremper la motte quelques minutes. L'eau d'arrosage draine de la terre ; aussi est-il nécessaire de temps en temps d'en remettre quelques centimètres.

Les plantes suivent un double cycle de vie qui se reproduit d'une année sur l'autre : végétation-repos. Une plante est en végétation lorsque de nouvelles feuilles naissent. C'est au cours des mois ensoleillés que la croissance est la plus importante. Elle se fait simultanément dans la racine, la tige, les feuilles. Ses besoins d'eau et de nutrition sont alors plus grands qu'en période de repos. Ce principe est valable pour toutes les plantes, même pour les plantes grasses et les cactées.

Soins . Si l'on fait partie du type « parfait jardinier » qui consacre chaque jour quelques minutes à la surveillance et aux soins des plantes, on peut toutes les choisir, même les plus délicates. Sinon, il est préférable de s'abstenir de les prendre, mais choisir parmi les plus résistantes qui supportent plus vaillamment les oublis. Plus les feuilles sont épaisses, plus elles sont résistantes et supportent d'être sans surveillance.

Suivant les variétés, l'âge, la chaleur et suivant l'ambiance atmosphérique, humide ou sèche, et les emplacements, les besoins des plantes sont différents et les soins à leur apporter peuvent varier d'une espèce à une autre, d'un endroit à l'autre. Les soins ne doivent pas être systématiquement les mêmes, en quantité et dans le temps.

De toute façon, le choix des plantes doit être fait suivant le milieu et

Pteris

fougère capillaire

fougère

Ficus repens

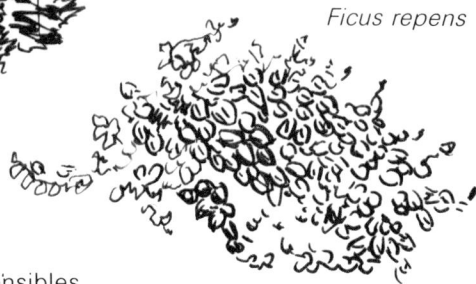

Asplenium

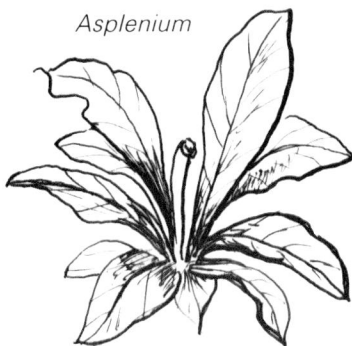

n° 142
Les sensibles

Haworthia

Opuntia

n° 143   Les plantes très robustes

Couronne d'accueil.

Façon amusante de présenter du riz ou tout autre aliment. Utiliser deux moules à tartes de diamètres différents.

XLVI

l'exposition où elles sont placées. Par exemple : entre deux plantes identiques et de même force, les soins d'arrosage ne sont pas les mêmes. Si l'une se trouve dans une pièce où la température varie entre 15° et 18° C et l'autre entre 20° et 22° C, la deuxième demande à être arrosée plus copieusement et fréquemment que la première. Par contre, si le degré d'humidité ambiante se trouve être supérieur dans la deuxième hypothèse, l'arrosage n'a pas besoin d'être aussi intensif. Dans une atmosphère très sèche, celle des habitations avec chauffage central, la transpiration des plantes augmente et les besoins en eau sont plus importants. Ils varient selon les espèces. Il ne faut ni un défaut, ni un excès d'arrosage.

Plus les plantes ont des feuilles fines, plus elles aiment l'ambiance humide et leurs besoins en eau deviennent fréquents et réguliers. Ce sont les sensibles qui demandent chaque jour votre attention (croquis n° 142), *Ficus repens,* fougère, capillaire, *Pteris, Cocos.* Par contre, plus la texture des feuilles est épaisse, plus les plantes sont résistantes et moindre est leur besoin en eau. Elles supportent plus vaillamment l'espacement de l'arrosage. Ce sont les résistantes qui ne se manifestent pas, si vous les oubliez momentanément : *Anthurium, Aglaonema,* caoutchouc, *Dieffenbachia, Dracæna,* philodendron, etc. Et les très robustes qui supportent votre absence : *Clivia, Sansevieria,* plantes grasses, cactus (croquis n° 143).

En résumé, la liste ci-après a été établie suivant l'épaisseur croissante des feuilles et leur résistance à la sécheresse : capillaire, fougère, *Pteris, Cocos,* papyrus, *Cissus, Dracæna, Dieffenbachia, Pothos,* philodendron, *Ficus elastica,* et *pendurata, Aglaonema, Clivia, Sansevieria,* plantes grasses, cactus.

Arrosage • Ne doit être ni automatique, ni régulier dans les appartements surchauffés et secs. Une vérification presque journalière doit être faite pour les cinq premières plantes citées au paragraphe précédent et tous les dix jours pour les suivantes. Attention à l'eau calcaire.

Une plante a soif • Lorsque la couleur de sa terre devient plus claire, ainsi que la teinte du pot ; lorsque la terre est sèche au toucher ; lorsque le son rendu en tapant sur le pot est clair ; à l'apparition d'un fendillement entre la motte et le pot. Dans ce cas, il faut procéder au trempage jusqu'à disparition des bulles, un simple arrosage étant insuffisant.

Une plante n'a pas soif • Lorsque la terre est humide et de couleur sombre et que la paroi du pot est plus foncée ; lorsqu'un son mat est rendu en tapant sur le pot.

L'eau doit être pure et l'eau de pluie est la meilleure ; cependant, ce n'est pas une raison pour sortir les plantes les jours de pluie, sur une terrasse, un balcon, ou dans une cour. Les changements brusques de température et d'atmosphère leur sont nuisibles. L'eau doit être à une température égale à celle de l'atmosphère où est placée la plante.

Arroser la partie supérieure de la motte une ou deux fois jusqu'au niveau du rebord du pot. Si la terre de la motte est très sèche, surtout si le compost contient une forte proportion de terre de bruyère (comme pour l'azalée), faire tremper le pot dans un seau dont l'eau recouvrira entièrement le dessus de la terre. Laisser tremper jusqu'au moment où il n'apparaît plus de bulles d'air à la surface de l'eau (un quart d'heure maximum), puis laisser égoutter la plante avant de la remettre à sa place. Il n'est pas recommandé d'utiliser continuellement ce mode d'arrosage, il ne convient qu'exceptionnellement.

Dans les pots vernissés, l'arrosage est moindre que dans les pots en terre poreuse, l'évaporation étant moins importante. Une terre sèche est friable et sèche au toucher. Une terre humide est onctueuse. Une terre très humide se manifeste par l'apparition d'eau sous la pression du doigt ; une terre trop humide, par l'apparition de mousses.

Poussière ● La poussière qui se met sur les feuilles des plantes les empêche de respirer, aussi demandent-elles à être dépoussiérées. Dans les bureaux, les appartements, les salons, etc. le faire avec un plumeau, par contre, dans les cuisines, les restaurants où la poussière est grasse sur les feuilles lisses, prendre un coton ou un chiffon doux et sec et les essuyer au-dessus et en dessous, puis recommencer avec un coton humide.

Si l'on désire conserver un brillant aux feuilles, lorsqu'elles sont propres, passer un des produits que l'on trouve dans le commerce ou bien un peu de bière. Pour les feuilles veloutées, les épousseter uniquement avec une petite brosse de soie très légère (brosse pour les Saxes ou les Sèvres).

Vaporisation (bassinage) ● Lorsque les feuilles sont propres, afin de compenser le manque d'humidité de l'atmosphère, il est bon de les vaporiser avec de l'eau douce. Pratiquer cette opération lorsque les feuilles sont dépoussiérées.

Rempotage ● Ne jamais rempoter une plante ayant la motte de terre sèche, elle doit se trouver dans un état d'humidité suffisant. Si la plante a soif, l'arroser, la laisser s'égoutter pendant quelques heures et procéder au rempotage.

L'opération de rempotage ne doit pas être faite systématiquement chaque année. Une plante a besoin d'être rempotée lorsque ses racines ont pris un volume important et forment comme une toile d'araignée tout autour de la motte de terre, donnant ainsi l'impression d'un pot fait de racines (croquis n° 144). À ce développement des racines correspond un développement de la plante, qui a pris une importance considérable en tige et en feuilles, et peut être rempotée.

Malheureusement, dans 90 % des cas, le rempotage est fait avant que la plante n'en ait réellement besoin et surtout dans des pots trop importants par rapport à la grosseur de la plante et de la motte. En effet, il n'est pas nécessaire d'avoir de très grands pots, au contraire, ceci peut être contre-indiqué : trop de terre, un pot trop grand et trop d'arrosage peuvent provoquer l'asphyxie des racines.

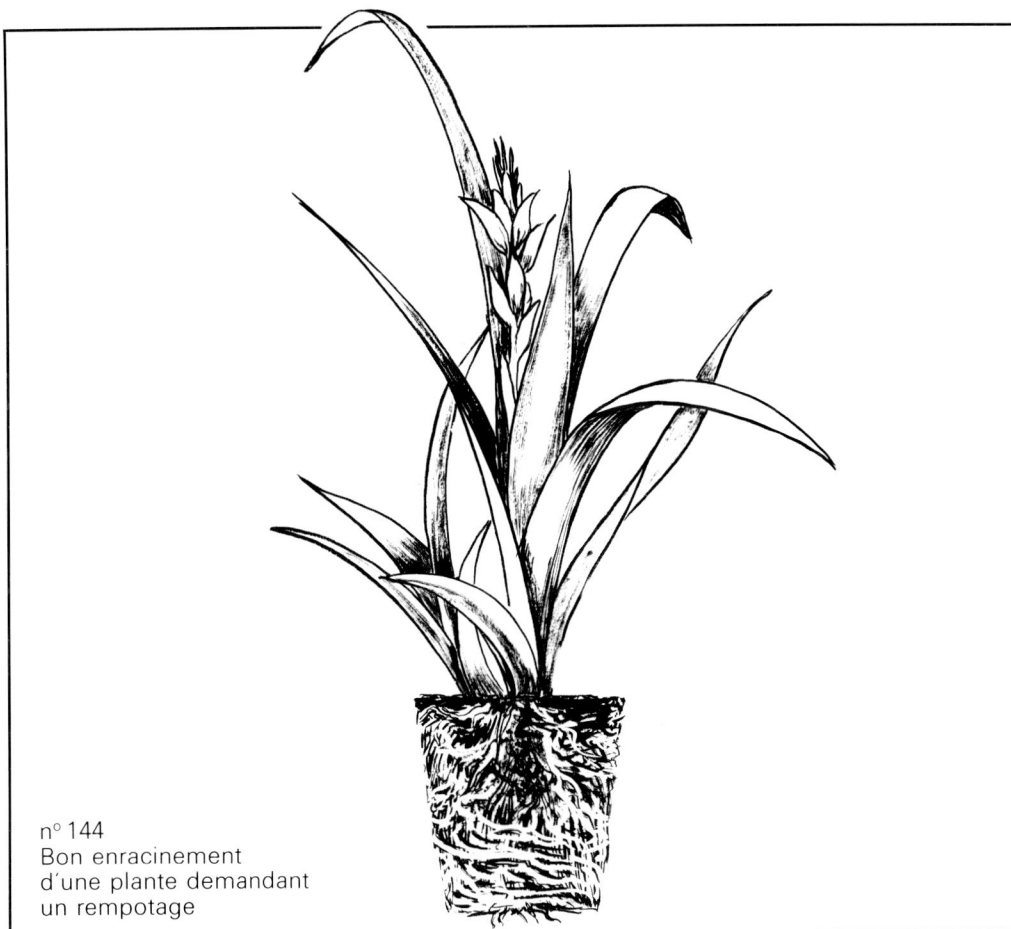

n° 144
Bon enracinement
d'une plante demandant
un rempotage

Le rempotage se fait de préférence au début du printemps, juste avant l'apparition des jeunes pousses. Il est possible de le faire également au début de l'automne.

Rempoter • Prendre le diamètre du pot dans lequel se trouve la plante et acheter la taille immédiatement au-dessus. Exemple : pour un pot de 22 cm la taille supérieure est de 24 cm — le diamètre des pots allant de 2 en 2 cm.

Par contre, pour les petites plantes qui se trouvent dans des pots en dessous de 16 cm, lesquels augmentent de centimètre en centimètre, il faut sauter une taille, sinon l'apport de terre nouvelle est insuffisant.

Les pots en terre cuite poreuse sont préférables, l'aération de la terre et des racines étant facilitée par la porosité de la matière.

Si le pot est neuf, le faire tremper pendant vingt-quatre heures avant d'opérer le rempotage. Si le pot a déjà été utilisé, bien le nettoyer avec une éponge métallique afin d'enlever la couche de calcaire qui se forme dessus et l'ébouillanter.

Pour les plantes qui se trouvent dans des pots vernissés, faire glisser entre le bord du pot et de la terre, un bambou de la taille d'un crayon, afin de permettre l'aération de la terre et des racines. Pratiquer un drainage important dans le fond.

Drainer le fond du pot (1 à 10 cm suivant sa grandeur) avec des cailloux ou des fragments de pots (tessons), puis le recouvrir d'un peu de terre. Dépoter la plante, ne pas toucher au système radiculaire. Placer la plante au centre du pot de façon que son collet se trouve un peu au-dessous du rebord du pot. Faire pénétrer la terre nouvelle entre la motte et le pot et la tasser à l'aide d'une spatule. Il doit rester entre le dessus de la terre et le rebord du pot de 1 à 3 cm. Il faut toujours arroser la plante après le rempotage.

Après plusieurs semaines, lorsqu'une croûte se forme sur le dessus de la terre, il faut gratter celle-ci, afin de rendre la terre fine et légère.

Un mauvais état des racines ou leur insuffisance oblige aussi à effectuer un rempotage. *Mais au lieu d'utiliser un pot plus grand, il est nécessaire au contraire d'en choisir un plus petit.* C'est un remède, dans certains cas, pour les plantes malades ayant un système radiculaire insuffisant. Il peut arriver que l'on soit obligé de prendre deux ou trois tailles en dessous de celle existant précédemment.

Bacs à réserve d'eau ∎ Depuis 25 ans environ, l'apparition des pots et des bacs à réserve d'eau a simplifié en partie le problème et la surveillance de l'arrosage. Ces contenants sont en plastique ou en métal et comportent un double fond qui sert de réservoir d'eau. Il est aisé de vérifier le niveau grâce à l'existence d'une fenêtre transparente. Il est indispensable lorsque le niveau d'eau disparaît d'attendre 8 à 15 jours, suivant leurs tailles, avant de les remplir. En effet, dans les bacs « Riviera », il y a encore quelques centimètres d'eau que vous ne pouvez voir.

Si vos plantes sont dans un pot ou un bac à arrosage automatique, lorsque vous partez en vacances, trois ou quatre jours avant votre départ, arrosez par le dessus et au moment de votre départ faites le plein de la réserve. Recouvrir la terre d'un morceau de plastique afin de ralentir l'évaporation.

Les plantes en hydroculture, technique mise au point depuis une vingtaine d'années, donnent des résultats remarquables, à condition d'utiliser des plantes spécialement préparées à cette ambiance liquide et d'y adjoindre les engrais spéciaux.

Les principales plantes qui s'adaptent facilement à l'hydroculture sont :

— *Aglaonema costatum*
— *Asparagus springeri*
— *Cyperus*
— *Dieffenbachia*
— *Dracæna*
— *Ficus*
— Lierre *Hedera*
— *Nephrolepis*
— *Philodendron*
— *Pilea*
— *Pothos*
— *Sansevieria*
— *Schefflera*
— *Sparmania*
— *Syngonium*
— *Tradescantia*

Nourriture et engrais . Les plantes qui vivent en appartement et dont les racines sont bien développées ont besoin d'engrais. Il existe des formules toutes prêtes, liquides ou solubles, que l'on peut utiliser en respectant les doses indiquées. Ne pas abuser de ceux-ci et les utiliser uniquement pendant la croissance des plantes. Leur apport dépend de la taille de la plante. Si l'engrais est liquide, le mélanger à l'eau d'arrosage. Mais, *arroser toujours préalablement la plante avec de l'eau douce, ensuite avec la solution nutritive*. Ne jamais appliquer la solution nutritive sur une terre sèche.

Le tuteurage . Il est parfois indispensable de « tuteurer » une plante afin de la soutenir ou de la diriger dans une orientation désirée. Pour cela, prendre un bambou dont la grosseur et la longueur sont en rapport avec la plante. On peut utiliser également des ceps de vigne, des bois aux formes harmonieuses ou encore un rouleau de grillage, entouré et bourré de sphagnum ou de mousse, laquelle sera maintenue continuellement humide afin de permettre aux racines aériennes de s'accrocher et de se développer.

Parasites . Les parasites qui s'attaquent aux plantes sont assez nombreux ; les plus répandus sont : les pucerons, les cochenilles, le thrips, l'araignée rouge. Dès qu'ils apparaissent, utiliser un des nombreux produits insecticides qui se trouvent dans le commerce. Ces produits sont généralement dans des flacons pulvérisateurs ou dans des bombes, donc faciles à utiliser. Lorsque l'on traite avec l'insecticide, il faut éviter de le faire à côté d'un plateau de fruits, ou d'un aliment. Vaporiser le dessus et le dessous des feuilles. Dès l'apparition des parasites et, suivant la rapidité d'efficacité du produit, une seule application peut être suffisante. Sinon, répéter l'opération trois ou quatre jours plus tard.

Pucerons . Nombreuses espèces faciles à découvrir, même pour un œil non exercé. Ils commencent par se mettre sur les jeunes pousses. En fin d'hiver, ils annoncent le retour du printemps. *Traitement .* Pulvérisations avec une solution à base de nicotine.

Cochenille (laineuse) . On les reconnaît aisément à l'espèce de cocon laineux blanc, de la grosseur d'une tête d'épingle, au moyen duquel les femelles protègent leurs œufs. *Traitement .* Badigeonner avec de l'alcool à brûler (1/3) additionné d'eau (2/3). Répéter le traitement jusqu'au moment où l'on est certain que l'insecte a complètement disparu. Lorsqu'il y en a peu, les décoller sans les faire tomber sur la terre.

Thrips . Insecte difficilement repérable. On ne l'aperçoit généralement que lorsque les plantes présentent des petites taches plus claires sur les feuilles. *Traitement .* À base de nicotine.

Araignée rouge . Acarien rouge orangé ; on le trouve sur la paroi inférieure des feuilles ; il ne se voit qu'à la loupe. Les feuilles attaquées deviennent d'un jaune grisâtre et tombent. L'acarien se plaît dans une atmosphère sèche. Bassiner les plantes permet de les éviter. *Traitement .* Vaporiser avec un insecticide en bombe aérosol tous les trois jours et bassiner la plante entre les traitements qui demandent à être répétés deux ou trois fois et plus, suivant l'état de la plante.

LES PLANTES FLEURIES

Elles ne sont pas aussi nombreuses que les plantes vertes, mais combien agréables à regarder. Dans une jardinière, il est bon de leur réserver un emplacement ou deux, et de les changer au rythme des saisons. Elles amènent une note de fantaisie.

Azalée . L'azalée est cultivée en serre chaude. Elle craint le froid, la sécheresse, les courants d'air. Elle demande des arrosages copieux, du fait de son compost qui est uniquement de la terre de bruyère. L'azalée a un moyen personnel d'indiquer si elle a besoin d'arrosage. La couleur du tronc doit être brun foncé sur une hauteur d'un à deux centimètres au-dessus du niveau de la terre. Maintenir cette démarcation. Si elle disparaît, la plante a soif ; dans ce cas, la faire baigner dans de l'eau légèrement tiède durant une dizaine de minutes. L'azalée craint l'eau calcaire. Parmi les nombreuses variétés d'azalées, l'*Azalea mollis* peut être replantée dans un jardin, dans un endroit où il y aura un apport de terre de bruyère. Elle refleurit l'année d'après, cette fois comme parure de jardin.

Bégonia à fleurs . Commercialisé toute l'année, possède des fleurs de différentes couleurs : blanc, ivoire, rose, jaune, corail, orange, rouge. Plante de longue durée à condition de l'arroser moyennement. Un excès d'eau provoque une moisissure sur les feuilles et les fleurs.

Bruyère (*Erica*) . Plusieurs variétés, tailles et formes diverses : blanc, brun, jaune, rose, mauve, bicolore.

Chrysanthème . Fleurs aux formes et aux tailles diverses. Blanc, rose, jaune, orangé, marron, grenat, ocre, ivoire, mauve.

Chrysanthème cascade . À petites fleurs.

Cinéraire . Gamme de couleurs et de tons variés, panachés et unis. Coloris extraordinaires.

Cyclamen . Plante de serre froide. Se conserve bien à une température de 10 à 15ºC (minimum : 6º). Arrosage modéré, l'excès provoque l'asphyxie des racines et la décomposition des fleurs et des feuilles à leur point d'attache. Ne jamais arroser le bulbe.

Euphorbia pulcherrina ou poinsettia ou encore étoile de Noël **.** Ivoire, rose pâle, rose vif, rouge.

190

Fuchsia . Nombreuses variétés.

Gloxinia . Blanc, rose, rouge, mauve, uni ou panaché.

Hortensia . Blanc, bleu et rose. Comme l'*Azalea mollis,* il peut être replanté dans la terre franche, à mi-ombre. Il demande un arrosage copieux, avec de l'eau non calcaire si possible. Si la plante a soif et s'évanouit, la faire tremper jusqu'au moment où elle ne rejette plus de bulles d'air. Lorsqu'il y a plusieurs hortensias dans une même coupe, pencher la coupe afin que le trop-plein d'eau s'écoule, sinon cet excès d'eau amassé dans le fond risque d'asphyxier les racines des plantes et de les faire mourir. Pratiquer de même pour le muguet racine.

Hydrangea . Blanc.

Pélargonium . Géranium. Nombreuses variétés érigées ou retombantes. Blanc, rose, mauve, rouge. Certaines variétés avec feuillage bicolore (merveilleux pour les bouquets).

Primevère
— *Primula obconica :* blanc, rose, corail, mauve.
— *Primula malacoides :* petites fleurs en grappes mauves.
— *Primula polyantha,* primevère des jardins : blanc, rose, jaune, orange, mauve et violet.

Certaines personnes sont allergiques à la primevère dont les feuilles leur donnent des démangeaisons dès qu'elles les touchent. Dans ce cas, les manipuler avec des gants. La primevère demande un arrosage modéré ; une fois défleurie, c'est une jolie plante verte qui peut, quelques semaines plus tard, redonner d'autres fleurs (ne supprimer que les pétales).

Rosiers . Plusieurs tailles, à petites, moyennes et grosses fleurs, de couleurs variées. En appartement, ils demandent un arrosage modéré. Une fois défleuris, ils doivent être replantés à l'extérieur.

Rhododendron . Famille des azalées. Plantes fleuries de pleine terre. Couleurs variées.

Thunbergia . Petite fleur jaune d'or à cœur noir. Plante grimpante.

Il n'est pas possible de clore la liste des plantes fleuries, sans parler des orchidées. Certains amateurs les font fleurir chaque année dans leur appartement, avec ou sans serre. Les fleurs sur la plante peuvent durer plus d'un mois et certaines espèces s'épanouissent plusieurs fois par an. Les plus commercialisées sont :

Cymbidium . Orchidée en grappe, ivoire, blanc, rose, jaune, orange, pourpre, vert. De très longue durée.

Odontoglossum . Cambria ; orchidée en grappe, mouchetée, bordeaux et blanc.

Paphiopedilum (Cypripedium) . Sabot de Vénus, fleur merveilleuse de très longue durée, insolite, mouchetée, rayée, à feuillage décoratif.

Phalænopsis . Orchidée en grappe, blanche, rose. Très longue durée.

LES PLANTES PANACHÉES OU DE COULEUR

Cultivées en Europe.

Acalypha . Brun, rouge.

Aglaonema . Ces plantes sont apparentées aux *Arum* ; elles donnent des inflorescences (spates) enveloppant les fleurs disposés en épis. Certaines ont une forme arbustive élevée, d'autres sont de taille plus modeste ou en buisson. C'est une plante très robuste, qui comporte une cinquantaine d'espèces. L'*Aglaonema robelinii* aux feuilles ovales, larges, vert foncé, maculées de gris à l'exception des bords, est la plus robuste de toutes. Éviter la pulvérisation sur les feuilles. Ce sont des plantes qui ont besoin d'ombre en permanence.

Ananas . Panaché.

Anthurium chrystallinum . Velouté, rayé, vert foncé et blanc.

Aphelandra . Vert, rayé, blanc.

Begonia masoniana, croix de fer . Brun, velouté.

Begonia rex . Pourpre, rose, argenté, etc.

Caladium . Blanc et vert, rose et vert, rouge et vert. Famille des *aroïdées*. Ce n'est pas une plante fleurie mais, par la diversité de ses tons et sa texture délicate, elle peut être considérée comme telle. Originaire de l'Amérique australe tropicale, c'est une plante herbacée à tubercule ; elle se cultive en serre chaude. Culture facile, la chaleur et l'atmosphère humide en sont les conditions essentielles. De couleurs très vives, allant du rose rouge au blanc en passant par le vert clair et le vert foncé. Ne se trouve dans le commerce qu'à partir d'avril jusqu'à la fin octobre. Ensuite, la plante rentre en période de repos. Les feuilles se fanent, mais doivent rester sur le tubercule, car elles lui servent de nourriture. Ne pas arroser celui-ci. Remettre en végétation au mois d'avril.

Calathea . Plusieurs variétés, tacheté, marbré, rayé, vert et prune.

Couronne de l'Avent. Seules les anémones sont à renouveler.

Plantes dans une serre pyramidale transparente.

XLVIII

Chlorophytum • Panaché.

Coleus • Vert, rouge, jaune, rose brun, rayé, moucheté, panaché, nervuré, bicolore.

Cordyline • Plusieurs variétés, vert, rose, vert rose et blanc rose et bordeaux, panaché.

Croton • Très nombreuses variétés, panaché, tricolore, marbré, rayé, moucheté, nervuré.

Dieffenbachia • Plusieurs variétés, moucheté.
    D. mariana : panaché.
    D. ' Tropic Snow ' : rayé.

Dizygotheca (Aralia elegantissima) • Brun foncé. Malgré son apparence frêle, cette mal connue comme tant d'autres... vous enchante si vous la connaissez. Maintenir la terre un peu sèche mais vaporiser.

Dracæna • Plusieurs espèces et variétés.
    — *D. marginata :* feuilles étroites, vert et rouge.
    — *D. marginata colocoma* et *marginata* tricolore : feuilles étroites roses et vertes.
    — *D. massangeana :* larges feuilles, jaune et vert.
    — *D. sanderiana :* petites feuilles étroites, vert et blanc.
    — *D. warnekei :* blanc et vert.

Euonymus • Vert jaune, vert blanc.

Fatshedera • Silver prusca : panaché.

Ficus elastica • Belgaplant, panaché.

Fittonia • Nervuré, blanc et vert, rose et vert.

Gynura • Violet, velouté.

Hedera (lierre) • *H. helix,* glacier, etc., panaché.

Hypoestes • Rose et vert, moucheté.

Necrogelia • Cœur rouge, panaché.

Peperomia • Plusieurs variétés, panaché, moucheté, rayé, jaune, vert, argenté.

Pilea • Plusieurs variétés, marron et argenté, argenté et vert, brun et rose, vert jaune et vert gris.

Pisonia • Panaché.

Pleomele reflexa • Panaché, vert et jaune.

Raphidophora (Scimdapsus, Pothos) • Panaché, vert et jaune.

Rhoeo • Rayé, jaune, vert et rose.

Sansevieria • Panaché, vert et jaune.

Schefflera • Henriette : panaché, vert et blanc, jaune.

Sorinela • Tacheté, marron et gris.

Strobilanthes • Vert et violet, argenté.

Syngonium • Vert, panaché, rayé et tacheté.

Tradescantia • Panaché, vert et blanc, marron et vert, violet.

PLANTES VERTES DONNANT DES FLEURS OU DES FRUITS À CERTAINES PÉRIODES DE L'ANNÉE

Acalypha • Rose vif.

Achimenes • Violet, blanc, rouge.

Æchmea • Rose.

Æschynanthus • Rouge, orangé.

Anthurium scherzerianum • Plante tropicale d'Amérique ; fleurs herma-phrodites : étamines organe mâle et pistil organe femelle. Nombreuses variétés. La plus intéressante en appartement est l'*Anthurium scherzeria-num* aux feuilles ovales et pointues, aux fleurs d'un rouge orangé, à la texture épaisse et résistante ; donne des fleurs les unes après les autres ; la durée moyenne de chacune varie entre 4 et 6 semaines et plus.

Aphelandra • Jaune vif.

Ardisia • Fruits rouges.

Beloperone • Vert et rouge.

Bougainvillea • Violet, rose, orange.

Browallia • Mauve.

Brunfelsia • Mauve.

Calathea crocata • Jaune.

Camellia • Blanc, rose, rouge, simple et double.

Citrus • Fruit.

Clerodendron • Blanc, rouge.

Clerodendron splendens • Rouge corail.

Clivia . Il appartient à la même famille que l'Amarillys, pour qu'il fleurisse il doit rester au sec au moins pendant trois mois de l'année. Il déteste les pots trop grands. Il est préférable de le mettre dans une coupe plus large que haute.

Codonanthe . Blanc, rose.

Columnea . Rouge, orange.

Crossandra . Orange.

Echeveria . Jaune orangé, rose.

Euphorbia milii . Petite fleur corail.

Epiphyllum . Rose, orange.

Exacum . Petite fleur mauve parfumée.

Gardenia . Blanc parfumé.

Guzmania . Six variétés au moins dans le commerce.

Hibiscus . Orange, rose, rouge.

Hoya bella . Blanc, cœur rose.

Hoya carnosa

Hoya micrantha

Hypocyrta . Petite fleur orange.

Kalanchoe . Rouge foncé, clair, orange, rose, jaune, blanc.

Medinilla . Rose, fleur à grappe.

Nertera . Petites boules orange.

Pachystachys . Fleur jaune.

Paphiopedilum . Sabot de Vénus (fleur).

Passiflora . Fleur.

Pernettya . Fruits, blanc, rose.

Saintpaulia . Violette du Cap ou encore violette d'Usambara. Famille des gesneriacées. Plante originaire de l'Est africain, plante de serre chaude. Elle donne continuellement des fleurs violettes, roses, blanches.

Solanum . Fruit rond ou conique, rouge orangé, jaune, mauve.

Spathiphyllum . Cette plante, de plus en plus connue, fait partie de celles qui sont résistantes. Famille des *aroïdées*. Plante herbacée, de serre chaude. Originaire de l'Amérique tropicale et de l'archipel malais. Les feuilles sont assez longues, de forme ovale, d'une texture extrêmement brillante avec des nervures. La fleur est en forme de spatule blanche et devient verte en vieillissant. Durée 4 à 6 semaines. Certaines variétés donnent des fleurs toute l'année.

Stephanotis . Blanc parfumé.

Streptocarpus . Mauve.

Thunbergia . Plusieurs variétés.

Tillandsia . Plusieurs variétés.

Vriesia . Plusieurs variétés, vert et marron.

TABLEAU SUR LES QUANTITÉS MINIMA DE LUMIÈRE
par Guy Schultz

Plantes demandant une grande luminosité (besoins élevés: 2 500 à 5 000 lux) :
- *Aphelandra*
- *Beaucarnea recurvata*
- *Cactaceæ*
- *Citrus mitis* (calamondin)
- *Codiæum*
- *Coleus*
- *Dizygotheca elegantissima*
- *Hibiscus*
- *Phœnix*
- *Yucca elephantipes*

Plantes demandant une moyenne luminosité (besoins moyens : 1 000 à 2 500 lux) :
- *Anthurium*
- *Araucaria excelsa*
- *Asparagus*
- *Begonia*
- *Bromeliaceæ* diverses
- *Chlorophytum*
- *Clivia*
- *Coffea arabica*
- *Cyperus*
- *Dieffenbachia*
- *Dracæna congesta, Cordyline stricta* 'Congesta'
- *Dracæna draco*
- *Dracæna marginata*
- *Ficus elastica*
- *Ficus lyrata*
- *Ficus retusa*

- *Ficus repens*
- *Gardenia*
- *Hoya carnosa*
- *Nephrolepis*
- *Pandanus*
- *Peperomia*
- *Pilea*
- *Pleomele reflexa*
- *Polyscias*
- *Raphis excelsa*
- *Saintpaulia*
- *Sansevieria*
- *Tetrastigma*
- *Tradescantia*

Plantes demandant une faible luminosité (besoins faibles : 800 à 1 000 lux) :
- *Aglaonema*
- *Aspidistra*
- *Calathea*
- *Chamædorea elegans*
- *Cordyline terminalis*
- *Dracæna deremensis*
- *Dracæna fragrans* ´ Massangeana ´
- *Dracæna godseffiana*
- *Dracæna sarculosa*
- *Fatsia*

CACTÉES : PLANTES GRASSES

Passer sous silence le groupe des plantes que forment les cactées, les plantes grasses, « les chameaux du règne végétal » n'est pas possible. Durant la saison des pluies, ces plantes ont le pouvoir dans leurs cellules d'emmagasiner de l'eau qu'elles utilisent ensuite durant la longue période de sécheresse. Aussi demandent-elles pendant la période de végétation à être arrosées régulièrement.

Comme pour toutes les plantes qui ne vivent pas sous leur climat et dans leur milieu d'origine, il est recommandé d'utiliser pendant la période de végétation des engrais spéciaux.

De formes diverses, dont bon nombre possèdent des épines, bosses ou poils, peu portent des feuilles, certaines donnent de remarquables inflorescences. Elles demandent un emplacement lumineux et aéré. Si elles se trouvent dans un intérieur surchauffé, elles ne bénéficient pas de la période de repos nécessaire pour la formation des boutons floraux. Cactées, plantes grasses et succulentes supportent très bien de rester plusieurs années dans le même pot. Lorsqu'il est nécessaire de pratiquer un rempotage, le faire au printemps, utiliser un compost de sable et de terre dans la proportion de 30 % et 70 %. Attendre une quinzaine de jours pour un premier arrosage. Ces plantes conviennent très bien pour faire des jardins exotiques. Sables, cailloux et graviers sont leurs complémentaires.

LES DIX COMMANDEMENTS DES PLANTES

Besoins des plantes :

1o Une terre appropriée.

2o Un pot proportionné à leur développement et à leurs racines.

3o Un bon drainage.

4o De la lumière.

5o Une température qui leur est propre sans différences excessives.

6o Un arrosage suivant leurs besoins et les saisons.

7o Un apport de nourriture en période de végétation (engrais).

8o Feuilles propres dessus, dessous.

9o Surveillance (attention aux parasites).

10o Attention, tendresse.

26. BONSAÏ

Bonsaï : BON : coupe — plateau — base
SAÏ : arbre — arbuste — buisson
Littéralement, arbre dans une coupe.

Il y a plus de 2 000 ans que la science des bonsaï est pratiquée en Chine, puis au Japon aux environs des Xe et XIe siècles. Cet art, réservé aux moines et aux nobles (samouraïs), est devenu un passe-temps populaire à la fin du siècle dernier. Ce sont les Japonais qui présentèrent l'art bonsaï aux Occidentaux lors de l'exposition universelle de Paris en 1878.

Dans l'art du bonsaï, l'observation, l'attention et les techniques en ont fait une véritable science. Les bonsaï ont de plus en plus d'adeptes en Europe. Le charme des bonsaï est dû au fait qu'ils sont une représentation miniaturisée et une fidèle reproduction de la forme naturelle des grands arbres. Leur taille dépasse rarement 70 cm.

Pour les Japonais, c'est plus qu'un artifice de jardinier : c'est exactement comme l'*ikebana* qui est plus qu'un joli arrangement de fleurs. Le bonsaï est l'art d'amener l'être et le caractère d'une plante à la vie la plus pleine et à une expression artistique la plus harmonieuse.

« L'amateur de bonsaï acquiert une compréhension plus profonde de ce qu'est un arbre dans son milieu naturel, ainsi que les liens qui existent au sein de la nature. Cette occupation suscite une profonde émotion en celui qui le forme et le contemple. Elle le conduit à la paix de l'âme et à l'harmonie intérieure. »

L'intérêt croissant des hommes pour cet art vivant témoigne de la puissance de la force attractive de la nature sur lui.

La plupart des bonsaï sont des arbres et des arbustes rustiques d'extérieur. Ils demandent obligatoirement à y rester. Toutefois, il est possible de les rentrer occasionnellement chez soi pour une soirée, voire même quelques jours exceptionnellement.

Depuis de nombreuses années, les Chinois se sont mis à faire des bonsaï d'appartements. Ce sont d'autres espèces et variétés. En général des essences tropicales et subtropicales qui peuvent s'adapter à l'intérieur. Ils supportent un écart de température entre le jour et la nuit de 5 à 8 degrés. Il est indispensable de les vaporiser ou de les maintenir dans une ambiance humide. Les bonsaï d'intérieur ne doivent pas être placés à une température inférieure à + 15o. Ces derniers n'ont pas grand-chose de commun avec les formes traditionnelles de bonsaï d'extérieur.

Les coupes unies, très plates, dans lesquelles sont placés les bonsaï forment une unité et sont considérées comme un tout. Ces coupes sont toujours percées ce qui facilite une meilleure aération des racines. Certaines possèdent des petits pieds plus ou moins larges. Souvent, elles sont placées sur une base en laque ou en bois précieux. Pour les formes penchées comme la cascade, on utilise des coupes profondes, rondes ou carrées.

Les Chinois utilisent souvent de grands plats décorés dont certains sont anciens et précieux ; les maîtres chinois appliquent des règles quelque peu différentes de celles des Japonais, notamment en ce qui concerne les rapports de grandeur entre l'arbre et sa coupe, entre le tronc et les racines et entre les branches et le tronc.

Les groupes d'arbres, les forêts, sont aussi plantés sur de grandes bases de pierres aux formes harmonieuses. D'autres poussent dans des anfractuosités de rochers ou de pierres de façon identique à certains arbres que l'on peut voir en montagne. Ces arbres maintenus à une petite taille demandent des soins attentifs et quotidiens, surtout pendant la période de végétation. Un arrosage et un bassinage journaliers, voire deux sont nécessaires les jours de forte chaleur. Il est recommandé d'éviter l'eau très calcaire. En période hivernale, si la température descend à − 5°, il faut les rentrer dans un lieu abrité, clair et lumineux. En plus de l'arrosage, d'autres soins sont à prodiguer à ces arbres : coupe, taille, mise en forme. La couronne de l'arbre doit toujours garder une certaine taille en rapport avec le développement des racines. Il est nécessaire de les rempoter au bout de quelques années. Ces opérations sont délicates. Aussi faut-il, pour les débutants, s'adresser à des spécialistes qui les guideront.

INDEX DES ARBUSTES À BAIES

TABLE DES MATIÈRES

L'impression de ce livre
a été réalisée sur les presses
des Imprimeries Aubin
à Poitiers/Ligugé

pour les Éditions Flammarion

Achevé d'imprimer en juillet 1985
No d'édition, 10583 — No d'impression, L 20088
Dépôt légal, septembre 1985

Imprimé en France